Michael Mary
Die Liebe und das liebe Geld

PIPER

Zu diesem Buch

Das Thema Geld gehört, so berichten Wissenschaftler, zu den bedeutsamsten Konfliktpunkten bei Paaren – weil es anfangs meist gemieden und später sogar tabuisiert wird. Doch wie lässt sich über Geld reden, ohne die Liebe zu beschädigen? Wie hängen Geld und Liebe zusammen, und welchen Einfluss nimmt das eine auf das andere? Wieso zerstört »kaltes« Geld eine Beziehung? Wie stärkt »warmes« Geld die Paarliebe? Und wozu ist es sinnvoll, eine Beziehung von ihrem Ende her zu denken?
Michael Mary liefert anhand vieler Fallbeispiele sowohl konkrete Anregungen als auch theoretische Erkenntnisse zum Thema: So kann jedes Paar selbst erkennen, welche Rolle Geld in seiner Beziehung spielt – um dann zu entscheiden, wie es damit umgehen möchte. Damit die Beziehung über das Geld »regiert« – und nicht das Geld über die Beziehung.

Michael Mary ist seit 35 Jahren als Berater für Einzelpersonen und Paare tätig und leitet Seminare und Fortbildungen. Er hat zahlreiche Sachbücher geschrieben, die hohe Auflagen erreicht haben und in mehrere Sprachen übersetzt worden sind, darunter Bestseller wie »5 Lügen, die Liebe betreffend« oder »Wie Männer und Frauen die Liebe erleben«. Zuletzt von ihm erschienen: »Ab auf die Couch« und »Liebe will riskiert werden«. Für den SWR und NDR führte er TV-Sendungen zur Paarberatung durch. Michael Mary lebt und arbeitet in Hamburg.

Michael Mary

Die Liebe und das liebe Geld

Vom letzten Tabu in Paarbeziehungen

PIPER

Mehr über unsere Autoren und Bücher:
www.piper.de

MIX
Papier aus verantwortungsvollen Quellen
FSC® C083411
www.fsc.org

Ungekürzte Taschenbuchausgabe
ISBN 978-3-492-31202-8
März 2018

Umschlaggestaltung: Jorge Schmidt
Umschlagabbildung: © Nanni Schiffl-Deiler, München
Satz: Kösel Media GmbH, Krugzell
Gesetzt aus der Adobe Garamond Pro
Druck und Bindung: CPI books GmbH, Leck
Printed in the EU

Inhalt

Vorwort

Statt eines üblichen Vorworts möchte ich hier einige typische Fragen beantworten, die im Zusammenhang mit diesem Buch auftauchen.

Worum geht es im Buch? Um ein großes Thema der Liebe, um ihr letztes Tabu: die Verbindung, die Liebe und Geld miteinander eingehen. Aber nicht nur. Es geht auch darum, wie ein Paar mit dem Thema Geld umgehen kann.

Wer sollte dieses Buch lesen? Jeder, der sich dafür interessiert, wie die Liebe das Geld und wie das Geld die Liebe beeinflusst. Aber auch jeder, der konkrete Lösungen für ein Geldthema seiner Beziehung sucht. Und natürlich jeder, der dabei ist, eine verbindliche Beziehung einzugehen, gleichgültig ob mit oder ohne Eheschein, und vermeiden möchte, in typische Fallen bezüglich Liebe und Geld zu geraten.

Handelt es sich um ein wissenschaftliches Buch? Nein. Ich habe die Thesen aus meiner 35-jährigen Erfahrung in der Beratung von Paaren heraus entwickelt. Meine Betrachtung enthält theoretische Aspekte, die stets durch praktische Beispiele aus dem Paarleben veranschaulicht werden.

Welchen Nutzen hat das Buch? Das Buch vermittelt in erster Linie Erkenntnisse und Zusammenhänge zum Tabuthema Liebesgeld. Insofern ist es kein Beratungsbuch. Aber aus den vermittelten Grundlagen und Einsichten können Liebespartner *selbst* ableiten, welcher Umgang mit Geld ihrer – und nur ihrer – Beziehung entspricht. Insofern entfaltet das Buch erhebliche Beratungseffekte.

Was erfordert das Buch vom Leser/der Leserin? Das kommt darauf an, wie vertraut LeserInnen mit meiner Sichtweise auf Paarbeziehungen sind. Wer mit meinem Konzept der »Drei Bindungsebenen oder Liebesformen innerhalb einer Paarbeziehung« vertraut ist, wird sich schnell in das Thema einlesen. Wem dieses Konzept neu ist, der braucht etwas länger, gewinnt aber viele neue Einsichten.

Zu den häufigsten Rückmeldungen der TestleserInnen gehörten sinngemäß folgende:

- »Hier sind viele Gedanken formuliert, die ich noch nirgendwo gefunden habe.«
- »Dem Autor ist es gelungen, ein so wichtiges Thema aus einer völlig neuen Perspektive zu zeigen. Am Anfang schien einiges ungewohnt, am Ende konnte ich das Thema anfassen.«
- »Der Text schien mir zuerst etwas dicht, aber dann fand ich es richtig spannend, mich darauf einzulassen.«
- »Das Buch hat mir viele persönliche AHA-Momente bei der Lektüre geschenkt, die ich für meine Beziehung nutzen kann.«
- »Die größte Erkenntnis für mich ist die, dass ich nicht unfähig bin, über Geld zu reden, sondern dass mir nur das richtige Vokabular dafür gefehlt hat.«

Ich wünsche jeder Leserin, jedem Leser dieses Buches Spannung, neue Erkenntnisse und neue Sichtweisen.

Michael Mary, im Mai 2016

Einleitung

Geld ist das letzte große Tabu der Liebe. Während die meisten Paare mittlerweile sogar über sexuelle Wünsche offen sprechen, machen sie um das Geld noch einen großen Bogen.

Die Scheu, das Thema anzufassen, ist nachvollziehbar. Kein Paar möchte seine Liebe durch etwas so Profanes wie »Geld« beschädigen. Liebe ist zutiefst persönlich und hoch emotional, Geld hingegen ist unpersönlich und kalt. Und obwohl Geld und Liebe kaum gegensätzlicher sein könnten, gehen sie in der Paarliebe eine untrennbare Allianz ein.

Zu Beginn einer Beziehung erscheint es natürlich, sich der Liebe zu- und vom Geld abzuwenden. Doch was anfangs unter den Teppich gekehrt wird, landet irgendwann auf dem Tisch. Aufgrund seiner Tabuisierung gerät das Geld, so berichten Forscher und Psychologen, auf Dauer zum Konfliktpunkt Nummer eins in Paarbeziehungen.

Es spricht alles dafür, das Tabu um das Geld in der Liebe aufzulösen. Sonst bleibt Paaren verborgen, welchen Einfluss die Liebe auf das Geld nimmt und wie sich umgekehrt das Geld auf die Liebe auswirkt. Dazu lässt sich auf dem Buchmarkt nichts Aufschlussreiches finden. Von Ökonomen kann man zwar viel über das Geld und von Soziologen/Psychologen viel über die Liebe erfahren, aber Erhellendes zur *Allianz von Liebe und Geld* sucht man vergebens.

Wer das Tabu ums Geld auflösen will, muss diese Allianz ins Auge fassen, eine Allianz, die ich mit dem Wort *Liebesgeld* bezeichne. Die Frage ist nur: Wie löst man die Verbindung von etwas extrem Emotionalem mit etwas extrem Profanem nachvollziehbar auf?

Das beschriebene Tabu entsteht, weil Paare der Emotion den Vorzug geben, indem sie quasi in Liebe »versinken« und auf den distanzierten Blick verzichten, den es für Geldangelegenheiten braucht. Dagegen hilft nur, sich die Zusammenhänge von Liebe und Geld bewusst zu machen. Diese Zusammenhänge werde ich klar und übersichtlich darstellen. Dazu werde ich mich in Teilen des Buchs einer unsentimentalen Sprache bedienen. Man sollte diese sachliche Sprache jedoch nicht mit Nüchternheit der Liebe gegenüber verwechseln. Im Gegenteil: Gerade weil das Geld gefühlsmäßig so tief in die Liebe verstrickt wird, braucht es einen gewissen emotionalen Abstand, um diese Verstrickung aufzulösen.

Wie gehe ich im Buch vor? Um die Zusammenhänge von Liebe und Geld zu verstehen, ist es nötig, anfangs die Begriffe Geld und Liebe zu klären. Dabei werden die LeserInnen etliches zur Bedeutung von Geld und zur geschichtlichen Entwicklung der Paarliebe erfahren. Anschließend wende ich mich den zentralen Aspekten der Allianz von Geld und Liebe zu und beschreibe:

- die drei Dimensionen der Paarliebe,
- die drei Arten von Beziehungsgeld,
- die unterschiedlichen Temperaturen von Geld in Paarbeziehungen,
- den richtigen beziehungsweise falschen Umgang mit LiebesGeld und
- die Ambivalenz, die Geld in Paarbeziehungen entfaltet.

Nach diesen – wie gesagt relativ nüchtern wirkenden – Beschreibungen nehme ich die Liebe und damit die Emotion wieder ins Thema hinein. Dabei geht es um:

- die individuelle Bedeutung, die jeder Partner dem Geld verleiht,

- das sinnvolle Sprechen über Geld,
- unvermeidbare Komplikationen und Geldkonflikte,
- das Verhältnis von Geld und Macht; und darum,
- wie andere Paare mit dem Thema umgehen.

Zum besseren Verständnis illustriere ich die Darstellung mit vielen Fallbeispielen.

Im letzten Abschnitt des Buches finden Sie eine Zusammenfassung. Wer sich einen knappen, aber dadurch auch recht abstrakten Überblick verschaffen möchte, kann sich diesem Teil zuerst zuwenden, in dem ich meine Thesen und Strategien in Kurzform und ohne Fallbeispiele dargestellt habe. Beachten Sie bitte auch den Anhang und das Blog zum Thema Liebesgeld.[1]

Ich kann Ihnen versprechen, dass Sie nach der Lektüre dieses Buchs einen anderen Blick auf den Zusammenhang von Geld und Liebe haben werden als vorher. Diese Zuversicht gewinne ich aus den Rückmeldungen der 30 anonymen TestleserInnen, die das Buch vor Erscheinen auf »Herz und Nieren« geprüft haben.

Sie werden nachvollziehen, dass sich die Allianz von Liebe und Geld entweder verbindend oder trennend auf eine Beziehung auswirkt. Sie kann eine Paarliebe fördern oder auch zerstören. Es kommt alleine darauf an, wie ein Paar mit dem Thema umgeht.

Was ist Geld?

In einem Buch, das von Liebe und Geld handelt, muss ich diese Phänomene definieren und beschreiben. Ich fange mit dem Geld an.

Worüber reden wir, wenn wir von Geld sprechen? Das kann nicht in einem Satz beschrieben werden, denn Geld ist ein komplexes soziales Phänomen, das mehrere Dimensionen aufweist. Für unsere Zwecke lässt sich sagen, dass es drei wesentliche Funktionen hat: Geld ist ein **Versprechen**, ein **Mittel** und ein **Symbol**.

Geld als Versprechen

Die Wirkungsweise und die Aufgabe von Geld scheinen vielen Menschen undurchsichtig, doch es ist gar nicht so kompliziert, seine Funktion zu verstehen.

Wer Geld hat, kann eine Menge damit anfangen. Mit Geld kann man Menschen dazu bringen, einem etwas zu geben oder etwas für einen zu tun. Voraussetzung dafür ist, dass man selbst über Geld verfügt und dass andere gleichzeitig Geld benötigen, während die anderen über jene Dinge oder Dienste verfügen, derer man selbst bedarf.

Der Tausch von Dingen und Diensten gehört zu den grundlegenden menschlichen Handlungen, mit denen Gesellschaften zusammengehalten werden. Es ist zwar auch auf andere Weise möglich, Menschen zum Geben oder Tun zu veranlassen – etwa mittels angedrohter oder ausgeübter Gewalt oder aufgrund sozialer Verpflichtungen, wie sie sich aus Verwandtschaftsverhältnissen ergeben. Allerdings kann man nur Schwächere oder nur Nahestehende auf derart unmittelbare Weise zum Geben oder Tun veranlassen, also jeweils nur sehr wenige Menschen.

Fremde Menschen – und daraus besteht aus Sicht des Einzelnen fast die gesamte Menschheit – kann man nur auf indirekte Weise zum Geben oder Tun motivieren: indem man ihnen etwas verspricht. Geld ist solch ein Versprechen. Seine Wirkung beruht auf dem Versprechen, dass man für Geld etwas anderes als Geld eintauschen kann, nämlich ein Ding oder eine Tat, also in der Wirtschaftssprache: eine Ware oder eine Dienstleistung.

Damit das Versprechen des Geldes verlässlich funktioniert, müssen sich alle Menschen, die an der Wirtschaft teilnehmen, in der das Geld gilt, verpflichtet fühlen, die Versprechen und Ansprüche einzulösen. ***Insofern ist Geld ein Recht.*** Ein Recht zum Bezug von Waren oder Diensten oder zum Begleichen von Steuern oder Schulden. Geld funktioniert aber nur, solange die Menschen beabsichtigen, sich an diesbezügliche Verabredungen und Bestimmungen zu halten, und solange sie ihren Absichten gegenseitig vertrauen.

In dieser gegenseitigen sozialen Verpflichtung und ihrer Beständigkeit besteht der einzig verlässliche Wert des Geldes, und keineswegs in einem scheinbar vorhandenen materiellen oder sogenannten »realen« Wert.

Der Wert des Geldes besteht im Vertrauen ins Geld.

Diese ernüchternde Tatsache – ernüchternd für diejenigen, die glauben, Geld trage einen Wert in sich – beweist sich, sobald Menschen sich nicht mehr an Geldversprechen gebunden fühlen. Wenn das Vertrauen weg ist, verliert das Geld jeden Wert. Wer beispielsweise auf dem Dachboden oder im Keller einen Koffer voll Geld findet, das nicht der gegenwärtig anerkannten Währung entspricht, besitzt wertloses Papier. Eine Million Reichsmark, ob in Münzen oder Scheinen, hat lediglich Gebrauchswert – also den Metallwert von Münzen und den Heizwert von Scheinen. Auch im Kriegsfall hören Menschen oft auf, dem Geld zu vertrauen, weil die damit verbundenen Versprechen unglaubwürdig werden. Was fängt man mit einem Haufen Geld an, wenn man dafür nicht, wie zuvor versprochen und möglich, zu essen kaufen kann oder wenn es dafür keine Medikamente gibt? Nichts!

Im und nach dem Zweiten Weltkrieg haben Bauern, so geht die Sage, ihre Kuhställe mit Teppichen ausgelegt und ihre Truhen mit Schmuck und Gold gefüllt. Auch wenn solche Schilderungen übertrieben sein mögen, erzählen sie davon, wie Geld seinen Wert verliert, wenn sich bisher damit verbundene Erwartungen als unerfüllbar erweisen. Selbst Gold hat keinen Wert an sich, aber mit ihm war bisher stets mehr Glaubwürdigkeit verbunden als mit Geld. Die Bauern gaben Brot für Gold, weil sie sich vom Gold einen zukünftigen Wert versprachen. Von Geld versprachen sie sich – zu Recht – zukünftig gar nichts.

Andere Fälle, in denen Geld seinen Wert verliert, sind beispielsweise Inflationen, Währungsreformen oder Staatspleiten. Als Argentinien 2001 den Staatsbankrott erklärte und damit das Versprechen widerrief, seine Staatsschulden vollständig und pünktlich zu begleichen, verloren viele Investoren eine Menge Geld – der Anspruch, die gegebenen Darlehen zurückzubekommen, stand nur noch auf dem Papier, war also nichts mehr wert.

Solange das allgemeine Vertrauen in die Währung stabil ist, kann man mit Geld nicht nur Dinge oder Dienste unmittelbar erwerben, sondern auch Ansprüche darauf aufbewahren und ansammeln. Wer Geld hortet, hat Vertrauen in das

Versprechen und spekuliert darauf, dass er auch in Zukunft etwas anderes dafür bekommt als Geld.

Hieraus ergibt sich eine erste Definition von Geld:

Geld ist ein soziales Instrument, mit dem sich Ansprüche auf Dinge/Dienste erheben, ansammeln und aufbewahren lassen.

Mit Geld *vermag* man eine Menge zu tun, insofern stellt es eine Form von Vermögen dar. Vermögen nimmt verschiedene Formen an. Bargeld in Form von Münzen oder Scheinen ist eine davon, weitere materielle Vermögensformen sind Immobilien, Aktien, Kredite, Schuldverschreibungen, Bankguthaben oder Wertgegenstände wie Schmuck oder Kunstwerke – also alles, was man zu Geld machen kann. Für dieses Buch fasse ich alle geldwerten Vermögensformen unter dem Begriff Geld zusammen.

Natürlich ist Geld auch in Paarbeziehungen mit bestimmten Versprechen verknüpft; darauf gehe ich weiter unten im Buch ein.

Geld als Mittel

Geld, Gold, Aktien, Buchgeld, Schuldverschreibungen – all diese unterschiedlichen Geldformen haben keinen Wert an sich. Sie erhalten ihren Wert unter einer weiteren Voraussetzung: Es müssen wirtschaftliche Überschüsse vorhanden sein, Überschüsse an Waren oder Kapazität für Dienste. Diese Überschüsse werden durch eine spezifische Handlung verteilt: durch den Kauf beziehungsweise Verkauf von Dingen oder Diensten gegen Geld.

Geld ist insofern auch ein soziales Instrument, um wirtschaftliche Überschüsse zu verwalten und zu verteilen – es fungiert dabei als Medium oder Vermittler. Weil es beispielsweise sehr umständlich wäre, den Dienst »Haareschneiden« mit der Ware »Kartoffeln« zu vergleichen, braucht es das Geld, um zwischen den unzähligen überschüssigen Waren und Dienstleistungen zu vermitteln. Allerdings braucht man dieses neutrale Medium nur in großen Gesellschaften, in denen unpersönliche Beziehungen vorherrschen. In kleinen, von persönlichen Beziehungen geprägten, wird Geld als Mittler zwischen Waren und Diensten nicht gebraucht, wie ich noch ausführlicher zeigen werde.

In seiner Vermittlerfunktion zeigt sich eine soziale Eigenschaft des Geldes, die für unser Thema von großer Bedeutung sein wird: Geld ist grundsätzlich *unpersönlich*! Es interessiert sich weder für die von Menschen produzierten Dinge und Dienste noch für die Menschen selbst; es vermittelt lediglich. Sein unpersönlicher Charakter lässt sich am Unterschied zu den lange verbreiteten Schuldscheinen aufzeigen. Ein Schuldschein oder »Wechsel« ist ein einfaches Schriftstück, auf dem ein Kreditnehmer erklärt, dem Kreditgeber (Gläubiger) eine bestimmte Summe Goldes oder Silber (später: Geld) zu schulden.

Schuldscheine wurden etliche Jahrhunderte, bevor Münz- oder Papiergeld aufkam, zum Kauf eingesetzt. Sie funktionierten allerdings nur in der nahen Umgebung des Schuldners, weil sie *persönliche* Versprechen darstellten. Sie waren nur so lange von Wert, wie ihr Aussteller persönliches Vertrauen genoss – solange man annahm, er habe genügend Vermögen, um seine Schulden zu begleichen. Ein »ehrbarer Kaufmann« war in der Hanse jemand, der im Ruf stand, seine Schuldscheine einzulösen. Im großen sozialen Maßstab, quer durch gesellschaftliche Schichten und über weite räumliche Distanzen hinweg, waren Schuldscheine allerdings nicht praktikabel, weil man den Schuldner nicht kannte und somit seinem Versprechen nicht vertrauen konnte. Deshalb wurden sie schließlich vom Geld abgelöst, das den Vorteil hat, nicht an eine bestimmte Person gebunden zu sein; es ist ein allgemeines Recht.

Damit Geld unpersönlich und allgemeines Recht werden konnte, musste sein Versprechen von Privatpersonen auf den Staat übertragen werden. Der Staat steht über den Einzelnen. Nur er vermag aufgrund seiner Rechtsgewalt für Geld zu garantieren. Diese Garantie setzt er mittels seines Gewaltmonopols durch. Nur der Staat ist berechtigt, Münzen zu prägen oder Papiergeld zu drucken, und nur er sorgt dafür, dass säumige Schuldner zur Rechenschaft gezogen werden. Dass der Staat sein Geldschöpfungsmonopol heute zum größten Teil verloren hat und dieses Privileg inzwischen – von den meisten Menschen unbemerkt – privatisiert und an Banken abgegeben wurde, steht auf einem anderen Blatt.[2] Unabhängig davon ist Geld ein gänzlich unpersönliches Mittel des Waren- und Dienstleistungshandels.

Geld lässt sich nun folgendermaßen definieren:

Geld ist ein unpersönliches Mittel, um Überschüsse an Dingen oder Diensten anhand staatlich garantierter Versprechungen zu verwalten.

Der unpersönliche Charakter des Geldes spielt auch für Paarbeziehungen eine wichtige Rolle, wie sich später zeigen wird.

Geld als Symbol

Damit Geld als Vermittler zwischen Dingen/Diensten fungieren kann, die nichts miteinander zu tun haben, sowie zwischen Menschen, die persönlich ebenfalls nichts miteinander zu schaffen haben, muss es den jeweiligen Wert von Dingen/Diensten symbolisieren. Geld ist insofern auch ein Symbol. Das meint, dass Geld für etwas anderes steht als für sich selbst. Es symbolisiert den Wert von Dingen oder Diensten *anhand von Zahlen.* Indem einer Ware oder einem Dienst eine Zahl zugewiesen wird, die deren Wert symbolisiert – beispielsweise: 100 Euro –, wird die Ware/der Dienst für alle Teilnehmer am Warenverkehr vergleichbar.

Geld war immer schon ein Symbol für etwas anderes – aber was genau es symbolisiert, hat sich im Laufe der Zeit stark verändert. Ursprünglich diente Geld der Buße. In diesen längst vergangenen Zeiten hatte es die Form von Muscheln, Hölzern, Metall oder anderen Dingen. Dieses Geld symbolisierte die Schuld des Menschen gegenüber den Göttern. Indem man es opferte, beglich man diese Schuld.[3] Diese spirituelle Dimension hat das Geld mittlerweile vollständig verloren. Heute symbolisiert Geld in erster Linie Werte anhand von Zahlen.

Geld als soziales Symbol

Damit ist seine Symbolkraft aber nicht erschöpft. Geld ist auch ein soziales Symbol. Durch Geld kommt man nicht nur an Dinge und Dienstleistungen, es steht nicht nur für Kaufkraft, es symbolisiert beispielsweise auch Macht, Leistung, Achtung, Sicherheit, Status, Einfluss und anderes mehr. Geld kann soziale Bedeutungen einnehmen, die sich je nach den Umständen als wertvoll und geldwert erweisen.

Die soziale Symbolik des Geldes wirkt, wie ich später zeigen werde, auch in Paarbeziehungen hinein.

Geld als individuelles Symbol

Neben sozialen Bedeutungen nimmt Geld auch individuelle Bedeutungen an, das heißt, es wird zu einem individuellen Symbol für etwas anderes als Geld. Jeder Einzelne bewertet Geld aufgrund seiner Lebenserfahrungen und seiner dadurch erworbenen Einstellungen unterschiedlich. Einer findet es faszinierend und erstrebenswert, weil er vielleicht in armen Verhältnissen aufgewachsen ist; er verbindet damit Glück, Sicherheit, Unabhängigkeit oder sonst etwas Erstrebenswertes. Ein anderer mag zwar mit viel Geld, aber mit wenig menschlicher Zuwendung aufgewachsen sein; für ihn bedeutet Geld unter anderem Unfreiheit oder Einsamkeit. Ein anderer hat erfahren, wie Geld Familien spaltet – für ihn sind damit Streit und Unglück verbunden. Nicht wenige verachten das Geld aus politischen Gründen: weil eine Person nur viel davon haben kann, indem sie anderen Personen Dinge oder Dienste abverlangt, ihnen beispielsweise eine hohe Miete abknöpft oder ihre Arbeitskraft ausbeutet.

Wodurch auch immer die individuelle Symbolkraft des Geldes bestimmt ist, ob durch Sehnsucht danach, Abscheu davor oder durch ein ambivalentes Verhältnis: Geld ist nie einfach nur Geld, sondern durch individuelle, oft stark emotionale Bedeutungen aufgeladen.

Zusammengefasst lässt sich Geld nun folgendermaßen definieren:

Geld ist ein unpersönliches Mittel, um wirtschaftliche Überschüsse an Dingen/Diensten mithilfe staatlich gewährleisteter Versprechungen zu verwalten. Geld macht nicht vergleichbare Dinge durch symbolische Zahlenwerte vergleichbar, stattet seine Besitzer mit sozialer Bedeutung aus und nimmt individuell unterschiedliche Bedeutungen an.

Wie anfangs gesagt: Geld ist multidimensional – und sämtliche seiner hier beschriebenen Funktionen und Eigenschaften spielen in Paarbeziehungen hinein.

Bevor es um diese Wirkungen geht, die Geld in Paarbeziehungen entfaltet, muss ich noch beschreiben, was heutzutage unter einer Paarbeziehung verstanden wird. Das Thema Paar- und Liebesbeziehung ist ebenfalls komplex – und mindestens so spannend wie das Thema Geld.

Was ist Liebe?

Ein Hinweis für Romantiker: Die folgenden Überlegungen und Definitionen werden vielleicht nüchtern auf Sie wirken. Eine sachliche Beschreibung erscheint mir jedoch – gerade weil es beim Thema Liebe scheinbar nur um Gefühle geht – besonders wichtig. Und eine weitere Vorbemerkung: Mit »Liebe« und »Beziehung« sind in diesem Buch stets die Paarliebe und Paarbeziehungen gemeint – unabhängig davon, ob es sich um gleich- oder gemischtgeschlechtliche Verbindungen handelt. Es geht also nicht um die Liebe zu Eltern, Kindern, Geschwistern oder Freunden.

Was ist nun unter Paarliebe zu verstehen? Unter Liebe versteht man eine intensive, nahe Form menschlicher Verbundenheit; unter Paarliebe wird die persönliche Verbindung zweier Menschen verstanden, die von existenzieller, körperlicher, sexueller, emotionaler und psychischer Nähe gekennzeichnet ist.

Über die Bindungsform »Paarliebe« lässt sich jedoch wenig aussagen, wenn man allgemein von »der Liebe« der Partner spricht. Diese Formulierung suggeriert, es gebe in einer Paarbeziehung lediglich eine Liebesform und die Paarliebe sei durch alle Zeiten unverändert geblieben. Das ist nicht der Fall. Wie der folgende Überblick zeigen wird, haben sich im Laufe eines langen geschichtlichen Prozesses zwischen Partnern unterschiedliche Bindungsformen entwickelt. Heutzutage können all diese historisch gewachsenen Bindungsformen in einer Paarbeziehung vorkommen. Das bedeutet: Es gibt mehr als einen Grund, einen Partner zu lieben. Genau genommen gibt es drei wesentliche Gründe für die Paarliebe. Jede dieser Bindungsformen hat neben einem eigenen Liebesmotiv auch ihren eigenen Bezug zum Geld.

Die folgende historische Betrachtung der Paarbeziehung wird verdeutlichen, dass:

- unter Paarliebe zu unterschiedlichen Zeiten etwas Unterschiedliches verstanden wurde,
- heute drei Liebesformen in Paarbeziehungen vorkommen können oder idealerweise dort vorkommen sollen,
- jede dieser Liebesformen nach einer eigenen Logik funktioniert,
- jeder Liebesbereich ein anderes Verhalten erfordert,
- sich die Liebesformen zwar nicht unbedingt gegenseitig fördern, sich aber durchaus gegenseitig in die Quere kommen können.

Dem Geld kommt in jeder Liebesform eine andere Bedeutung zu, und daher ist in jeder Bindungsform ein anderer Umgang damit erforderlich. Es nutzt demnach wenig, von »der Liebe« und »dem Geld« zu sprechen, weil in Paarbeziehungen mehr als »eine Liebe« und mehr als »ein Geld« vorkommen. Darauf gehe ich nach dem historischen Abriss ausführlicher ein.

Wann und wie hat die Paarliebe begonnen? Bei unseren tierischen Vorfahren, den Primaten, finden sich nur sehr wenige Arten, in denen sich Partner aneinander binden, und sie tun das nur für kurze Zeiträume. Wann genau bei Menschen die ersten Paarbindungen aufkamen, ist unklar, und auch über Paarbindungen in den Urgesellschaften, also im Zeitraum bis vor etwa 50 000 Jahren, ist wenig bekannt. Fest steht lediglich: Paarbeziehungen gibt es in allen Völkern und Kulturen, und zwar unabhängig von den teils extrem unterschiedlichen

Lebensformen und sozialen Strukturen. Und fest steht auch, dass sich die Form und der Zweck von Paarbeziehungen im Laufe der Jahrtausende stark veränderten. Diese Veränderungen ergaben sich aus den jeweiligen Lebensbedingungen, den wirtschaftlichen und sozialen Umständen.

Da die heutige Paarbeziehung wesentliche Elemente dieser langen Entwicklungsgeschichte enthält, in deren Verlauf sowohl menschliche Gesellschaften als auch Paarbeziehungen immer komplexer wurden, empfiehlt es sich, einen Blick auf diese Prozesse zu werfen. Nur so wird die heutige Paarliebe in ihren unterschiedlichen Dimensionen und ihrer Komplexität nachvollziehbar.

Die Frühzeit: Jäger- und Sammlergesellschaften

Die Anfänge der Paarbeziehung liegen im Nebel; erst für pristine Gemeinschaften, also für Wildbeuter- und Jäger-/ Sammlergemeinschaften liegen etwas verlässlichere Informationen vor. Diese stammen meist aus historischen Berichten von Ethnologen oder aus der Erforschung noch existierender Urvölker.

Im Zeitraum von 50 000 bis etwa 12 000 v. u. Z. lebten die Menschen in kleinen Gemeinschaften von überwiegend 20 bis 50 Personen. Wenn es sich um etwas größere Stämme handelte, waren diese in Sippen unterteilt.

Für die kleinen Verbände der Frühzeit kann man eine vorwiegend egalitäre Sozialstruktur annehmen. Es gab also keine ausgeprägten Herrschaftsverhältnisse innerhalb der Gruppen, und wenn Einzelne eine Sonderposition innehatten, war diese auf persönliche Eigenschaften und nicht auf soziale Privilegien zurückzuführen. Die Mitglieder der Sippe waren gleichberechtigt. Es gab in dieser Frühzeit bereits eine Arbeitsteilung zwischen Männern und Frauen, deren Ausprägung allerdings von Ethnie zu Ethnie stark variierte. Diese

Arbeitsteilung war biologisch begründet. Weil die Frauen die Säuglinge trugen, übernahmen sie überwiegend das Sammeln von Wurzeln oder Früchten und das Jagen kleinerer Tiere, während die Männer zusätzlich das begehrte Großwild jagten, das teilweise über mehrere Tage und weite Distanzen hinweg gehetzt werden musste. Diese Arbeitsteilung zwischen den Geschlechtern war sinnvoll und begründete anfangs kein Herrschaftsverhältnis zwischen ihnen.

Schon zu diesen frühen Zeiten gingen Männer und Frauen intime Beziehungen ein. Sie wurden ein Paar, indem sie ein Lager miteinander teilten oder gemeinsam eine Hütte bewohnten. Diese Paarbeziehungen waren relativ unverbindlich und wurden frei gewählt. Zwar gab es hier und da rituelle Heiraten, aber meist genügte die schlichte Erklärung der Betreffenden, jetzt ein Paar zu sein, um als Paar zu gelten, und eine solche Verbindung konnte durch einfache Willenserklärung wieder gelöst werden.

Die Unverbindlichkeit der ursprünglichen Paarbindung war möglich, weil eine Paarbeziehung keine Überlebensgemeinschaft darstellte. Die Versorgung und das Überleben der Einzelnen wurde durch die Sippe gewährleistet. Es war daher nicht existenziell, einen Partner zu haben, und Frauen befanden sich nicht in materieller Abhängigkeit vom Mann. Die Beziehung zwischen den Partnern bestand, solange die Liebe anhielt. Oft war es sogar möglich, mehrere Sexualpartner gleichzeitig zu haben.

Die ersten Paarbindungen dienten natürlich der Reproduktion, der Zeugung von Kindern, aber dieser Zweck wurde eher nebenbei erfüllt – wahrscheinlich wussten die Menschen lange Zeit nichts von den Zusammenhängen der Zeugung. Der hauptsächliche Zweck dieser Paarbindung war ein anderer: Sie erfüllte grundlegende menschliche Bedürfnisse, allen voran jenes nach geschlechtlicher Liebe, sexuellem Kontakt und emotionaler Nähe.

Sesshaftigkeit und große Sozialverbände

Im Zeitraum von etwa 20 000 bis 6000 v. u. Z. veränderten sich die Lebensverhältnisse und die ökonomischen Bedingungen grundlegend. Die Menschen gingen erst zur Viehzucht und später zum Ackerbau über; sie wurden sesshaft und erzeugten wirtschaftliche Überschüsse, sodass erstmals nennenswerter Besitz entstand. Aufgrund der überschüssigen Produktion von Lebensmitteln lebten die Menschen mehr und mehr in großen Stämmen und später in ersten Staatsgebilden zusammen.

Die neuen Lebensbedingungen veränderten auch das Verhältnis zwischen den Geschlechtern. Die größte Veränderung bestand darin, dass die Männer zunehmend Macht über die Frauen errangen. Das war möglich, weil – aufgrund wachsender Bevölkerung, knapper werdender natürlicher Ressourcen, der agrarischen Produktion mit ihrer Vorratshaltung und durch den einsetzenden Handel – der Kontakt zu anderen Gruppen und Stämmen immer bedeutsamer wurde. Dieser Kontakt fand an Grenzen statt: an den neu entstandenen Grenzen der Stammesgruppen. Er war nicht immer friedlicher Natur – er bestand nicht nur aus Handel, sondern auch aus Raub und Krieg. Aggressive Auseinandersetzungen wurden für das soziale Leben sogar immer bestimmender.

Sesshaftigkeit und Besitz, Krieg und Frieden werteten die »außenpolitischen« Beziehungen zwischen den Gemeinschaften auf – und dadurch die soziale Position der Männer.[4] Denn die Außenverhältnisse der Gemeinschaften waren seit jeher ihre Angelegenheit. Stets waren es Männer, die Scharmützel oder Kriege anfingen und Frieden schlossen, und sie waren es auch, die raubten oder Handel trieben.

Aufgrund dieser Vorrangstellung in den Außenbeziehungen gelang es den Männern im Laufe der Zeit, politische

Macht und Besitz an Land und Gegenständen an sich zu ziehen. Sie verfügten jetzt maßgeblich über das Land und die Handelswaren. Logischerweise lag es im Interesse der nun bevorteilten Männer, die Erbfolge von der Mutterlinie wegzunehmen und an die vom Mann gezeugten Kinder zu binden. Nach und nach etablierten sich patriarchalische Verhältnisse, deren zentrales Element die um den Mann herum gruppierte Familie war.

Besitz und Macht wurden in den nun patriarchalisch organisierten Gesellschaften innerhalb der Familien gehalten; die Sippen wurden nach und nach ihrer ursprünglichen Versorgungsaufgabe enthoben, und die Paarbeziehung stieg zur existenziellen Versorgungsgemeinschaft auf. Schließlich erhielt sie einen rechtlichen Status: Sie wurde als Ehe zum sozial verbindlich geregelten Vertragsverhältnis zwischen Mann und Frau. In der ehelichen Versorgungsgemeinschaft wuchs sich die anfängliche lose Arbeitsteilung zwischen den Geschlechtern dann zu einer starren Rollenteilung aus.

Die Aufgabe der Paarbeziehung hatte sich damit grundlegend verändert. Da sie nun in erster Linie dem materiellen Überleben und nicht mehr der Bedürfniserfüllung diente, musste sie auf Dauer und Stabilität ausgelegt sein. Aus diesem Grund wurde die Scheidung der Partner weitgehend unmöglich gemacht. Gleichzeitig wurde die sexuelle Treue der Frau durchgesetzt. Dies diente der Besitzwahrung: Nur wenn man die Kinder einem konkreten Paar zuordnen konnte, war es möglich, Ansprüche seitens unehelicher Kinder – also anderer Familien – auszuschließen. Damit die Ehen stabil blieben, wurde zusätzlich die Leidenschaft aus ihnen verbannt. Denn wenn Ehen auf sexueller Anziehung beruhen würden, wäre ihre Dauer gefährdet – Leidenschaft ist nicht »für immer« gemeint. Die Leidenschaft wurde folgerichtig aus den Ehen ausgegliedert und in außerehelichen Affären gelebt.[5] Bereits beim Zustandekommen der Ehe durften Gefühle der

Partner keine entscheidende Rolle spielen, weshalb Ehen nicht von den Eheleuten selbst beschlossen, sondern von deren Eltern oder Vormündern arrangiert wurden. Bei diesen fremdarrangierten Paarbeziehungen gaben soziale und materielle Gründe den Ausschlag – und ausdrücklich *nicht* Sympathie, Anziehung und Bedürfniserfüllung. Das galt (und gilt) für alle patriarchalisch strukturierten Kulturen und Gesellschaften.

Die Paarbeziehung hat im Laufe dieser Prozesse ihren Zweck stark verändert. Sie diente nicht mehr, wie in pristinen Zeiten, der schlichten Reproduktion und der Erfüllung sexueller und emotionaler Bedürfnisse, sondern in erster Linie der Zeugung von arbeitsfähigem Familiennachwuchs und der Existenzsicherung der Eheleute und ihrer Nachkommen. Die Paarbeziehung war eine reine Überlebensgemeinschaft geworden.

Moderne Zeiten

Die Ehe bestand in der beschriebenen, patriarchalen Form relativ unangefochten bis etwa in das Zeitalter der Aufklärung. Wieder waren es dann sozialökonomische Veränderungen, vor allem die Einflüsse der beginnenden Industrialisierung und die damit zusammenhängende Erosion feudaler Strukturen und die »Entdeckung des Individuums« seit der Renaissance, die sich stark auf die Paarbeziehungen auswirkten.

Neue Produktionsweisen lösten die Menschen nach und nach aus traditionellen sozialen Bezügen heraus. Die alte Ständeordnung zerbröckelte. Das Bürgertum erstarkte. Das Proletariat entstand. Ehemals feudale Gesellschaften verwandelten sich in Staaten.

Aufgrund dieser wirtschaftlichen und sozialen Veränderungen verlagerte sich die Versorgungsaufgabe mehr und mehr von den Familien und der darin zentralen Paarbeziehung auf den Staat. Öffentliche Gesundheitsversorgung und staatlich organisierte Altersversorgung lösten allmählich die Bedeutung der Ehe als Versorgungsgemeinschaft auf. Mit dieser »Entmachtung« der Ehen trug die Gesellschaft der wachsenden Bedeutung der Einzelnen – der Individuen – Rechnung.

Warum rückten jetzt Individuen ins Zentrum des sozialen Geschehens? Weil Gesellschaften inzwischen so komplex waren, dass keine zentrale Institution sie mehr zu steuern vermochte. Jeder Zentralismus versagte ob der komplexen Aufgaben, die bewältigt werden mussten. Nur Individuen konnten als »bewegliche Einheiten« dafür sorgen, dass sich Wissenschaft, Forschung, Rechtssystem, Handel und alle anderen sozialen Lebensbereiche ungehindert von starren Sozialstrukturen weiter entfalteten.

Die allgemeine Individualisierung wirkte sich selbstverständlich auch auf Paarbeziehungen aus. Je individueller die Menschen fühlten und dachten, desto weniger entsprach ihnen eine Form der ehelichen Gemeinschaft, aus der individuelle Gefühle und Ansprüche auf sexuelle Erfüllung weitgehend herausgehalten wurden. Schließlich begann in der Romantik die allmähliche »Auflösung der Ehe durch die Liebe«[6] – ein Prozess, der sich bis heute fortsetzt. Damit ist gemeint, dass jetzt Gefühle und Leidenschaft (Liebe) Teil von Paarbeziehungen sein sollten. Es wurde zeitweise sogar gefordert, dass Paarbeziehungen einzig und allein auf emotionaler Liebe und keinesfalls auf materieller Abhängigkeit beruhen sollten.

In der Entwicklung hin zum Individuellen liegen übrigens auch die Ursprünge der Emanzipationsbewegung, die für die rechtliche Gleichstellung der Frauen und die Auflösung der starren Rollenteilung kämpfte. Die Rollenteilung war durch die feste Zuordnung des Mannes zum familiären Außenbereich und der Frau zum Innenbereich entstanden; die soziale und rechtliche Benachteiligung der Frau war Folge der männlichen Dominanz bei der Regelung der Außenbeziehungen. Feste Rollenteilung und Diskriminierung der Frauen haben in der modernen Gesellschaft ihre Grundlage eingebüßt. Frauen, die eigenes Geld verdienen, brauchen keinen Ernährer, sie sind unabhängig. Auch in Politik und Wissenschaft, heute sogar im militärischen Bereich, bringt »Mann-Sein« keinen Vorteil mehr. Was Männer können, können Frauen ebenso.[7]

Durch die geschilderten Veränderungen war die Paarbeziehung nicht länger Überlebensgemeinschaft. Allerdings wurde sie dadurch keineswegs überflüssig. Sie bekam vielmehr eine neue, jetzt sehr wichtige, soziale Aufgabe: Sie sollte das auf noch ziemlich wackeligen Beinen gehende Individuum stützen und stärken, das ja seine traditionellen sozialen Bezüge verloren hatte. Die Paarbeziehung sollte dem Einzelnen fortan eine »innere« Heimat und psychischen Halt verschaffen.

Die einst vorwiegend materielle Aufgabe der Paarliebe hatte sich damit in einem geschichtlich kurzen Zeitraum von 200 bis 300 Jahren in eine psychische Aufgabe gewandelt.

Heutige Zeiten

Wir befinden uns in nachindustriellen Zeiten – im Internetzeitalter und in der sogenannten vierten industriellen Revolution. Die Entwicklung hin zu mehr Individualität hat sich seit der Moderne ungebremst fortgesetzt und weiter zugespitzt. Man kann heute nicht mehr davon sprechen, dass Individuen auf wackeligen Beinen stehen. Es ist vielmehr scheinbar selbstverständlich und unumgänglich, sich als entwickeltes Individuum zu empfinden und als ein fertiges »Selbst« zu präsentieren.

Wir leben im Zeitalter des »Selbst« – der Selbstbestimmung, der Selbstentfaltung, der Selbststeuerung, der Selbstverantwortung, der Selbstoptimierung. Kehrseite dieser extremen Individualisierung ist die ebenso ausgeprägte Isolation des Einzelnen, sein Eingesperrtsein in seiner isolierten Psyche. Ein Selbst zu sein bedeutet, *anders* als alle anderen Einzelnen, einzigartig und unverwechselbar zu sein – und darüber hinaus erfordert es, mit den Schwierigkeiten dieser Einzigartigkeit selbst klarzukommen.

Der Einzelne ist dabei gerade in dem Bereich »mit sich alleine«, in dem er am ausgeprägtesten zum Individuum wird: im Kernbereich seiner Persönlichkeit. Hier sammeln sich seine geheimsten Sehnsüchte und Ängste, seine verborgenen Schwächen und Zweifel. Diese von seiner Selbstdarstellung und oft auch von seiner Selbstwahrnehmung abweichenden Empfindungen kann er mit niemandem in Gänze teilen, weil die anderen Einzelnen wiederum mit sich selbst befasst sind. Das Selbst lebt im schmerzlichen Empfinden, ein Selbst sein zu müssen, aber von keinem Menschen umfassend wahrgenommen und bestätigt zu werden. Ein unbestätigtes Selbst, das keine positive Resonanz findet, geht sich aber verloren. Dass man »ist«, erfährt man erst durch die Reaktionen anderer Menschen. Dass man darüber hinaus »liebenswert« ist, und zwar uneingeschränkt, erfährt man erst durch die Reaktion eines Liebespartners.[8]

Die Gesellschaft hat mit der extremen Individualisierung ein großes soziales Problem erschaffen: die Einsamkeit des Individuums. Sie löst dieses Problem, indem sie eine Liebesvorstellung erschafft, die einen anderen Einzelnen »beauftragt«, sich dem individuellen Kern einer Person zuzuwenden. Diese anspruchsvolle intime Aufgabe ist dem Liebespartner übertragen. Nur ihm wird Zutritt zum ansonsten abgeschotteten Bereich, zum Kern des Individuums, zum Innersten, gewährt, nur ihm zeigt sich der Einzelne, »wie er ist«; und daher kann nur der Liebespartner für die nötige Bestätigung des Selbst sorgen, ihn lieben »wie er ist«.

Damit hat sich die zentrale Aufgabe der Paarbeziehung ein weiteres Mal gewandelt. Der hauptsächliche Zweck einer Paarliebe besteht jetzt nicht mehr in der Unterstützung persönlichen Wachstums und der Vermittlung einer psychischen Heimat, sondern in der Bestätigung, so, wie man ist – mit allen Besonderheiten und mit allen Macken –, richtig und liebenswert zu sein.

Persönliches Wachstum zu fördern oder jemanden zu lieben, wie er ist – das ist nicht dasselbe. Bei Ersterem unterstütze ich den Partner dabei, sich zu verändern, reifer, bewusster, vollständiger zu werden. Von solchen Anforderungen ist die heutige Liebe überwiegend befreit. Ihre zentrale Anforderung lautet: »Liebe mich, wie ich bin, und dafür, dass ich so bin!« Die Paarliebe muss eine »Ganzliebe« sein: Man liebt den Partner um seiner selbst willen. Damit zeigt sie sich als zutiefst emotionale und leidenschaftliche Liebe.

Halten wir zur Entwicklung der Paarliebe fest:

In den beschriebenen Phasen – der Frühzeit, der Moderne und des Heute – wurde der Paarbeziehung eine jeweils andere soziale Aufgabe zugewiesen. Anfangs ging es um Bedürfniserfüllung, dann um individuelle Stützung und schließlich um die Bestätigung des Selbst. Allerdings verschwanden die älteren Aufgaben und Charakteristika nicht vollständig, wenn eine neue Phase begann. Alle drei Bindungsmotive sind auch heute noch für Paarbeziehungen kennzeichnend. Es gibt demnach verschiedene Gründe, eine solche Beziehung einzugehen.

Drei Liebesbereiche

Die geschichtliche Entwicklung der Paarliebe und deren Spuren in unserem heutigen Verständnis von Paarbeziehung machen klar: »Die Liebe« zwischen Partnern gibt es nicht. Die Paarliebe verfügt über mehrere Bereiche oder Dimensionen. Genau genommen haben sich historisch drei unterschiedliche Bindungsformen innerhalb einer Paarbeziehung herausgebildet. Man kann auch sagen: Es gibt drei verschiedene Liebesarten.

Darüber hinaus deutet sich an, dass in jedem dieser Liebesbereiche unterschiedliche Verhaltensanforderungen und Handlungslogiken gelten. Von diesen Logiken ist selbstverständlich auch das Geld betroffen, das im jeweiligen Liebesbereich eine Rolle spielt. Wir sollten uns diese Liebesbereiche, ihre Logiken und das jeweils sinnvolle Verhalten genauer anschauen. Damit es möglich ist, die drei Bereiche klar voneinander zu unterscheiden, braucht jeder Bereich einen eigenen Begriff.

Die partnerschaftliche Bindung

Sucht man nach einem Begriff für die älteste Paarbindung, fällt auf, dass sowohl die losen Paarbeziehungen der Wildbeuter als auch die verbindlichen Ehen der agrarischen Gesellschaften etwas Grundlegendes gemeinsam haben: Sie waren *Tauschbeziehungen.*

Bereits die geschlechtliche Liebe der Frühzeit beruhte auf einem Tausch – einem Austausch von Dingen und Diensten bei der Bedürfniserfüllung. Dieser funktionierte nach dem Prinzip »Suche X und biete Y«. Ob er lautete »Suche Sex und biete Sex« oder »Suche Sex und biete Nähe« oder was sonst ausgetauscht wurde, ist gleichgültig. Wichtig ist, dass einer dessen bedurfte, was der andere geben konnte, und umgekehrt, dass es also zu einer Passung von Bedürfnissen und zur gegenseitigen Bedürfniserfüllung kam. Solche Tauschbeziehungen kamen in Paarbeziehungen von Anfang an vor, worauf die folgenden Zitate hinweisen:

> Auch die geschlechtliche Hingabe gilt vielerorts als Gegenleistung für die Versorgung mit Fleisch. Mit einiger Verwunderung stellte B. Malinowsky fest, dass selbst die Frauen der Trobriander, die doch in allen sexuellen Beziehungen eine weitgehende Freizügigkeit kennen, die Vorstellung hegen, der Geschlechtsverkehr sei ein Dienst, der dem Manne von der Frau geleistet werde und deshalb entgolten werden müsse.[9]

Das Entgelt für den Geschlechtsverkehr bestand in der Regel aus dem begehrten Fleisch der großen Tiere, das sich die Frauen nicht selbst beschaffen konnten. Der Tausch »Dinge gegen Sex« funktionierte aber nicht nur vom Mann zur Frau, sondern auch in umgekehrter Richtung:

> Die Mädchen und Frauen der Kaulong auf Neubritannien [zu Papua-Neuguinea] beispielsweise galten in sexueller Hinsicht als äußerst aggressiv und draufgängerisch ... in fortgeschrittenem Alter boten die jungen Mädchen den Männern Tabak oder gekochte Nahrung für ihre Liebesdienste ...[10]

In der geschlechtlichen Liebe tun sich Männer und Frauen zum Zweck der Bedürfniserfüllung zusammen. Ihre Beziehung ist insofern *partnerschaftlich.* Der praktizierte Tausch wird aufgrund vereinbarter oder stillschweigend anerkannter Bedingungen (Verträge) durchgeführt, und das macht sie zu Partnern in einem Projekt, für dessen Durchführung sie aufeinander angewiesen sind. Der passende Begriff für die älteste Paarbindung lautet daher »partnerschaftliche Bindung«.

Handelt es sich bei einer partnerschaftlichen Bindung tatsächlich um eine Form der Paarliebe? Sicherlich! Es handelt sich um *partnerschaftliche Liebe*.

In den Jäger- und Sammlergesellschaften lieben sich Mann und Frau, weil sie einander brauchen, um sexuelle und emotionale Bedürfnisse zu erfüllen. In den späteren agrarischen Gesellschaften lieben sich Mann und Frau, weil sie einander brauchen, um existenzielle Bedürfnisse zu erfüllen. Man liebt sich, weil man einander zum Überleben und zur Alltagsbewältigung braucht, weil man sich vertraut, sich aufeinander verlässt und einander durchs Leben begleitet.

Die freundschaftliche Bindung

Das partnerschaftliche Bindungsmotiv überdauerte einige Tausend Jahre, bis der wirtschaftliche und soziale Wandel der Paarbeziehung einen neuen Auftrag zuwies. Ich habe die Bedeutung der Individualisierung oben bereits kurz beschrieben und will diese noch etwas ausführen.

Einst verloren die Sippen an Bedeutung, weil sie ihrer Versorgungsaufgabe enthoben wurden. In modernen Zeiten verliert die Ehe aus demselben Grund an Bedeutung: Sie hört auf, materiell unverzichtbare Überlebensgemeinschaft zu sein. Dieser Auflösungsprozess der Ehe als Überlebensgemeinschaft dauerte einige Jahrhunderte – bis der moderne Sozialstaat dem Individuum im 20. Jahrhundert die völlige existenzielle Unabhängigkeit ermöglichte. Der Sozialstaat stellt durch das Solidaritätsprinzip eine umfassende Versorgung für den Not- und Altersfall jedes Einzelnen zur Verfügung; zugleich beginnt er, die Ehepartner bei der Aufgabe der Kinderbetreuung zu entlasten. Bereits 1840 (!) eröffnet der erste deutsche Kindergarten. Durch solche und unzählige andere Maßnahmen wird die Stellung der Familie geschwächt und die des Individuums gestärkt – zuerst die rechtliche Stellung des Mannes, später kommt es zur rechtlichen Gleichstellung der Frau.

Eine Paarbeziehung wird jetzt also nicht mehr zum Überleben gebraucht; dafür erhält sie eine vorwiegend psychische Aufgabe: Die Paarliebe soll sich um die neu entstandene Psyche des Individuums kümmern.

Was ist mit der »neu entstandenen Psyche« gemeint? Selbstverständlich besitzen Menschen seit jeher eine Psyche, aber die Psyche von Menschen, die sich in modernen, äußerst komplexen Gesellschaften zurechtfinden müssen, muss ebenso komplex sein wie die Welt um sie herum. Die moderne Gesellschaft ist unüberschaubar groß geworden, sie weist zahllose soziale Bereiche auf, sie ist stark fragmentiert, man könnte auch sagen: zersplittert. Gleiches trifft für die Psychen zu – auch sie sind fragmentiert. Die Einzelnen können sich nicht mehr – wie das einst in den kleinen Sozialverbänden und den engen gesellschaftlichen Ständen möglich war – als eine in sich geschlossene Person mit einem festen Charakter wahrnehmen. Sie sind vielmehr darauf angewiesen, eine vielgesichtige Persönlichkeit zu entwickeln. Das Individuum ist nicht mehr mit »einem Ich« konfrontiert, sondern hat »viele Ichs« zu verarbeiten. Das beschert ihm Probleme mit seiner Identität. Der Einzelne kann sich jetzt leicht in seinen verschiedenen Ichs verheddern.

Aufgrund der Probleme, die die fortschreitende Individualisierung mit sich bringt, werden Spezialisten für den Umgang mit der komplexen Psyche gebraucht: die Psychologen. Sie lösen Schamanen und Priester bei der Aufgabe der psychischen Betreuung ab. Nicht zufällig nimmt die moderne Psychologie mit der Entdeckung des Unbewussten im Übergang vom 19. zum 20. Jahrhundert ihren Anfang. Das Unbewusste ermöglicht einen Trick. Sobald das Individuum etwas an sich wahrnimmt, das nicht zu dem gerade dominierenden Ich (oder Selbst) passt, kann es sich diese Eigenschaften und Verhaltensweisen dennoch zuordnen, sie stammen dann eben aus dem »Unbewussten«, von einer anderen Seite der Persönlichkeit. Die Psychologie und die Idee des Unbewussten helfen dem Individuum, mit seinen zahlreichen Widersprüchen umzugehen.

Psychologen kommen aber nur wenigen, vor allem psychisch kranken Menschen, zugute. Das einzelne Individuum muss von jemand anderem mit Zuwendung versorgt und bei seiner psychischen Entwicklung unterstützt werden. Diese Aufgabe fällt dem Beziehungspartner zu.

Im 20. Jahrhundert bezeichnen Psychologen die gegenseitige Förderung des »psychischen Wachstums« als zentrale Aufgabe der Paarliebe. Mit psychischem Wachstum ist eine dauernde Vervollständigung der Persönlichkeit, eine psychische Reifung gemeint. Die Partner sollen einander Stabilität verleihen. Dazu sollen sie Interessen und Freundeskreise teilen, Geben und Nehmen ausgleichen, einer soll dem anderen Spiegel seiner Persönlichkeit sein, gemeinsam sollen sie sich eine soziale Nische bauen, Geborgenheit vermitteln und einander psychische Heimat bieten.

Sucht man nach einem Begriff für diese spezielle Bindungsform, bietet sich der Begriff »freundschaftliche Bindung« an. Denn die beschriebene psychische Aufgabe ist ihrem Wesen nach zutiefst freundschaftlich.

Was zeichnet Freundschaft aus? Freunde teilen Interessen miteinander, sie regen sich gegenseitig an, sie unterstützen einander, sie akzeptieren sich und wollen einander nicht verändern. Für einen Freund muss man sich nicht verbiegen. Freunde vereinen hohe persönliche Nähe mit gleichzeitiger emotionaler und materieller Unabhängigkeit voneinander. Darin unterscheiden sie sich grundlegend von Partnern, die emotional oder materiell aufeinander angewiesen sind. Freunde richten keine verbindlichen Forderungen aneinander, führen keine verpflichtenden Lebensprojekte miteinander durch. Aufgrund dieser Unabhängigkeit können sie sich ganz darauf konzentrieren, einander Gutes zu tun.

Friedrich Nietzsche erkannte bereits im 19. Jahrhundert, dass eine gute Ehe auf dem Talent zur Freundschaft beruht. In der freundschaftlichen Paarliebe geht es allein um das psychische Wohlbefinden des anderen. Wenn Partner einander Wohlwollen zeigen und Wesensunterstützung geben, können sie sich dafür lieben. *Freundschaftliche Liebe* ist die zweite Form der Paarliebe.

Die emotional-leidenschaftliche Bindung

Zu Beginn des 3. Jahrtausends hat sich die Individualisierung weiter zugespitzt; sie ist zudem selbstverständlich geworden. Das Individuum ist jetzt, wie schon angedeutet, primär nicht mehr darauf angewiesen, von seinem Partner bei der Selbstwerdung unterstützt zu werden. Diese Unterstützung erhält es bereits in der Kindheit durch Eltern und Schule und die Medien. Es geht für den Einzelnen vielmehr darum, ein fertiges Selbst zu sein, oder zumindest ein solches vor sich und anderen, und auch vor seinem Partner, *darzustellen*.

Natürlich will sich jeder Einzelne ständig »optimieren«, aber auch dafür will er selbst sorgen und seinen Partner nicht in Anspruch nehmen. Im Gegenteil: Die Vorstellung, Partner sollten sich gegenseitig im »persönlichen Wachstum« unterstützen, spielt in modernen Paarbeziehungen keine große Rolle mehr. Der Partner wird zu einem anderen wichtigen Zweck gebraucht: Er soll das ihm präsentierte Selbst *bestätigen*.

Die wesentlichste Aufgabe der heutigen Paarliebe lautet daher: Erweckt füreinander den Eindruck der Ganzliebe. Denn wer sich »ganz« geliebt fühlt, der fühlt sich auch »ganz« bestätigt.

Einen Menschen ganz zu kennen – und ganz zu lieben –

ist natürlich unmöglich. Aber es ist möglich, den *Eindruck* einer solchen Ganzliebe zu erzeugen. Dieses Kunststück kann allerdings nur Liebespartnern gelingen. Nur sie gewähren einander Zutritt zum individuellen Allerheiligsten, zum Kern der Persönlichkeit, dort, wo sich die geheimsten Gedanken, Gefühle, Sehnsüchte, Bedürfnisse, Lebensträume und Ängste befinden, die auf Bestätigung warten.

Niemand außer dem Liebespartner, selbst der beste Freund nicht, erhält Einblick in diesen innersten Bereich. Mit dem besten Freund kann man zwar über alles reden, aber von ihm kann man weder körperliche noch emotionale Intimität erwarten; und man selbst kann seinen Freunden die nötige Aufmerksamkeit für ihr Innerstes nicht schenken. Dazu ist die Aufgabe zu komplex, und es fehlt die Kraft und die Zeit, sich mehr als einem Menschen derart intensiv zu widmen. Die Aufmerksamkeit, die dem Einzelnen das Gefühl vermitteln kann, »ganz« wahrgenommen und »ganz« geliebt zu sein, kann nur ein anderer Einzelner aufbringen – ein emotional-leidenschaftlich liebender Partner.

Der Begriff »emotional-leidenschaftliche Bindung« eignet sich perfekt zur Beschreibung der dritten Bindungsform innerhalb einer Paarbeziehung. Die Bestätigung, die den Eindruck der Ganzliebe erzeugt, erfordert einerseits eine intensive Zuwendung zu den Kernbereichen der Persönlichkeit des Partners, andererseits muss sich dieser entsprechend öffnen. Zuwendung und Öffnung sind von schönen oder schmerzlichen Dramen begleitet, von Nähe und Distanz, von Verlorengehen und Wiederfinden, von Angst und Leidenschaft und daher passt der Begriff »emotional-leidenschaftliche Liebe« am besten auf diese Bindungsform.

Sobald das nötige »Offenbaren« und »Zuwenden« beziehungsweise »Zeigen« und »Sehen« sowie die ersehnte Bestätigung wechselseitig geschehen, entwickelt sich eine emotionale und leidenschaftliche Bindung zwischen den Partnern.

Der Eindruck der Ganzliebe wird zwar ständig durch unerwartet auftauchende Differenzen gestört, aber das Bedürfnis nach intimer Bestätigung drängt darauf, ihn nach jeder Störung neu herzustellen. Dies geschieht wiederum auf dem Weg der Selbstoffenbarung und der Zuwendung und der daraus erhofften Bestätigung, und wieder sind dazu Emotionalität und Leidenschaft erforderlich.

Die emotional-leidenschaftliche Liebe scheint von allen anderen Bedingungen befreit zu sein. Ihr kommen weder partnerschaftliche noch freundschaftliche Aufgaben zu. Emotional-leidenschaftlich wird man nicht geliebt, weil man ein verlässlicher Partner ist, und auch nicht, weil man Interessen teilt oder den anderen in seiner psychischen Entwicklung unterstützt, sondern dafür, dass man so ist, wie man ist.

Dreierlei Liebe

Zusammengefasst treffen wir in Paarbeziehungen auf drei verschiedene Dimensionen der Liebe. Das zum jeweiligen Beziehungsbereich gehörige Liebesgefühl lässt sich in einfachen Worten etwa folgendermaßen ausdrücken:

- *Partnerschaftliche Liebe*: Wir lieben uns, weil wir bestimmte geschlechtliche, sexuelle, emotionale oder existenzielle Bedürfnisse gut miteinander befriedigen können. Weil wir uns ein Versorgungsversprechen gegeben haben. Weil wir den Lebensalltag miteinander bewältigen.
- *Freundschaftliche Liebe*: Wir lieben uns, weil wir Interessen miteinander teilen, weil wir vom Wesen des anderen fasziniert sind, weil wir uns gegenseitig in der persönlichen Entwicklung unterstützen, weil wir einander durch und durch wohlgesonnen sind.
- *Emotional-leidenschaftliche Liebe*: Wir lieben uns, weil wir uns einander uneingeschränkt zuwenden und vollständig voreinander öffnen. Weil wir uns das sichere Gefühl ver-

mitteln, dass jeder für alles da ist, was den anderen bewegt. Weil sich jeder um seiner selbst willen und ohne Vorbehalte geliebt fühlt.

Welche dieser drei Bindungsformen ist nun »echte« Liebe? Ich bekomme seit etlichen Jahren Zuschriften zu den Liebesarten. Dabei fällt auf, dass sowohl Partner als auch Therapeuten und Berater versuchen, die »wirkliche« oder eine »echte« Liebe zu definieren. Die einen meinen, dies sei aufgrund ihrer Verlässlichkeit die partnerschaftliche Bindung, andere favorisieren die freundschaftliche Bindung, weil sie auf Wesensfaszination beruht, wieder andere meinen, emotional-leidenschaftliche Liebe sei die einzig wahre. Ich beteilige mich an solchen Wahrheitsfindungen nicht. Mich interessiert nicht, was Liebe »ist«, sondern was Menschen, abhängig von den Zeiten und den Umständen, unter Liebe verstehen. Der größte gemeinsame Nenner aller Definitionen der Paarliebe besteht darin, eine starke Verbundenheit zweier Menschen zu beschreiben. Dass diese Verbundenheit auf verschiedenen Motiven beruht und unterschiedliche Zwecke erfüllen kann, liegt für mich auf der Hand. Für mich drücken daher alle drei Bindungsformen echte Paarliebe aus, nur eben in unterschiedlicher Form.

Beziehungsvielfalt

Welche Rolle spielen die drei Bindungsmotive in heutigen Paarbeziehungen? Das hängt von der jeweiligen Beziehung ab. Grundsätzlich können alle drei Liebesformen in einer Paarbeziehung unterkommen, das ist auch häufig der Fall. Aber sie müssen nicht alle darin vorkommen und auch nicht gleich stark ausgeprägt sein. Eine Paarbeziehung beruht auch dann auf Liebe, wenn nur eine oder zwei der Liebesformen darin entstehen.

Und was ist der Normalfall? Den gibt es kaum mehr. Es gibt heute eine enorme Vielfalt der Beziehungsformen. Das kann auch gar nicht anders sein, weil nicht nur die Menschen, sondern auch deren Beziehungen vollständig individualisiert sind. Es existieren keine verbindlichen sozialen Vorgaben mehr, wie eine Paarbeziehung auszusehen hat. Über die Gestaltung ihrer Beziehung bestimmen allein die Partner, sie tun das aufgrund ihrer individuellen Lebens- und Bedürfnislage.

Diese Vielfalt greift auch in der individuellen Biografie. Es ist durchaus üblich, dass jemand in einer Lebensphase einen partnerschaftlichen und in einer anderen Phase einen emotional-leidenschaftlichen oder einen freundschaftlichen Schwerpunkt in seinen Beziehungen setzt. Beziehungsformen wandeln sich abhängig von äußeren, sozialen und wirtschaftlichen und von inneren, psychischen und emotionalen Umständen. Ein Paar startet oft mit einer gehörigen Portion emotional-leidenschaftlicher Liebe. Wenn dann beispielsweise Kinder hinzukommen, gewinnt die partnerschaftliche Verbindung an Bedeutung – zumindest bis die Kinder aus dem Haus sind. Danach mag die freundschaftliche oder wieder die emotional-leidenschaftliche Liebe eine größere Bedeutung einnehmen, oder man wendet sich einem anderen Partner zu, weil die bisherige Beziehung ihren Zweck erfüllt hat und Liebe nur mit einem neuen Partner möglich scheint.

Nebenbei sei bemerkt: Dass Partner ihre Beziehung selbst gestalten, bedeutet nicht, sie könnten das »bewusst« tun. Meist sind ihre Bindungsmotive unklar und zeigen sich erst im Laufe der Beziehung. Oder sie verändern sich unbemerkt – ein Punkt, auf den ich später noch zurückkommen werde, wenn es um den Umgang mit Geld in den drei Liebesbereichen geht.

Die Idealvorstellung der heutigen Paarliebe, die ich an anderer Stelle als AMEFI-Komplex beschrieben habe, strebt sicherlich »Alles Mit Einem Für Immer« an.[11] Nur decken sich die realen Erwartungen der Partner längst nicht mehr mit ihren eigenen Vorstellungen. Wenn es in einer Beziehung eng wird, setzt sich der Bauch gegen den Kopf durch; und erst dann werden die real wirkenden Bindungsmotive sichtbar. Auch diese Ambivalenz von Kopf und Bauch und ihre Auswirkungen auf Beziehungen habe ich an anderer Stelle ausführlich dargestellt.[12]

Sie mögen sich nun fragen, wozu die Unterscheidung der Liebesmotive nötig ist und wie diese mit dem Thema Geld zusammenhängen. Wie ich schon angedeutet habe, funktioniert jeder Liebesbereich aufgrund einer eigenen Logik und erfordert ein unterschiedliches Verhalten – auch beim Thema Geld.

Bevor ich mich endlich der Rolle des Geldes in den drei Liebesbereichen widmen kann, gilt es daher, kurz die Logiken der Liebesbereiche und die daraus resultierenden Verhaltensanforderungen darzulegen.

Die Logik der Paarliebe

Soziales Handeln folgt stets bestimmten Logiken. Damit ist gemeint, dass auf ein Verhalten hin ein bestimmtes anderes Verhalten erwartet werden kann. Logisches Verhalten meint *erwartbares* Verhalten, über das man sich nicht wundert, weil es bestimmten Regeln folgt und weil es zu dem sozialen Bereich passt, in dem es vorkommt. Nur auf Grund logisch scheinender Erwartungen und Reaktionen können Menschen zusammenarbeiten und funktionierende Gesellschaften bilden.

Es ist beispielsweise logisch, dass man für Waren einen

Preis bezahlen muss, darüber braucht sich niemand zu wundern. Ebenso logisch erscheint, dass man für Wohltätigkeit keinen materiellen Ausgleich erhält. Die Logik der Finanzmärkte unterscheidet sich wiederum von der Logik der Behörden. Für einen Kredit werden logischerweise Zinsen erhoben, alles andere würde für Banken keinen Sinn ergeben. Dagegen wäre es für eine Bußgeldstelle unlogisch, über die Höhe eines Bußgelds zu verhandeln. Banken folgen einer geschäftlichen Logik, während Behörden einer rechtlichen Logik folgen.

Logisch ist dasjenige Verhalten, das im jeweiligen sozialen Zusammenhang *Sinn* ergibt. Mit dem Begriff »Sinn« ist der entscheidende Punkt markiert. Sinnvolles Verhalten führt im Normalfall zu sinnvollen Reaktionen. Dies gilt in jeder Art menschlicher Beziehungen, auch in Paarbeziehungen. Eine Paarbeziehung ist – nüchtern beschrieben – nichts anderes als die Geschichte der Reaktionen zweier intim verbundener Menschen aufeinander. Diese Beziehung bleibt so lange erhalten, wie das Verhalten des einen Partners – Liebe/Zuwendung – den anderen Partner zu einem erwarteten Verhalten – Liebe/Zuwendung – veranlasst und so weiter, über Jahre hinweg.

Liebe zu kommunizieren erfordert demnach ein Verhalten, das innerhalb ihrer Logik liegt. Wenn eine Frau ihrem Mann beispielsweise strahlend mitteilt, schwanger zu sein, und dieser sich daraufhin entsetzt abwendet, reagiert die Frau logischerweise emotional verletzt. Es ist ebenso erwartbar und somit logisch, dass in dieser Beziehung eine Störung entsteht. Solange das Verhalten des einen Partners »logisch« an das Verhalten des anderen anknüpft, bleibt eine Beziehung bestehen.

Worin besteht nun die Logik der Paarliebe? Diese Frage ist insofern falsch gestellt, als es in Paarbeziehungen nicht »eine« Logik geben kann, weil dort drei verschiedene Arten von

Liebe vorkommen. Daher treffen wir in Paarbeziehungen auch auf drei unterschiedliche Liebeslogiken.

Die Logik der partnerschaftlichen Liebe

Ich habe dargelegt, dass es im partnerschaftlichen Beziehungsbereich zum Austausch von Diensten und Dingen kommt. Was dabei konkret ausgetauscht wird, ist jeweils Gegenstand von Verträgen beziehungsweise Vereinbarungen. Nur darf man sich das nicht so vorstellen, dass jedes Arrangement ausdrücklich vereinbart werden muss. Weiter hinten werde ich zeigen, dass viele Verträge stillschweigend vereinbart werden.

Partnerschaften wurden seit jeher ausgehandelt. Das traf schon auf die selbst arrangierten, bedürfnisorientierten Bindungen der Frühzeit zu. Auch beim bedürfnisorientierten Tausch »Sex gegen Fleisch« mussten sich die Partner darauf einigen, wie viel Sex für wie viel Fleisch gegeben wurde. In aller Deutlichkeit zeigt sich der Tauschcharakter der partnerschaftlichen Verbindung in der späteren, fremdarrangierten Ehe. Dort wurde in entsprechenden Verhandlungen durch Familienvorstände festgelegt, was jede Seite zur Ehe beitragen musste, wie hoch Mitgift und Brautpreis ausfielen, was im Falle einer Trennung mit den getauschten Gütern geschah etc.

Auch die heutige, nun wieder von den Partnern selbst arrangierte Ehe beruht auf Verhandlungen und Verträgen. Die Partner können dabei auf die vorgefertigten Eheverträge des Bürgerlichen Gesetzbuchs zurückgreifen oder selbst einen notariell beglaubigten Ehevertrag aushandeln. In jedem Fall müssen die Partner regeln, wer welchen Beitrag zur Partnerschaft leistet. Sie regeln das durch Verhandlungen.

Die Logik des partnerschaftlichen Liebesbereichs ist eine Verhandlungslogik.

Diese Verhandlungslogik zielt auf den Ausgleich von Leistungen. Im Klartext: Etwas anderes als Verhandlung ergibt in einer partnerschaftlichen Bindung keinen Sinn. Die Partner müssen sich über zahllose Dinge einigen, beispielsweise darüber, ob sie Kinder zeugen, wie sie den Lebensalltag bewältigen, wo der Wohnsitz liegt, wie sie die Finanzierung des Lebensunterhalts regeln etc. Hierzu müssen Vereinbarungen getroffen werden. Ob diese Vereinbarungen ausgesprochen oder stillschweigend zustande kommen, ob sie diese als Verhandlungen bezeichnen oder als Einigungen, ist dabei unerheblich – darauf komme ich noch zurück. Es muss zwischen ihnen aber klar sein, wer welche Leistung zum gemeinsamen Projekt »Ehe« oder »Familie« oder »Lebensbegleitung« beiträgt und wie unterschiedliche Leistungen ausgeglichen werden.

Verhaltenskriterien der partnerschaftlichen Liebe

Aufgrund der Verhandlungslogik des partnerschaftlichen Liebesbereichs sind die Verhaltenskriterien für eine funktionierende Partnerschaft vor allem *Verlässlichkeit* und *Berechenbarkeit*, mit anderen Worten: die *Vertragstreue* der Partner. Mit Vertragstreue ist hier das Worthalten gemeint – unabhängig davon, ob Verträge schriftlich oder mündlich getroffen werden.

Die Logik der freundschaftlichen Liebe

Die Logik der Freundschaft unterscheidet sich stark von der Verhandlungslogik einer Partnerschaft. Ein Partner muss leistungsbereit sein und den vereinbarten Beitrag zum gemeinsamen Lebensprojekt gewährleisten. Ein guter Partner ist einer, auf den man sich verlassen kann. Aufgrund der partnerschaftlichen Kriterien Verlässlichkeit und Berechenbarkeit kann man bewusst festlegen, mit wem man eine Ehe arrangieren möchte und mit wem nicht.

Einen Freund hingegen kann man nicht nach den gleichen Kriterien wählen, nach denen man einen Partner auswählt. Die Kriterien für die Auswahl eines Freundes sind Sympathie und Faszination. Darüber, ob man jemanden sympathisch findet oder von seinen Wesenseigenarten fasziniert ist, kann man nicht willentlich entscheiden – das wird einem von der eigenen Gefühlswelt vorgesetzt. Über die Frage »Freundschaft oder nicht?« entscheidet das Unbewusste oder, wie es heißt, der »Bauch«.

Freunde tun sich Gutes, sie bereichern einander anhand geteilter Interessen, Erlebnisse und Gedanken. Das trifft auf alle Freundschaften zu, aber die freundschaftliche Liebe geht wesentlich tiefer als reine Freundschaft. In ihr geht es darüber hinaus um Wesensfaszination und darum, sich gegenseitig an den faszinierenden Wesenseigenarten teilhaben zu lassen. Beispielsweise übt ein melancholischer Partner, also jemand, der intensiv fühlt, eine Faszination auf einen leichtmütigen Partner aus, und der melancholische wird von der Leichtigkeit seines Partners fasziniert sein. Die beiden lassen einander an spezifischen psychischen Eigenschaften teilhaben.

Mit dem Begriff *Teilhabe* sind wir beim Kern der freundschaftlichen Paarliebe angekommen. Ein freundschaftlich Liebender nimmt einerseits Anteil an der psychischen Entwicklung und am Wesen seines Partners, andererseits lässt er diesen an seiner eigenen Entwicklung und seinem eigenen Wesen teilhaben.

Die Logik des freundschaftlichen Liebesbereiches ist eine Teilhabelogik.

Verhaltenskriterien der freundschaftlichen Liebe

Verhaltenskriterien einer funktionierenden freundschaftlichen Liebe sind tätiges *Wohlwollen*, persönliche *Akzeptanz* und individuelle *Unterstützung*, mit anderen Worten: Teilhabe an der individuellen Erfüllung und am Glück des Partners.

Die Logik der emotional-leidenschaftlichen Liebe

Die Logik der emotional-leidenschaftliche Liebe unterscheidet sich wiederum von den Logiken der beiden anderen Liebesbereiche.

Der emotional-leidenschaftlichen Liebe genügen weder Verlässlichkeit noch wohlwollende Teilhabe. Diese Liebe lässt sich weder planen noch verhandeln und auch nicht durch gute Taten erschaffen. Sie braucht weder Berechenbarkeit noch Sympathie, sie zeigt sich im Begehren. Sie »passiert« einem, man »fällt« in sie hinein, wie es im englischen so treffend heißt: *falling in love*. Über diese Liebe kann man nicht bewusst entscheiden, sie wird vollständig vom Unbewussten bestimmt. Man macht sie nicht, sie stößt einem zu, man wird von ihr beschenkt oder wird ihr Opfer, und oft genug erleidet man sie. Die emotional-leidenschaftliche Bindung ist auf *Überwältigung* und auf *Hingabe* angewiesen.

Da diese Liebe »für mich« und »für dich« gemeint sein soll, kann sie sich weder auf Leistungen noch auf Interessen beziehen, sondern allein auf das Begehren nach intimer Nähe berufen, wozu meist auch die körperliche, erotische Nähe gehört. Dass sie einander »ganz« lieben, erkennen die Partner am Begehren, das sie einander entgegenbringen. Da diese Liebe weder von Leistungen noch von Teilhabe abhängt, muss sie bedingungslos und aus freien Stücken gegeben werden. Ansonsten hieße es: »Du liebst mich gar nicht um meiner selbst willen, sondern wegen meines Geldes oder weil ich deine Interessen teile.«

Wer einem anderen freiwillig und bedingungslos Liebe gibt, der *schenkt* sie ihm, indem er ihm Nähe und dadurch Bestätigung schenkt.

Die Logik der emotional-leidenschaftlichen Liebe ist eine Schenklogik.

Man schenkt dem anderen etwas ungeheuer Wertvolles: Zuwendung und Bestätigung. Man opfert nicht nur Zeit, sondern auch Aufmerksamkeit. Man öffnet sich auf intimste Weise, körperlich, erotisch, sexuell und emotional; und man wendet sich dem Partner auf gleiche Weise zu. Dieses Schenken und Opfern geschieht weder aus partnerschaftlicher Verpflichtung noch aus freundschaftlicher Teilhabe. Der Antrieb dafür erwächst aus dem emotionalen und leidenschaftlichen Verlangen, der Liebe zum Partner einen adäquaten Ausdruck zu geben, und aus der Sehnsucht, vom Partner auf gleiche Weise beschenkt zu werden.

Verhaltenskriterien der emotional-leidenschaftlichen Liebe

Allerdings entsteht auch die emotional-leidenschaftliche Liebe nicht ohne ein entsprechend logisches, sinnvolles Verhalten. Die unerlässlichen Verhaltenskriterien dieses Liebesbereiches lauten »Offenbarung« und »Zuwendung« zum Innersten des Individuums. Das zeigt sich besonders deutlich bei Frischverliebten. Sie erzählen einander »alles«, sie sind für »alles« offen, sie lieben »alles« am anderen, sie vermitteln einander spielerisch und wie nebenbei das für diesen Liebesbereich grundlegende Gefühl der Ganzliebe.

Sinn und Unsinn in der Paarliebe

Wie ich gezeigt habe, folgt jeder der drei Liebesbereiche einer unterschiedlichen Logik. Das hat Konsequenzen für das eigene Verhalten. Es bedeutet, dass man in jedem der drei Bereiche ein unterschiedliches Verhalten zeigen muss.

- In der **partnerschaftlichen Bindung** ergibt allein das *Verhandeln* über Leistungen Sinn. Verhandlungen führen zu

Verträgen, und Vertragstreue erhält die partnerschaftliche Beziehung. Die zur guten partnerschaftlichen Bindung passende Botschaft lautet: Wir können uns aufeinander verlassen! Wenn ein Partner beispielsweise zusagt, sich um die Schularbeiten der Kinder zu kümmern, und das dann nicht tut, begeht er »Vertragsbruch«, und in dem Fall muss darüber verhandelt werden, ob der Vertrag geändert werden sollte oder welche Konsequenzen die erwiesene Unzuverlässigkeit sonst hat.

Aus den geschlossenen Verträgen ergeben sich zwei sinnvolle Verhaltenskonsequenzen: Erstens die Anforderung an sich selbst, verlässlich zu sein, und zweitens das Recht, vom Partner Verlässlichkeit zu *fordern*.

- In der **freundschaftlichen Bindung** ist allein die gegenseitige *Teilhabe* am Wesen des Partners und an seinen Interessen sinnvoll. Die Partner gehen in die Oper oder auf den Fußballplatz, sie joggen oder reisen. Wenn einer beispielsweise im Alter von fünfundvierzig Jahren noch einmal studieren will, findet der andere das klasse. Die zur guten freundschaftlichen Bindung passende Botschaft lautet: Wir unterstützen einander, wir sind uns wohlgesonnen!

  Das Erfordernis des Wohlwollens führt ebenfalls zu zwei Verhaltenskonsequenzen. Erstens zur Notwendigkeit, dem Partner Gutes zu tun, und zweitens zu dem Recht, im Gegenzug Gutes zu *erwarten*.
- In der **emotional-leidenschaftlichen Liebe** macht allein das *Schenken* Sinn. Die Partner schenken einander uneingeschränkte Zuwendung und Offenbarung – nicht nur oder nicht unbedingt sexuell, sondern vor allem auch emotional. Sie sind offen für alles, was den anderen bewegt; und sie tun dies freiwillig und bedingungslos. Die zur guten emotional-leidenschaftlichen Bindung passende Botschaft lautet: Ich begehre deine Nähe und Bestätigung!

Die Erfordernis des Schenkens führt auch in diesem Bereich zu zwei Verhaltenskonsequenzen. Erstens zur Erfordernis, sich dem Partner zu öffnen und sich ihm zuzuwenden. Und zweitens zum Recht, die Zuwendung und Öffnung des Partners zu *ersehnen*.

Gerades Verhalten erzeugt Sinn, schräges Verhalten erzeugt Unsinn

Wenn sich Partner in ihrer Beziehung sinnvoll verhalten wollen, bedeutet das Gesagte zusammengefasst: Als partnerschaftlich Liebende dürfen sie *fordern*, als freundschaftlich Liebende dürfen sie *erwarten*, und als emotional-leidenschaftliche Liebhaber dürfen sie *ersehnen*. Tun sie das, zeigen sie ein »gerades« Verhalten. Das Verhalten ist »gerade«, weil es auf der Logik des jeweiligen Bereiches fußt und dort Sinn ergibt. Ich nenne das »Kongruenzanforderung«, also die Anforderung, dass das Verhalten zum jeweiligen Liebesbereich passt.

Umgekehrt ist es »schräg«, wenn Partner in ihrem Verhalten unterschiedliche Liebesebenen vermischen. Partner sollten weder erwarten noch ersehnen, Freunde sollten weder fordern noch ersehnen, und Liebhaber sollten weder fordern noch erwarten. Ein solches Verhalten wäre schräg, weil es die Logik eines Bereichs in einen anderen Bereich hineinträgt. Dadurch wird Sinn aufgelöst und Unsinn produziert.

Gerades Verhalten in Partnerschaften

Partnerschaftliche Liebe	⟷	Verhandeln und fordern
Freundschaftliche Liebe	⟷	Teilhaben und erwarten
Emotional-leidenschaftliche Liebe	⟷	Schenken und ersehnen

Schräges Verhalten in Partnerschaften

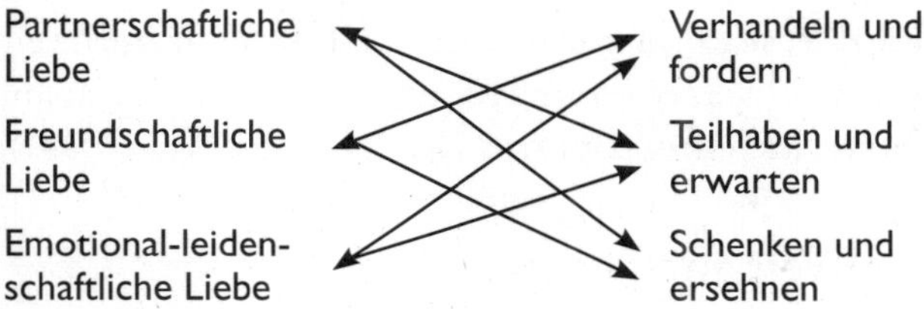

Die Schaubilder zeigen gerades beziehungsweise schräges Verhalten.

Die Kongruenzanforderung der Liebesebenen besagt:

- Was in der partnerschaftlichen Liebe Sinn ergibt, funktioniert weder in der freundschaftlichen noch in der emotional-leidenschaftlichen Liebe.
- Was der freundschaftlichen Liebe dient, funktioniert weder in der partnerschaftlichen noch in der emotional-leidenschaftlichen Liebe.
- Und was die emotional-leidenschaftliche Liebe befördert, versagt in den beiden anderen Liebesbereichen.

Wozu ist das wichtig? Nun, wer die Logiken der Liebesbereiche nicht auseinanderhalten kann, wird auch in Hinsicht auf Geld erheblichen Unsinn produzieren. Um das besser zu verstehen, kann man sich vorstellen, jemand wolle absichtlich gegen die Logik der Liebesbereiche verstoßen. Wie sähe solche absichtliche Unsinn-Produktion aus?

Unsinn in der partnerschaftlichen Bindung

Um entgegen der partnerschaftlichen Logik zu handeln, müsste jemand auf ausbleibende Leistungen seines Partners verzichten, weil er sich nicht gestattet, diese einzufordern. Wenn er aber nicht fordern darf, wie könnte er den Partner dazu bewegen, seinen Beitrag zu leisten? Er könnte dem Partner Gutes tun oder sich ihm intim zuwenden. In diesen Fällen würde er partnerschaftliches Verhalten nicht fordern, sondern *erwarten* oder *ersehnen*, und das wäre schräg.

Wenn der Partner beispielsweise nicht, wie fest vereinbart, den Garten umgräbt, könnte er ihn zu einem Opernbesuch einladen oder für dessen Sorgen und Probleme ein offenes Ohr haben. Er wird allerdings feststellen, dass der Partner den Garten dennoch liegen lässt. Er wird frustriert hinnehmen müssen, dass sich Partnerschaftlichkeit weder durch gute Taten noch durch Intimität befördern lässt.

Partnerschaft beruht nicht auf Wohlwollen und auch nicht auf Leidenschaft, sondern auf solidem Eigeninteresse. Es macht daher keinen Sinn, mit dem Partner wandern zu gehen (freundschaftliches Verhalten) und dafür zu erwarten, dass er wie versprochen endlich die Hausaufgaben mit den Kindern erledigt (partnerschaftliches Verhalten). Es wäre auch unsinnig, Verständnis für seine Ängste aufzubringen (emotional-leidenschaftliches Verhalten) und dafür zu ersehnen, dass er endlich wie versprochen den Einkauf erledigt (partnerschaftliches Verhalten).

Die Verhandlungslogik der Partnerschaft macht unmissverständlich klar: Partnerschaftliches Verhalten kann weder durch gute Taten noch durch Begehren erreicht werden, es muss notfalls gefordert werden. Sie sagt zugleich: Erwarte für deine Verlässlichkeit weder Wohlwollen, noch ersehne Begehren. Wer partnerschaftliches Verhalten erwartet oder ersehnt, liegt schräg.

In der partnerschaftlichen Bindung ein freundschaftliches oder ein emotional-leidenschaftliches Verhalten zu zeigen ist Unsinn!

Unsinn in der freundschaftlichen Bindung

Um absichtlich entgegen der freundschaftlichen Logik zu handeln, würde jemand die Teilhabe und das Wohlwollen seines Partners nicht erwarten. Er müsste stattdessen versuchen, dieses Verhalten zu *fordern,* oder er würde es *ersehnen*, und beides wäre schräg.

Er könnte beispielsweise die Socken des Partners stopfen (partnerschaftliches Verhalten) und dafür fordern, dass dieser mit ihm tanzen geht (freundschaftliches Verhalten). Oder er könnte dem Partner sein Begehren entgegenbringen (emotional-leidenschaftliches Verhalten) und dafür ersehnen, dass dieser seinen Traum unterstützt, eine Reise nach Patagonien zu unternehmen. Er wird jedoch bemerken, dass Freundschaftlichkeit weder durch Leistungsgewährung noch durch geschenktes Begehren erreicht werden kann.

Freundschaft beruht auf Teilhabe an Interessen und auf Wesensfaszination. Es ergibt daher keinen Sinn zu fordern: »Weil ich mit dir Tennis spiele, musst du mit mir Hühner züchten.« Interesse und Wohlwollen können nicht gefordert werden. Und es ist auch unsinnig, es zu ersehnen: »Warum teilst du meine kulturellen Interessen nicht, wo ich dich doch so liebe?«

Die Teilhabelogik der Freundschaft macht unmissverständlich klar: Freundschaftliches Verhalten kann weder durch Leistungen noch durch Begehren erreicht werden. Sie sagt zugleich: Du kannst vom Partner Gutes erwarten, wenn du ihm selbst Gutes tust. Erhoffe für deine Wohltaten aber weder Leistungen noch Begehren. Wer freundschaftliches Verhalten fordert oder ersehnt, liegt schräg.

In der freundschaftlichen Bindung ein partnerschaftliches oder ein emotional-leidenschaftliches Verhalten zu zeigen ist Unsinn!

Unsinn in der emotional-leidenschaftlichen Bindung

Wollte jemand absichtlich gegen die Logik der emotional-leidenschaftlichen Bindung handeln, müsste er die Zuwendung und das Begehren seines Partners nicht ersehnen, sondern entweder *fordern* oder *erwarten*, und beides wäre schräg.

Er könnte beispielsweise etwas Gutes für den Partner tun und dafür auf intime Zuwendung zählen. Etwa durch die Forderung: »Ich gehe nur mit dir tanzen, wenn du Verständnis für meine Ängste und Sehnsüchte zeigst und alle meine Empfindungen bestätigst.« Oder er erwartet: »Weil ich deine Interessen fördere, solltest du zärtlich zu mir sein.«

Er würde jedoch erfahren, dass sich Leidenschaft nicht aushandeln lässt und auch nicht auf gute Taten folgt. Intimität beruht weder auf Leistung noch auf Wohlwollen, sondern auf Begehren.

Die Schenklogik der emotional-leidenschaftlichen Liebe besteht darauf: Wer den Partner emotional-leidenschaftlich liebt, »schenkt« sich ihm. Wer Liebe schenkt, darf sich danach sehnen, dass sein Geschenk erwidert wird. Aber er erwirbt weder einen Anspruch auf Leistungsausgleich noch auf Wohlwollen. Wer leidenschaftliches Verhalten fordert oder erwartet, liegt schräg.

Die Sinnlosigkeit unlogischer/schräger Verhaltensweisen wird sofort klar, wenn man das damit verbundene Ansinnen offen aussprechen würde. (Die in Klammern gesetzten Sätze stellen unausgesprochene oder unbewusste Gedanken dar.)

Sinnlos: »Mäh den Rasen!« – »Warum?« – »Weil ich mit dir tanzen gehe!« (Ich tu dir Gutes, dafür kannst du mir Arbeit abnehmen.)

Sinnlos: »Geh mit mir Tennis spielen!« – »Warum?« – »Weil wir ein Paar sind!« (Ich liebe dich, da kannst du mir ruhig Gutes tun.)

Sinnlos: »Wieso macht dir Wandern keinen Spaß? Ich züchte ja auch die blöden Hühner mit dir.« (Ich tue etwas für dich, das mir keinen Spaß macht, da kannst du ruhig etwas für mich tun, das dir keinen Spaß macht.)

Sinnlos: »Ich begehre dich montags, du mich freitags.« (Das ist doch sonst ungerecht.)

Sinnlos: »Ich seh ja, dass du überlastet bist, ich nehme dir gern Arbeit ab.« (Dafür sollst du dich mir zuwenden und dich für mein seelisches Befinden interessieren.)

Sinnlos: »Wieso gefällt dir klassische Musik nicht? Ich finde Fußball ja auch gut.« (Du sollst dich für das interessieren, was mich interessiert, sonst ist das unausgeglichen.)

Sinnloses Verhalten ergibt sich immer, wenn die Logik eines Beziehungsbereiches in einen anderen Bereich hineingezogen wird. Die Logik eines Liebesbereiches funktioniert nur in diesem Bereich erwartungsgemäß, aber nicht überkreuz. Verhalten, das in einem Bereich Sinn ergibt, führt in den anderen Bereichen nicht zu dem erwünschten Ergebnis, sondern zu Frustration und Distanz.

Nach diesen Ausführungen über Sinn und Unsinn stehen wir vor der entscheidenden Frage: Wie passt das Geld in die Paarbeziehung? Wie kann mit Geld Sinn beziehungsweise Unsinn in einer Paarbeziehung produziert werden?

Die Allianz von Geld und Liebe

Beziehungsgeld – wenn die Liebe über das Geld regiert

Aus den bisherigen Ausführungen ergibt sich ein vorläufiger Schluss: Da sich innerhalb einer Paarbeziehung drei Liebesbereiche unterscheiden lassen, die jeweils eine eigene Handlungslogik aufweisen, kann es darin weder *ein* Geld noch *einen* Umgang mit Geld geben. Vielmehr gibt es in Paarbeziehungen drei verschiedene Arten von Geld, also dreierlei »Beziehungsgeld«. Geld bleibt in einer Paarbeziehung nicht einfach Geld, es verändert seine Beschaffenheit je nach dem Liebesbereich, in dem es zum Thema wird:

- Wird Geld aufgrund partnerschaftlicher Verhandlungslogik eingesetzt, wird es zu ***Partnergeld.***
- Wird Geld aufgrund freundschaftlicher Teilhabelogik eingesetzt, wird es zu ***Freundesgeld.***
- Wird Geld aufgrund emotional-leidenschaftlicher Schenklogik eingesetzt, wird es zu ***Liebesgeld.***

Damit sind wir beim Kernthema dieses Buches angekommen, der Verbindung von Geld und Liebe. Ich gehe nun folgendermaßen weiter:

Ich werde die Geldarten einer Beziehung – Partnergeld, Freundesgeld und Liebesgeld – sowie den Umgang damit näher beschreiben. Dabei werde ich mich zuerst dem kongruenten, dem »geraden« Umgang mit dem jeweiligen Geld widmen. In diesem Fall regiert die Beziehung über das Geld und nicht das Geld über die Beziehung, und so sollte es grundsätzlich sein. Aber natürlich richten sich Paare selten nach der reinen Logik – schließlich bringt jeder eine eigene Geschichte und eigene Erwartungen mit. Das führt dazu, dass oft schräg, also konträr zur jeweiligen Bereichslogik, mit Geld umgegangen wird. Dann *wirkt das Geld negativ auf die Paarbeziehung zurück*, indem es dort Unsinn produziert oder Unheil anrichtet. Auch diesen schrägen Umgang mit Geld und seine Folgen werde ich erläutern.

Anschließend wende ich mich einem weiteren, wichtigen Aspekt zu: der ***individuellen Bedeutung von Geld***. Es nutzt Paaren nämlich wenig, den richtigen Umgang mit Geld nachvollzogen zu haben, wenn sie darüber hinaus nicht in der Lage sind, ihre unterschiedlichen, individuellen Prägungen beim Umgang damit zu berücksichtigen.

Nach der Behandlung dieser drei Themen – gerader, schräger und individualisierter Umgang mit Geld – geht es um die Auflösung des ***Schweigetabus***. Denn über Geld lässt sich durchaus reden, wenn man über die passenden Begriffe verfügt. Zugleich werde ich die Chancen und Risiken des Sprechens über Geld darlegen, unvermeidbare Konflikte schildern und mich dem Thema Macht und Liebe widmen.

Partnergeld

Fangen wir mit dem Partnergeld an. Jede Art Partnerschaft – nicht nur die Paarbeziehung, sondern jede partnerschaftliche Beziehung – beruht auf der beschriebenen strikten Verhandlungslogik. Deshalb muss über das Geld darin immer *verhan-*

delt werden. Allerdings lauert bei partnerschaftlichen Beziehungen eine Falle. Es gibt nämlich zwei grundlegend unterschiedliche Arten von Partnerschaften.

- *Unpersönliche* Partnerschaften haben *Geschäfte* im Sinn.
- *Persönliche* Partnerschaften haben *Bindungen* im Sinn.

Beide Partnerschaften beruhen auf der Verhandlungslogik, aber diese splittet sich hier in eine *Geschäftslogik* und eine *Tauschlogik*. Die Geschäftslogik regelt unpersönliche Partnerschaften, während die Tauschlogik persönliche Partnerschaften reguliert – allen voran die Paarbeziehung. In beiden Fällen, bei Geschäft und bei Tausch, müssen die Betroffenen die jeweiligen Modalitäten aushandeln, und dieser Verhandlungszwang betrifft auch das Geld.

Der für das Thema Paarbeziehung zentrale und ausschlaggebende Unterschied besteht allerdings darin, *wie* Geld im partnerschaftlichen Liebesbereich eingesetzt wird – ob als Geschäftsgeld oder als Tauschgeld. Denn wenn Partner unpersönliches und persönliches Geld nicht voneinander unterscheiden können, wenn sie in einer Paarbeziehung Geschäftsgeld einsetzen statt Tauschgeld, schaden sie ihrer Beziehung.

Werfen wir also einen näheren Blick auf die unterschiedliche Bedeutung von Geschäft und Tausch, auf unpersönliche und persönliche Partnerschaften, auf die dabei angewandten Wertmaßstäbe, auf die sehr verschiedenen sozialen Konsequenzen, zu denen Geschäft und Tausch in menschlichen Beziehungen führen, und auf die Wirkungen, die Geschäftsgeld und Tauschgeld darin entfalten.

Geschäftsgeld – Geld in unpersönlichen Partnerschaften

Eine herausragende Eigenschaften von Geld, ich habe es anfangs erwähnt, ist sein unpersönlicher Charakter. Diesen hat es nicht zufällig angenommen. Der Bedarf an Geld entstand aus einem einzigen Grund: um Geschäfte mit Fremden abzuwickeln.

In Gesellschaften, die im Laufe der Zeit zahllose Menschen umfassten und in denen zahllose Waren und Dienste angeboten wurden, brauchte man ein Mittel, um einen anonymen Handel zu ermöglichen. Dieses Mittel war das Geld. Es ist relativ spät in der Geschichte aufgetaucht; erst seit etwa 800 Jahren kommt ihm eine unverzichtbare Bedeutung für den Warenhandel zu – seit es große Märkte gibt.

Geld ist keinesfalls entstanden, um Tauschhandel innerhalb kleiner Sozialverbände zu ermöglichen. Das glauben zwar die meisten Menschen, weil es in vielen Lehrbüchern steht und an etlichen Universitäten immer noch verbreitet wird, aber es ist ein Mythos: der *Mythos von der Tauschwirtschaft*.[13] Nach dieser Vorstellung tauschten die Menschen seit Anbeginn der Zeit miteinander; es wird sogar behauptet, menschliche Gesellschaften beruhten auf einem quasi natürlichen »Drang« zum Warentausch. Weil es aber zu kompliziert gewesen sei, für die Waren, die jemand anbot, genau jene Waren zu finden, die er suchte, sei eines schönen Tages wäre Geld erdacht worden. Es wird der Eindruck erweckt, als wäre Geld eine prima Idee gewesen, um den Tausch von Waren zwischen Nachbarn, Verwandten und Gemeinschaftsmitgliedern zu erleichtern.

Solche vereinfachenden und zudem falschen Darstellungen haben sich längst als Unsinn und Produkte reiner Forscherfantasie erwiesen. Inzwischen ist man weiter. So stellt beispielsweise Caroline Humphrey von der Universität Cambridge zum Mythos der Tauschwirtschaft fest:

> Schlicht und einfach wurde nicht ein einziges Beispiel einer Tauschwirtschaft jemals beschrieben, ganz zu schweigen davon, dass daraus das Geld entstand; nach allen verfügbaren ethnografischen Daten hat es das nicht gegeben.[14]

Ethnologische Forschungen ergaben, dass es nie Tauschhandel *innerhalb* der Urvölker gab, und erst recht wurde innerhalb der Sippen kein Geld eingesetzt. Die kleinen Sozialverbände sorgten gemeinsam für ihre Mitglieder, zudem waren alle Jäger oder Sammler – was also sollten sie tauschen? Dinge, die sie aus Langeweile gebastelt haben, gegen Dinge, die andere aus Langeweile schufen? Wieso hätten sie dazu Geld benötigt?

Es entwickelte sich allerdings Tauschhandel *zwischen* den verschiedenen Gruppen und Stämmen. Solche Tauschgeschäfte wurden ausschließlich zwischen Menschen getätigt, die unterschiedlichen Gemeinschaften angehörten, im Klartext: Geschäfte gab es nur zwischen *Fremden*!

Anfangs wurden Geschäfte im direkten Tausch Ware gegen Ware abgewickelt, beispielsweise tauschte man Speere gegen Stoffe oder Metalle gegen Gewürze. Das Geschäft lautete Ware: Ware (W: W). Erst im Laufe der Jahrhunderte setzte sich das Geld allmählich als einheitlicher, staatlich garantierter Wertmaßstab zur Regulierung von Märkten durch. Das Geld wurde sozusagen zwischen die Waren geschoben, was den Handel vereinfachte: Über das Geld kann jede Ware mit jeder anderen verglichen werden. Zugleich ist es möglich, Geschäfte zeitlich zu verschieben, indem man zuerst Ware gegen Geld einlöst, das Geld dann eine Weile aufhebt und später das Geld gegen andere Ware eintauscht. Die Geschäftsgleichung lautet nun Ware: Geld: Ware (W: G: W).

Die konkreten historischen Vorgänge, die zum heutigen Geld führten, sind äußerst kompliziert und komplex; sie können hier nicht ausführlich geschildert werden. Wichtig im Zusammenhang des Buchthemas ist, dass Geld ein ganz und gar unpersönliches und anonymisiertes Mittel des geschäftlichen Warentausches ist.

Geschäfte sind immer unpersönlich

Wenn Geld als Mittler in einem Warentausch zum Einsatz kommt, entsteht Kauf/Verkauf: ein Geschäft. Ein Geschäft ist der unpersönlichste Kontakt, den man sich zwischen Menschen vorstellen kann. In ihm spielen persönliche Belange keine Rolle. Ganz im Gegenteil, Persönliches wird durch Kauf/Verkauf rigoros ausgeschlossen. »Geschäft ist Geschäft«, sagt der Volksmund dazu.

Geld auf rein geschäftliche Weise einzusetzen hat weitreichende soziale Konsequenzen. Es bedeutet im zwischenmenschlichen Kontakt: »Wir machen ein Geschäft miteinander. Ich habe keine persönliche Beziehung zu dir. Du bist mir fremd und bleibst mir fremd. Ich bin nicht an dir als Mensch interessiert. Deine Lage und dein Schicksal sind mir gleichgültig. Woher du dein Geld hast, interessiert mich ebenso wenig, wie es mich interessiert, was du mit meinen Waren anfängst. Mich interessiert nur der Deal. Ich bin dir gegenüber zu nichts anderem verpflichtet als zur Zahlung. Wenn ich bezahlt habe, schulde ich dir nichts mehr. Dann trennen sich unsere Wege.«

Geschäfte entschulden

Das ist die nüchterne Logik des Kaufes, beziehungsweise die *Geschäftslogik*. Die Zahlung von Geld entpflichtet die Menschen; sie tilgt jede Schuld. Die Zahlung rechtfertigt es, den Kontakt zueinander abzubrechen und jeden Beteiligten sich selbst zu überlassen. Die Geschäftspartnerschaft besteht zeitlich begrenzt, ihr Zweck besteht ausschließlich im Deal, und beim Deal versucht jede Seite, durch Verhandeln das meiste für sich herauszuholen. Das beste Geschäft scheint eines, in dem der Partner übervorteilt wird: Es garantiert den größten Profit.

Aufgrund seiner trennenden und entschuldenden Funktion bezeichne ich Geld, das bei Geschäften eingesetzt wird, als »kaltes Geld«. Geschäftsgeld ist kalt, weil es unpersönlich ist.

Der geschäftliche Maßstab der Gleichwertigkeit

Weil Geld unpersönlich ist, darf der Maßstab, der bei Geschäften angelegt wird und mit dem Waren/Dienste miteinander verglichen werden, ebenfalls kein persönlicher Maßstab sein.

Es spielt bei Geschäften keine Rolle, wie viel Zeit jemand in die Herstellung einer Ware investierte, ob er seine Gesundheit dabei ruinierte oder woher er die Ware hat. Wer ein Kilo Nägel verkauft, für deren manuelle Herstellung er einen Tag braucht, bekommt dafür das gleiche Geld wie jemand, der diese Nägel maschinell in einer Minute herstellt. Es kommt allein auf den Marktwert der Ware an, der dafür sorgt, dass auf beiden Seiten des Geschäfts ein gleicher Wert abgebildet wird: auf der einen Seite der Gegenstand oder die Dienstleistung, auf der anderen Seite der entsprechende Geldbetrag.

Der Umgang mit Geld in unpersönlichen Beziehungen entspricht zwar vollkommen der partnerschaftlichen Verhandlungslogik: Über den Wert der Dinge/Dienstleistungen wird verhandelt, es werden bezüglich Kauf und Verkauf verbindliche Verträge geschlossen – aber der Mensch kommt in der Geschäftslogik nicht vor.

Der Bewertungsmaßstab bei Geschäften, der Maßstab, der Leistungen misst und vergleicht, ist der *unpersönliche Maßstab der Gleichwertigkeit*. Dadurch unterscheidet er sich massiv vom Bewertungsmaßstab eines Tausches, in dem Leistungen auf ganz andere Art und Weise verglichen werden.

Tauschgeld – Geld in persönlichen Partnerschaften

Ich habe bereits erwähnt, dass Urgemeinschaften entgegen verbreiteter Überzeugung niemals Tauschgeschäfte praktizierten. Diese Gemeinschaften waren klein, in ihnen wurde gemeinsam für den Unterhalt gesorgt, es wurde gemeinsam gejagt und gesammelt, Überschüsse und Vorräte wurden in gemeinschaftlichen Lagern aufbewahrt und nach Bedarf verteilt. Zu *Geschäften*, zu Käufen und Verkäufen, kam es innerhalb dieser auf persönlichen Beziehungen beruhenden Sozialverbände nicht.

Allerdings fand durchaus *Tausch* statt. Die Menschen tauschten unterschiedliche Dinge und Dienste aus, ohne dass damit Geschäfte gemacht wurden. Der Unterschied zwischen einem Tausch und einem Geschäft ergibt sich aus dem Maßstab, welcher der Transaktion zugrunde gelegt wird. Beim Tausch der Urgemeinschaften kann es sich nicht um den geschäftlichen Wertmaßstab der Gleichwertigkeit gehandelt haben, der durch Geld symbolisiert wird. Damals gab es noch kein Geld, und es bestand kein Bedarf danach. Dinge und Dienste konnten und mussten daher nicht auf einen »objektiven« und »allgemeinen« Wert hin verglichen werden.

»Wert« spielte in den kleinen Gemeinschaften keine Rolle – die »Bedeutung« von Dingen und Diensten allerdings schon. *Bedeutung* war sogar ausschlaggebend für den Tausch von Dingen und Diensten.

Persönliche Bedeutung contra unpersönlicher Wert

Bedeutung ist im Gegensatz zu *Wert* kein unpersönlicher, sondern ein zutiefst persönlicher Maßstab. Der persönliche Charakter dieses Maßstabs lässt sich eindrücklich an der persönlichsten aller Partnerschaften, der Paarbeziehung, veranschaulichen. Der in den Geschlechtsbeziehungen der Urzeit verbreitete Tauschvorgang »Sex gegen Fleisch« zwischen Frau und Mann zeigt, dass es durchaus möglich ist, verschiedenartige Dinge oder Leistungen anders als anhand von »Wert« miteinander zu vergleichen:

> Die von den Frauen gewährte Sexualität ist lebensspendend; exakt das aber ist auch die Nahrung. (...) Nahrung kann deshalb gegen Verkehr getauscht werden.[15]

Fleisch war nicht unbedingt überlebenswichtig, der Hauptteil der Nahrung wurde gesammelt; und es ist offen, ob die Menschen damals die Zusammenhänge von Sex und Zeugung kannten. Aber das brauchten sie nicht, um Fleisch und Sex gleiche Bedeutungen zu geben, denn nach beidem bestand ein gleich starkes Bedürfnis.

Aufgrund dieser vergleichbaren Bedeutung kann Sex und Fleisch in der Paarbeziehung miteinander verglichen und getauscht werden. Mit einem Geschäft hat dieser Tausch nichts zu tun, vielmehr mit der gegenseitigen Befriedigung grundlegender menschlicher Bedürfnisse.

Der persönliche Maßstab der Gleichartigkeit

Der Tausch in persönlichen Beziehungen unterliegt keinem Geschäftsprinzip. Er orientiert sich nicht am wirtschaftlichen Marktwert, sondern am *sozialen Prinzip der Gleichartigkeit.* Beim Tausch wird kein Wert ausgeglichen, sondern es wird die Bedeutung der Dinge und Leistungen verglichen.

Etwas anderes als ein persönlicher Vergleich von Leistungen war für die kleinen Sozialverbände nicht praktikabel. Es ist schlicht unvorstellbar, dass Menschen, die in unmittelbarer Abhängigkeit voneinander leben, Geschäfte durch Kauf und Verkauf miteinander tätigen. In dem Fall müssten sie Dinge oder Dienste »objektiv« gegeneinander abwägen. Aber wie sollte das möglich sein? Was kann man für Schuhe berechnen? Ist ein Schuh ein Kilo Weizen wert? Unter welchen Umständen ist das Kilo Weizen zehn Schuhe wert? Wenn einer nicht zahlen kann – nimmt sein Nachbar aus der Hütte nebenan ihm dann den Weizen weg und lässt ihn hungern? Wer verhindert, dass der Hungrige sich den Weizen einfach zurückholt? Sozialer Unfriede wäre durch Geschäfte vorprogrammiert gewesen.

Persönliche Beziehung / Abhängigkeit / Schuld

Noch grundlegender ist folgendes Argument: Wie sollte die Distanz gewährleistet werden, die für eine Geschäftsabwicklung nötig ist, wenn man nach dem Deal nicht auseinandergeht und sich nicht fremd sein kann, weil man persönlich aufeinander angewiesen bleibt? Kann, wer über fünf Kilo Weizen verfügt, seinem bedürftigen Nachbarn das letzte Hemd abverlangen, um einen möglichst großen Gewinn zu erzielen? Muss er nicht damit rechnen, dass sich der Nachbar bei der nächsten Notlage mit gleichem Geschäftssinn rächt? Anders gefragt: Können sich Mitglieder einer kleinen Gemeinschaft, in der soziale Beziehungen durch persönliche Abhängigkeiten reguliert werden, bei Tauschvorgängen überhaupt unpersönlich verhalten? Können sie »Deals« miteinander tätigen? Nein, das ist schlicht unmöglich! (Das leuchtet unmittelbar ein, wenn man die häufigste kleine Gemeinschaft der Gegenwart anschaut: die Familie. Profitorientierte Geschäfte zwischen Familienmitgliedern sind nicht vorstellbar – jedenfalls wenn es einen emotionalen Familienzusammenhalt gibt und weiter geben soll.)

Wer jemals Einblick in eine kleine Lebensgemeinschaft nehmen konnte, der weiß, dass darin Geschäfte und gleichwertiger Tausch keinen Platz haben. Seit jeher galt in kleinen Dörfern: Wenn ein Haus brannte oder ein Gewitter die Ernte zu vernichten drohte, war man auf die Hilfe der Nachbarn angewiesen. Nachbarn wiederum konnten ihre Hilfe nicht verweigern, weil sie selbst demnächst auf Hilfe angewiesen sein mochten. Man konnte die Hilfe auch nicht in Werten bemessen, also beispielsweise nicht sagen: »Du hast mir vor vier Wochen 100 Kilo Weizen gerettet, deshalb rette ich dir jetzt nur ein Pferd«, und die übrigen Pferde verbrennen lassen.

Ich kenne solche sozialen Verhältnisse aus einem isoliert gelegenen Fischerörtchen auf den Kapverdischen Inseln, wo ich mich mehrmals im Jahr aufhalte. Dort sind die Bewohner arm und aufeinander angewiesen. Wenn einer etwas hat, das ein anderer dringend braucht, dann gibt er es. Verrechnen kann er den Gegenstand oder den Dienst nicht, er weiß aber, dass ihm geholfen werden wird, sollte er in eine Notlage geraten.

Beispielsweise habe ich 500 Euro für den Kauf von Mais gegeben, weil etliche Bewohner zu wenig zu essen hatten. Die Leute geben das zurück, indem sie mir helfen, mein Boot ins Wasser zu schieben oder auf den Strand zu ziehen. Natürlich ist diese Hilfe beim Boot keine 500 Euro wert, aber ohne die

Hilfe der Leute würde mein Boot am Strand liegen bleiben. Auf der Ebene von Art (Bedürfnis) und Bedeutung – also nicht auf wirtschaftlicher, sondern auf sozialer Ebene – sind die ausgetauschten Leistungen durchaus vergleichbar.

So verhält es sich bei jedem Tausch, den ich dort getätigt habe. Für einen Schuluniform im Wert von 40 Euro gibt die Mutter des Kindes mir ein Säckchen Mandeln im Wert von 5 Euro. Für einen Kanister Benzin, den ich dem Fischer gebe, bekomme ich Fisch, aber nicht im selben Wert und nicht am selben Tag, sondern dann, wenn ich selbst keinen Fisch fange, der Fischer aber welchen hat.

Fest steht bei solchem Tausch: *Was gegeben und zurückgegeben wird, hat für beide eine Bedeutung, bei deren Bemessung die persönlichen Umstände ausschlaggebend sind.* Weil ich reicher bin, ist es selbstverständlich, dass ich etwas Wertvolleres gebe, das allerdings nur wertvoller erscheint, wenn man es in Euro ausdrückt. Der anonyme Wertmaßstab des Geldes ist jedoch nicht in der Lage, den Wert sozialer Beziehung und persönlicher Unterstützung auszudrücken. Würde ich meine Gaben in Euro umrechnen und gleichwertige Leistungen verlangen, wären meine Tage in der Dorfgemeinschaft gezählt: Keiner würde mir helfen, und allein käme ich dort nicht zurecht.

Halten wir als einen zentralen Punkt zum Thema persönliche Partnerschaften fest: In kleinen Sozialverbänden und persönlichen Beziehungen hat der Tausch von Waren und Diensten keine ökonomische, sondern eine soziale Funktion.

Tausch entschuldet nicht und erhält Beziehungen

In dieser sozialen Funktion muss der Tausch die menschlichen Beziehungen stärken, statt sie aufzulösen, wie Geschäfte das mittels entschuldender Zahlungen bewirken. Der Tausch erfüllt seine soziale Aufgabe auf eine faszinierende Weise: Er sorgt gerade durch die »Ungleichheit« der getauschten

Dinge/Dienste dafür, dass die Beteiligten einander permanent in Schuld stehen. Damit dies gewährleistet ist, *darf ein Tausch nicht gleichwertig sein.* Das Gegenteil ist nötig: Wer etwas annimmt, muss dem Gebenden entweder *mehr* oder *weniger* zurückgeben. Gibt er ihm etwas Gleichwertiges zurück, gilt das als grobe Beleidigung.

David Graeber beschreibt diese soziale Funktion des Tauschs in seinem hochinteressanten Buch über Schulden sehr anschaulich.

> Laura Bohannan schildert, wie sie in einer Siedlung der Tiv in einer ländlichen Region Nigerias ankam: sofort strömten Nachbarinnen herbei und brachten kleine Geschenke [...], Eier beispielsweise. [Diese Nachbarinnen erklärten,] dass solche Geschenke immer erwidert werden müssten [...],man könne auch Geld bringen [...],[aber] vor allem dürfe es nicht genau die Summe sein, die die Eier kosteten. Es müsse ein bisschen mehr oder ein bisschen weniger sein [...].Genau den Gegenwert zu bringen bedeute, dass man mit der Nachbarin nichts mehr zu tun haben wolle.[16]

Man muss sich klarmachen, was einen Tausch von einem Geschäft unterscheidet und welches die sozialen Folgen von Geschäften und Tauschakten sind:

- Der gleich*wertige* Tausch mittels Geld löst Beziehungen auf, indem er die Beteiligten entschuldet und so zu Fremden macht.
- Der gleich*artige* Tausch Ware/Ware hingegen schafft Schuld und erhält Beziehungen, indem er die Beteiligten zu weiterem persönlichen Kontakt verpflichtet.

David Graeber schildert ein weiteres, sehr aufschlussreiches Beispiel zum Thema.

> [Der dänische Schriftsteller] Freuchen erzählt, wie er eines Tages hungrig von einer erfolglosen Walrossjagd zurückkehrte und sah, wie ein erfolgreicher Jäger mehrere hundert Pfund Fleisch bei ihm ablud. Er dankte ihm überschwänglich. Der Mann jedoch reagierte abweisend. »Oben in unserm Land sind wir Menschen«, sagte der Jäger. »Und weil wir Menschen sind, helfen wir einander. Wir hören es nicht gern, wenn sich jemand dafür bedankt. Was ich heute bekomme, bekommst morgen vielleicht du. Hier oben sagen wir, dass man mit Geschenken Sklaven macht und mit der Peitsche Hunde.«[17]

Das Fleisch des Jägers ist kein Geschenk, sondern eine *persönliche* Hilfe. Dank ist unwichtig und sogar unerwünscht. Etwas Ähnliches ist mir in meinem kapverdischen Dorf widerfahren. Eines Tages hatte sich mein Boot im Sturm vom Anker gerissen und trieb fünf Meilen entfernt auf dem offenen Meer. Die Fischer holten es zurück, banden es wortlos an und gingen ihrer Arbeit nach. Zwei Tage später trieb ein Fischer wegen eines Motorschadens mit seinem Boot auf See. Kollegen konnten es nicht abschleppen, aber sie brachten den Fischer an Land. Ich fuhr bei hohem Wellengang hinaus und brachte sein Boot zurück. Keiner dachte auch nur im Traum daran, ein Wort des Dankes zu verschwenden. Es ist einfach selbstverständlich, dass man sich hilft. Man schuldet einander Hilfe, daher ist Dank überflüssig.

Die Aussagen »Und weil wir Menschen sind, helfen wir einander« und »Was ich heute bekomme, bekommst morgen vielleicht du« weisen auf den sozialen und persönlichen Charakter des Tauschens hin. Was einer heute gibt, bekommt er morgen zurück, vielleicht sogar von jemand anderem. Das Geschäftsprinzip hingegen funktioniert nicht in sozialen Gemeinschaften – nur in den großen Marktwirtschaften kann es sein unpersönliches, oft unmenschliches Gesicht zeigen. So wie bei einem Vermieter, den ich fragte, warum er einer

Frau und ihren beiden Kindern die Wohnung gekündigt habe – nur weil die Frau die Miete momentan nicht vollständig zahlen konnte, nachdem ihr Mann sie verlassen und das Konto geplündert hatte. Er antwortete, er sei Geschäftsmann und kein Wohlfahrtsverein.

Tausch in der heutigen partnerschaftlichen Liebe

Man könnte einwenden, dass es bei Urvölkern zwischen Mann und Frau sicherlich den Tausch Waren gegen Dienste gegeben habe, dass so etwas in einer modernen Paarbeziehung aber nicht mehr vorkomme. Weit gefehlt! Im partnerschaftlichen Liebesbereich kommt Tausch nicht nur vor, dieser Bereich ist vom Tausch regelrecht durchdrungen und bestimmt. Um das zu sehen, braucht man lediglich den Begriff »Kapital« zu zerlegen: in ökonomisches und nicht ökonomisches Kapital. Ökonomisches Kapital steht für Ware (Geld ist eine Ware), nicht ökonomisches Kapital für Dienste.

Ökonomisches und nicht ökonomisches Kapital im partnerschaftlichen Tausch

Kapital bedeutet »Vermögen«, was schlicht und einfach meint, dass man damit etwas zu tun vermag. Das trifft auf ökonomisches Kapital – dieses besteht aus Geld, Immobilien, Reichtümern, Aktien und so weiter – ganz sicher zu. Aber auch mit nicht ökonomischem Kapital lässt sich eine Menge anfangen. Nichtökonomisches Kapital kommt in vier Arten vor: als soziales, kulturelles und biologisches Kapital sowie in Form von Arbeit.

- Soziales Kapital besteht aus Beziehungen, Ruhm, Ansehen oder Titeln.
- Kulturelles Kapital besteht aus Wissen und Bildung.
- Biologisches Kapital besteht aus Jugend, Schönheit, sexuellem Potenzial und Fruchtbarkeit.

- Arbeit besteht aus persönlichen Dienstleistungen, u. a. aus Fürsorge.

Der persönliche Tausch, der im partnerschaftlichen Beziehungsbereich stattfindet, bedeutet: Tausch von ökonomischem Kapital gegen nicht ökonomisches Kapital zum Zweck gegenseitiger Bedürfniserfüllung.

In Urzeiten tauschte man in persönlichen Partnerschaften Sex gegen Fleisch, heute lässt sich ein verbreiteter Tausch Jugend gegen Luxus beobachten, beispielsweise in den großen Metropolen, wo sich alte reiche Männer (aber auch: reiche alte Frauen) mit jungen, attraktiven PartnerInnen zusammentun. Die jungen Partner sind meist zwischen 25 und 30, sie lassen sich gut vorzeigen und bieten Sex und Lebendigkeit; die Männer oder Frauen sind jenseits der 50 und vermögend, sie bieten Versorgung, Sicherheit und Status. Insofern stellt Geld auf der partnerschaftlichen Ebene einer Paarbeziehung ein Versprechen dar, nämlich dafür, etwas Erstrebenswertes zu erhalten.

Ein bekannter Witz illustriert dies sehr schön. Dass er ausnahmslos von allen verstanden wird, zeigt, wie verbreitet und akzeptiert der Tausch von ökonomischem gegen nicht ökonomisches Kapital in Ehen und Beziehungen ist.

Ein Multimillionär trifft einen ebenso reichen Freund. Der fragt ihn staunend: »Du hast eine 22-jährige, schöne Frau gefunden? Mit 70? Wie hast du das denn gemacht?« Der Millionär lacht: »Ich hab ihr erzählt, ich sei 90.«

Es muss sich bei einer partnerschaftlichen Tauschbeziehung aber nicht zwingend um den Tausch von Geld gegen Jugend oder Sex handeln. Ebenso können in der Öffentlichkeit bekannte Menschen, etwa eine Politikerin, ein Wissenschaftler oder eine Künstlerin, auf einen jüngeren Partner hoffen, weil sie diesem im Austausch gegen seine Jugendlichkeit Status und Aufmerksamkeit verschaffen. In Hamburg gibt es eine Agentur, die sich darauf spezialisiert hat, bekannte Prominente mit attraktiven, aber unbekannten Partnern zu verbandeln, die einen Weg in die Medien suchen. Beide Partner können durch solch eine Tauschbeziehung auf die Erfüllung für sie wichtiger Bedürfnisse hoffen.

Für die am meisten verbreitete partnerschaftliche Bindung, die Beziehung zwischen materiell ungefähr gleichgestellten Partnern, sind allerdings weder Geld noch Ruhm nötig – dafür reicht die gemeinsame Absicht, eine Familie zu gründen oder ein gemeinsames Leben zu führen. Auch in solchen Beziehungen zwischen ökonomisch oder sozial gleichgestellten Partnern geht es um grundlegende Bedürfnisse, zu deren Erfüllung man auf jemand Nahestehenden angewiesen ist. Im gemeinsamen Vorhaben wird dann ebenfalls ökonomisches und nicht ökonomisches Vermögen getauscht beziehungsweise zusammengelegt.

Ist partnerschaftliche Bindung auch Liebe?

Ja. Mit einem Partner grundlegende Bedürfnisse zu erfüllen kann intensive Liebesgefühle hervorrufen und starke emotionale Bindungen schaffen, auch wenn rein bedürfnisorientierte Beziehungen zwischen materiell nicht gleichgestellten Partnern oft weniger stabil sind. Der nächste Partner mag noch reicher, noch bekannter, noch jünger, noch attraktiver oder auf andere Weise passender zu den eigenen Bedürfnissen sein; und dann ist ein Partnerwechsel schnell passiert.

Der 64-jährige reiche Geschäftsmann, der mit einer 21-Jährigen ein Kind in die Welt gesetzt hat, wird die Frau lieben, und sie ihn. Zumindest mag es sich für beide so anfühlen. Aber was würde passieren, wenn er morgen sein Geld verlöre, oder wenn sie morgen keine Lust mehr hätte, mit ihm ins Bett zu steigen? Würden die beiden ihre Gefühle auf andere

Menschen übertragen? Das wäre mehr als wahrscheinlich. Um das zu vermeiden, muss der Partnerin schon bald die nächste Design-Handtasche oder ein neues Auto gekauft werden, oder dem Partner muss der nächste Sex geboten werden, oder die Brüste müssen operiert werden, um attraktiv zu bleiben. Das trifft vor allem zu, wenn es außer der partnerschaftlichen Bindung keine nennenswerte freundschaftliche oder emotional-leidenschaftliche Liebe gibt, wenn die Beziehung also nur auf einer Säule ruht.

Es handelt sich dennoch um Liebe, weil es sich um eine *persönlich verpflichtende* Beziehung handelt, die von gegenseitiger Abhängigkeit geprägt ist. Bei einem Geschäft könnten sich die Partner entpflichten. Wenn ein Mann beispielsweise zu einer Prostituierten geht oder wenn eine Frau sich einen Callboy ins Haus kommen lässt, findet ein nüchternes Geschäft statt. Die Beziehung bleibt unpersönlich, und sobald jeder seinen Teil des Deals geleistet hat, gehen die Geschäftspartner auseinander; sie waren und bleiben Fremde.

Bei bedürfnisbasierten Beziehungen bleiben sich die Partner ständig etwas schuldig, nämlich die weitere Bedürfnisbefriedigung und die Erfüllung ihres partnerschaftlichen Versprechens zueinanderzuhalten. Gegenseitige Schuld bleibt auch deshalb bestehen, weil das, was einer gibt, nie gleichwertig zu dem ist, was der andere gibt. Was ausgetauscht wird, ist allerdings gleich*artig*: Dem Tausch liegen Bedürfnisse zugrunde, die für beide Seiten von vergleichbarer Bedeutung sind.

Wie viel von welchem Kapital ist nötig?

In welchem Ausmaß kommt beim partnerschaftlichen Tausch nun welches Kapital zum Einsatz? Wer gibt ökonomisches und wer trägt nicht ökonomisches Kapital bei, und wie viel von jedem ist nötig? Das lässt sich pauschal nicht bestimmen.

Die betreffenden Partner müssen die Modalitäten ihres Tausches miteinander aushandeln. Die Verhandlungslogik gilt, wie gesagt, nicht nur in unpersönlichen Geschäftspartnerschaften, sondern ebenso in persönlichen Paarbeziehungen.

Die meisten Partner, die ein gemeinsames Projekt wie beispielsweise eine Familie gründen, werden zwar kalkulieren, aber selbstredend nicht von »Tausch« und »Verhandlung« sprechen. Dennoch achten sie in der Regel genau darauf, was jeder zur Lebensgemeinschaft »beitragen« oder in sie »einbringen« kann. Sie vergleichen Verdienst und Status, Herkunft, Ausbildung und Gesundheit, also ökonomisches und nicht ökonomisches Kapital. In Ratschlägen für Singles wird betont, wie wichtig es sei, einen Partner mit gutem oder vergleichbarem Einkommen zu suchen. Andere Empfehlungen heben den Wert von Bildung und sozialer Stellung hervor.

Das Geld spielt in der partnerschaftlichen Liebe mit

Wie sich zeigt, spielt Geld im partnerschaftlichen Liebesbereich eine wichtige Rolle. Auch in Paarbeziehungen ist Geld ein Versprechen: Man bekommt etwas *dafür* oder etwas *davon*.

In persönlichen Beziehungen kann Geld jedoch nicht als Geschäftsgeld auftauchen, weil es die Partner entschulden und ihren persönlichen Tausch in einen unpersönlichen Deal, in ein Geschäft, verwandeln würde. Im partnerschaftlichen Liebesbereich muss Geld vom Thron des scheinbar neutralen und objektiven Vermittlers herabsteigen, sich auf Augenhöhe mit nicht ökonomischem Kapital begeben und sich mit diesem vergleichen lassen. Die geschäftliche Gleichung W: G: W (Ware: Geld: Ware) ist außer Kraft gesetzt, die ursprüngliche Tauschgleichung W: W ist wieder hergestellt. Der Begriff »Ware« wird allerdings durch den Begriff »Kapital« ersetzt.

So wird Geld zu einer persönlichen Leistung, die mit anderen persönlichen Leistungen verglichen und gegen sie eingetauscht werden kann. Indem es sich der persönlichen Bindung anpasst, verliert Geld seinen unpersönlichen Charakter und seine Eigenschaft, Werte anhand von Zahlen zu vergleichen. Es verwandelt sich in Partnergeld, in persönliches Geld. Durch diesen »Aufstieg« verändert es seine Temperatur, es erwärmt sich gegenüber dem Geschäftsgeld.

In Paarbeziehungen kommt Geld zum Einsatz, aber es verwandelt sich darin von kaltem in kühles Geld.

Eines sei an dieser Stelle vorausgeschickt: Auf dem Weg durch die Beziehungsformen erhöht Geld seine Temperatur schrittweise.

- Beim Übergang von unpersönlichen zu persönlichen Beziehungen wird aus kaltem Geld *kühles* Geld.
- In der freundschaftlichen Bindung verwandelt sich kühles Geld in *warmes* Geld.
- In der emotional-leidenschaftlichen Bindung wandelt sich warmes Geld in *heißes* Geld.

Wie sich im Verlaufe der folgenden Abschnitte zeigen wird, gilt die Bedingung, dass Geld in einer Paarbeziehung nicht »kalt« bleiben darf, für alle drei Bindungsformen. Grundsätzlich kann jedes Beziehungsgeld – gleichgültig, ob kühl, warm oder heiß – durch ein geschäftliches Verhalten zu kaltem Geschäftsgeld werden. Es wird im Folgenden meine Aufgabe sein, die Temperaturerhöhungen des Geldes und das dazu passende Verhalten der Partner zu beschreiben.

Halten wir zum Partnergeld vorläufig fest:
Partnergeld ist wärmer als geschäftliches Geld, aber es bleibt kühl. Warum? Weil darüber verhandelt wird. Weil »mein« und »dein« erhalten bleiben. Partnergeld erhöht gegenüber Geschäftsgeld seine Temperatur, ohne seine differenzierende Eigenschaft zu verlieren. Für sein Partnergeld kann man etwas verlangen, man kann es gegen nichtökonomisches Kapital verrechnen, und nicht ökonomische Leistungen können gegen Geldleistungen eingetauscht werden.

Umgang mit Partnergeld

Jedes Verhalten kann »gerade« oder »schräg« zur Logik des jeweiligen Beziehungsbereiches stehen. Das gilt auch für den Umgang mit Geld auf der partnerschaftlichen Ebene. Wie sieht nun ein korrekter, »gerader« Umgang mit Geld auf der partnerschaftlichen Liebesebene aus? Hier gilt es streng genommen, drei wesentliche Punkte zu beachten.

1. Es gilt die Regel: Über die Leistungen der Partner, über ihren jeweiligen ökonomischen oder nicht ökonomischen Beitrag zur Partnerschaft, muss *verhandelt* werden, und es muss zu *Verträgen* kommen.
2. Um ökonomische beziehungsweise nicht ökonomische Leistungen zu vergleichen, wird der persönliche Maßstab der *Gleichartigkeit* angelegt.
3. Es besteht ein *Anspruch auf Erfüllung* getroffener Abmachungen, dieser wird notfalls *eingefordert*.

Dementsprechend bedeutet ein »schräger« Umgang mit Geld im partnerschaftlichen Beziehungsbereich:

- Wichtige Punkte werden nicht verhandelt, sodass es nicht zu klaren Verträgen kommt.
- Es werden unpersönliche Leistungen mit persönlichen Leistungen verrechnet.

- Es kommt nicht zu einem Leistungsausgleich, weil ausbleibende Beiträge nicht eingefordert werden.

Ganz so streng und gradlinig wie hier beschrieben verläuft die Angelegenheit in der Praxis natürlich nicht. Aber mir geht es an dieser Stelle darum, deutlich auf dem Boden der Verhandlungslogik zu bleiben. Schauen wir uns die Punkte daher näher an, auch anhand von Beispielen.

Punkt 1: Über partnerschaftliche Beiträge zur Beziehung verhandeln

Verhandelt werden muss in einer Paarbeziehung vieles. Je mehr Alltag und Verpflichtungen das Paar miteinander teilt, desto größer ist der Verhandlungsbedarf zwischen den Partnern.

Wer setzt welches Kapital ein? Welche Dinge oder Dienste sollen miteinander verglichen und getauscht werden? Wer gibt wie viel davon? Wer verdient Geld, einer oder beide? Wofür wird es ausgegeben? Führen wir ein gemeinsames oder zwei getrennte Konten? Heiraten wir? Machen wir einen Ehevertrag? Wo wohnen wir? Bekommen wir Kinder? Wann und wie viele? Wer kümmert sich um sie? Welche Wohnung kommt infrage? Wie sieht die Einrichtung aus? Machen wir viel oder wenig Urlaub? Und so weiter und so fort; die Liste der verhandlungswürdigen Punkte ist sehr viel länger.

Geschichtlich sind derartige partnerschaftliche Verhandlungen nichts Neues. Die von Verwandten arrangierte Ehe war immer schon ein partnerschaftliches Tauschverhältnis, das auf speziell für den konkreten Fall ausgehandelten Vereinbarungen beruhte. Das gilt uneingeschränkt auch für moderne Ehen, und ebenso für Partnerschaften ohne Trauschein. Im Unterschied zu früher, als Individuen nichts bedeuteten und die Sippe alles, kann der partnerschaftliche Tausch heute unendlich viele Ausprägungen annehmen, weil die betroffenen Individuen die Verhandlungshoheit selbst innehaben. So vielfältig die Bedürfnisse der beteiligten Partner sind, so vielfältig sind daher die darauf abzielenden Verhandlungen.

Bevor es zu solchen Verhandlungen kommt, unterbreiten die Partner einander Angebote.

Sich gegenseitig Angebote unterbreiten

In den heutigen, selbst arrangierten Beziehungen werden von Anfang an Verhandlungsangebote gemacht, bereits in der Phase des Kennenlernens. Diese könnten, würden sie explizit formuliert, beispielsweise lauten: »Suche emotionale Geborgenheit und biete finanzielle Sicherheit.« Oder: »Suche Luxus und biete Sexualität.« Oder: »Suche soziale Beachtung und biete Geld.« Oder, wie es in der Mehrzahl der Fälle sein wird: »Suche Partner, mit dem ich mir die Aufgaben und Ausgaben eines gemeinsamen Lebens teilen kann.«

Man darf sich partnerschaftliche Tauschangebote und -verhandlungen nicht so vorstellen, dass sich die Partner sofort an einen Tisch setzen und einen Verhandlungsmarathon beginnen. Nur wenige Verträge werden ausdrücklich verhandelt – etwa wenn ein notarieller Ehevertrag aufgesetzt wird, was relativ selten geschieht. Und viele Paare greifen selbst beim Ehevertrag auf die gesetzlich vorgegebenen Abmachungen zurück – und kennen die gesetzlichen Bestimmungen, also das ihrer Ehe zugrunde liegende Vertragswerk, oft überhaupt nicht. Die meisten partnerschaftlichen Abmachungen werden »nebenbei«, auf stillschweigende Art und Weise, getroffen.

Stillschweigende Vereinbarungen bieten Vor- und Nachteile. Sie sind erstens vorteilhaft, weil sich vieles zu einem frühen Zeitpunkt der Beziehung nur andeuten oder vage formulieren lässt, und zweitens, weil sich nicht alle Absichten offen aussprechen lassen. Einiges kann von Anfang an benannt werden, anderes wiederum darf einem nicht über die Lippen kommen. Sie sind nachteilig, weil stillschweigende Vereinbarungen Missverständnisse provozieren, die sich sehr viel später als destruktiv erweisen. Allerdings gilt meist auch das Unausgesprochene als richtig verstanden und akzeptiert.

> Eine attraktive Frau wird von ihrem Verehrer in ein einfaches Restaurant eingeladen. Sie lässt sich widerstrebend darauf ein, erklärt ihm aber später, er solle sie nie wieder »in so einen Schuppen schleppen«, sie sei »eine andere Kategorie gewohnt«.

Der Mann weiß aufgrund dieses und anderer Erlebnisse mit der Frau ziemlich genau, welche partnerschaftlichen Erwartungen sie hegt und dass er ihr einen gehobenen Standard bieten muss, wenn er sie für sich gewinnen will. Wenn er eine Beziehung mit ihr möchte, muss er ihre Erwartungen stillschweigend akzeptieren. Tut er es, weiß sie ziemlich genau, was er dafür erwartet (nämlich sexuelle Versorgung), aber auch das wird nicht ausgesprochen.

Bedürfnisorientierte Tauschverhältnisse dürfen nicht allzu offenbar werden; man kann sie vor sich selbst und dem Partner nur begrenzt rechtfertigen. Gesellschaftlich gefördert wird das Ideal einer irgendwie gearteten »reinen« Liebe – auch wenn das eine reine Fiktion ist. Wenn Partner beispielsweise im Ehevertrag die Höhe der finanziellen Leistungen des einen und die sexuellen Verpflichtungen des anderen Partners schriftlich festlegen, gilt das hierzulande als unsittlich. Solche sozialen Konventionen und die damit verbundene Selbstachtung der Partner müssen respektiert bleiben, und daher ergeben sich viele Vereinbarungen stillschweigend aus dem Verhalten der Partner.

Ein wohlhabender Mann ist von einer schönen, schlanken und viel jüngeren Frau fasziniert; er macht ihr den Hof und zeigt sich dabei großzügig. Die beiden kommen sich näher. Sie erfährt, dass er seiner letzten Freundin eine Eigentumswohnung geschenkt hat. Er habe sie aber verlassen, nachdem sie korpulent geworden sei. Die Frau lacht und weiß nun genau, was gespielt wird: Sie wird versorgt, solange sie für ihn attraktiv bleibt. Sein Angebot gefällt ihr. Die beiden kommen zusammen.

Der Tausch ökonomisches gegen nicht ökonomisches Kapital ist getätigt, jeder weiß, worum es geht – aber es auszusprechen wäre mit dem Selbstbild der Beteiligten und der romantisierenden Liebesvorstellung unserer Gesellschaft schwer zu vereinbaren, wonach Liebe keine Tauschbasis haben, sondern eine Art von »reiner« Liebe sein soll.

Vorstellungen äußern

Neben unausgesprochenen Angeboten können Verhandlungsangebote auch etwas direkter formuliert werden. Das geschieht, wenn die Partner eine feste Beziehung für möglich halten. Sie äußern dann »Vorstellungen«. Beispielsweise sagt einer: »Wie stellst du dir eigentlich das Zusammenleben mit einem Partner vor?«, oder er fragt: »Wünschst du dir Kinder in deinem Leben?«

Ohne es zu benennen, werden durch Vorstellungen Angebote unterbreitet und indirekte Verhandlungen geführt; es wird getestet, ob und wie sich die Positionen der Partner annähern lassen. Dabei fällt leicht eine Bemerkung, die sich später als vorschnell erweisen kann, etwa der Satz »Geld ist für mich nicht so wichtig« oder »Auf Geld kommt es doch nicht an, wenn zwei sich lieben«. Diesbezüglich ist Skepsis angebracht. Natürlich kommt es auch auf Geld an. Geld ist ja keinesfalls eine Nebensache, sondern ein wichtiges Tauschmittel. Es wird früher oder später als ein Thema auftauchen und das Paar beschäftigen.

Geld kann auch durch seine Abwesenheit mitspielen und dadurch zeigen, dass »Liebe allein« manchmal nicht reicht, wie im nächsten Beispiel.

> Eine Frau verliebt sich im Urlaub in einen attraktiven Mann. Nach zwei Wochen kann sie sich vorstellen, eine dauerhafte Beziehung zu ihm aufzunehmen. Doch dann erfährt sie, dass er einen Offenbarungseid abgelegt hat und einer Gehaltspfändung unterliegt. Schlagartig kühlen sich ihre Gefühle für ihn ab. Sie findet Vorwände, den Kontakt zu vermeiden, und zieht sich schließlich ganz zurück, weil diese Beziehung »keine Zukunft« für sie hat.

In dem Fall sind partnerschaftliche Vorstellungen zerstört worden, obwohl emotional-leidenschaftliche Empfindungen vorhanden waren. Der Mann hat sich aufgrund seiner finanziellen Lage als ungeeignet für eine partnerschaftliche Beziehung erwiesen, und ganz offenbar war der partnerschaftliche Bereich für die Frau der vorrangige. Er hatte ihr diesbezüglich nichts zu bieten.

Positionen beziehen

Die direkteste Art, Verhandlungen zu führen, besteht darin, ausdrücklich Position zu beziehen. Das geschieht aber meist erst, nachdem die Partner ein Paar sind und ein gemeinsames Projekt beginnen. Etwa eine Lebensgemeinschaft, eine Ehe oder eine Familie. Gerade ökonomisch ungefähr gleich starke Partner – also die meisten Paare – sollten sich nicht scheuen, spätestens dann den Umgang mit Geld und seine Verwendung zum Gegenstand von ausdrücklichen Verhandlungen und persönlichen Vergleichen zu machen.

Sind die Partner so weit, dass sie verhandeln, wer was zum

gemeinsamen Projekt beiträgt, stellt sich alsbald heraus, dass etliche Leistungen schwer miteinander vergleichbar sind. Einer verdient mehr, der andere weniger Geld. Einer hat einen arbeitsintensiven Job, der andere hängt in einer beruflichen Sackgasse fest und hat mehr Zeit zur Verfügung. Einer hat ein Erbe in Aussicht, der andere hat seines längst aufgebraucht oder wird nie eines bekommen. Einer hat eine gut gehende Firma, der andere jobbt und hält sich gerade so über Wasser. Einer will sich um die Kinder kümmern, der andere das Geld verdienen. Es gilt demnach, sehr unterschiedliches Kapital miteinander zu vergleichen.

Punkt 2: Leistungen vergleichen und ausgleichen

Rein bedürfnisorientierte Partnerschaften (z. B. Jugend gegen Status oder Sexualität gegen Reichtum) sind weniger auf ausdrücklichen Leistungsvergleich angewiesen, weil dort relativ schnell klar ist, wer Geld zuschießt und wer anderes Kapital beiträgt und in welchem Ausmaß das geschieht. Bei ökonomisch etwa gleichgestellten Partnern verhält sich die Sache komplizierter. Dort ist die partnerschaftliche Verbindung selten die ausschlaggebende, die Beziehung baut meist zugleich auf freundschaftlichen und emotional-leidenschaftlichen Bindungen auf.

Man sollte vermuten, dass dieser Umstand die partnerschaftlichen Verhandlungen erleichtert – aber das Gegenteil scheint der Fall zu sein. Je emotionaler und tiefer die Liebe empfunden wird, desto schwerer fällt es den Partnern, scheinbar einfache Dinge wie unterschiedliches Kapital miteinander zu vergleichen. Vor dieser Scheu kann nur gewarnt werden, denn schräger Umgang mit Geld schafft zukünftiges Konfliktpotenzial, wie entsprechende Beispiele zeigen werden.

Es ist besser, offene Fragen rechtzeitig zu klären. Dabei gilt, wie gesagt, das partnerschaftliche Prinzip des Leistungsausgleichs. Leistungsausgleich beruht jedoch nicht auf dem Abwiegen von »objektiven« Werten. Ich erinnere: Was einer zum Projekt beiträgt, muss in *Art und Bedeutung* dem Beitrag der Leistung des anderen entsprechen. Der einzig dazu taugliche Maßstab ist der Maßstab der *Gleichartigkeit*. Gleichartige Leistung bedeutet, um es sehr vereinfacht zu sagen, dass jeder sein Bestes gibt. Wenn jeder entsprechend seinen individuellen Möglichkeiten zum gemeinsamen Projekt beiträgt, gilt die Leistungsbilanz als ausgeglichen, weil auf diese Weise die persönliche Verfassung jedes Partners berücksichtigt ist.

Um den Unterschied von *gleichwertig* und *gleichartig* zu erklären, hier ein konstruiertes Beispiel: Zwei Bekannte wollen als gemeinsames Projekt einen Keller mit zehn Tonnen Kohlen füllen. Die eine Person ist groß und stark, die andere kleiner und schwächer. Wenn sie nun vereinbaren, dass jeder exakt fünf Tonnen in den Keller schleppt, wäre ihre Leistung *gleichwertig*; sie lässt sich in Form einer *unpersönlichen* Rechnung mit der objektiven Zahl »fünf Tonnen« beschreiben. Wenn sie hingegen vereinbaren, so lange zu arbeiten, bis alle Kohlen im Keller sind, wäre ihre Leistung *gleichartig*, obwohl der Starke am Ende sechs und der Schwache nur vier Tonnen geschleppt hat. Auf der persönlichen Ebene haben sie Gleichartiges geleistet: Sie haben die gleiche Zeit und Anstrengung aufgewendet, und jeder hat seine ganze Kraft gegeben. Das ist eine *persönliche* Rechnung.

Wenn es so abläuft, hat sich die Beziehung auf den Weg gemacht, eine persönliche zu werden. Vielleicht wird eine Freundschaft daraus, oder zumindest eine gute, partnerschaftliche Zusammenarbeit. In jedem Fall würde sich die Beziehung erwärmen.

Es könnte aber auch anders kommen. Nehmen wir weiter an, der Partner, der sechs Tonnen geschleppt hat, wollte dafür eine Leistungsentschädigung. Er könnte beispielsweise einige Zentner der Kohlen für sich beanspruchen. Dann würde er sich im selben Augenblick als Geschäftspartner outen, als jemand, den die persönliche Verfassung des Partners und die Tatsache, dass dieser sich ebenso angestrengt hat wie er selbst, nicht interessieren. Dann würde die Beziehung schlagartig erkalten und damit auf die Temperatur absinken, wie sie zwischen Geschäftspartnern üblich ist, zwischen Fremden.

Wird in einer partnerschaftlichen Liebe der Maßstab der Gleichwertigkeit angelegt, ist dieser geschäftsmäßige Umgang mit Geld oder anderen Beiträgen zwangsläufig »schräg«. Leider kommt es oft vor, dass ökonomisches Kapital von Partnern höher eingeschätzt wird als nicht ökonomisches Kapital. Zwar hat derjenige, der mehr Geld zur Partnerschaft beiträgt, die allgemeine Marktlogik auf seiner Seite, aber in einer persönlichen Beziehung greift diese Marktlogik nicht.

So wird ein Partner, der 10 000 Euro verdient, dem anderen unter Umständen vorhalten: »Deine Hausarbeit ist nur 1500 Euro wert, denn so viel Geld verdient eine ausgebildete Haushälterin. Meine Leistung ist viel mehr wert«, und er mag versuchen, sich deshalb mehr Rechte herauszunehmen. Der Partner, der die Hausarbeit übernimmt, kann dagegen vorbringen: »Mein Beitrag ist genauso viel wert wie deiner, denn wir geben die gleiche Lebenszeit und Kraft dafür her. Deine Lebenszeit und Kraft ist *in unserer Beziehung* nicht mehr wert als meine.« Mit dieser Haltung macht er klar, dass die Hausarbeit eine *persönliche* Leistung darstellt, ebenso wie die Arbeitsleistung desjenigen, der Geld in die Partnerschaft einbringt, und dass er die jeweiligen Beiträge für ausgeglichen hält. Mit Fug und Recht kann er hinzufügen: »Wenn es dir nur um eine Haushälterin geht, wird dir das Arbeitsamt bestimmt eine vermitteln. Du kannst ja dann mit ihr zusammenleben.«

Der persönliche Maßstab der Gleichartigkeit wendet sich radikal gegen jede Marktlogik. Wenn Menschen persönlich miteinander zu tun haben, wenn sie aufeinander angewiesen und abhängig voneinander sind, gilt keine monetäre, sondern eine soziale Währung. Diese berechnet keine »objektiven Kosten«, sondern nur »persönliche Kosten«, keine »objektiven Leistungen«, sondern nur »persönliche Leistungen«. Ein Leistungsausgleich ist keine Leistungsentschädigung, und Geld kann auf der partnerschaftlichen Liebesebene nicht investiert werden, ohne zu kaltem Geld zu werden.

Punkt 3: Verträge abschließen und deren Einhaltung einfordern

Verhandlungen und Vergleiche münden schließlich in partnerschaftliche Verträge. Umgangssprachlich wird nicht von »Verträgen«, sondern von Abmachungen oder Vereinbarungen gesprochen. Wie schon gesagt, werden die meisten dieser Abmachungen stillschweigend getroffen, und nur wenige werden schriftlich festgehalten, obwohl das manchmal absolut sinnvoll wäre.

Andererseits wäre es unsinnig, jede einzelne Abmachung aufzuschreiben. Das, was aufgeschrieben wird, ist nicht unbedingt identisch mit der späteren Interpretation. Auseinandersetzungen lassen sich so oder so kaum vermeiden. Wichtiger als alltägliche Vereinbarungen schriftlich zu fixieren ist es, deren Einhaltung notfalls einzufordern.

Ein Paar führt getrennte Kassen. Beide arbeiten, der Mann hat ein höheres Einkommen. Die beiden haben sich anfangs auf eine hälftige Teilung der Hausarbeit und darauf geeinigt, dass er mehr Geld zum Lebensunterhalt beiträgt. Solange er mehr verdient, zahlt er zwei Drittel des Haushaltsgeldes. Der Vorschlag kam sogar von ihm. Im Laufe eines Jahres zeigt sich allerdings, dass der Mann im Haushalt immer weniger tut, was seine Frau zunehmend ärgert. Es kommt zu Diskussionen. Er argumentiert, er trage finanziell mehr zum gemeinsamen Unterhalt bei, da finde er es kleinlich, dass sie sich über »das bisschen« Hausarbeit beschwere.

Hier stellt der Mann einst getroffene Abmachungen unausgesprochen infrage, indem er sich vor der Hausarbeit drückt. Die beiden hatten nie vereinbart, dass er zum Ausgleich für seine höheren Zahlungen weniger Hausarbeit leistet, und die Freundin hätte einer solchen Vereinbarung auch nicht zugestimmt. Würde der Mann unverblümt fordern: »Weil ich mehr Geld in die Haushaltskasse tue, musst du für mich putzen«, würde er eine neue partnerschaftliche Verhandlung einleiten, mit dem ziemlich sicheren Ausgang, dass seine Freundin nicht mitspielte. Also versucht er, sein Interesse schleichend durchzusetzen, und hofft auf ein schlechtes Gewissen seiner Partnerin. Diese denkt aber nicht daran, dem Tausch »Geld gegen Hausarbeit« zuzustimmen. Sie sagt: »Ich bin nach der Arbeit genauso müde wie du und habe genauso wenig Lust auf Hausarbeit wie du. Also bleibt es dabei, dass wir uns diese Last teilen.« Wenn der Mann allerdings darauf besteht, einen gleichwertigen Ausgleich zu erhalten, bewegt er sich in Richtung Geschäftspartnerschaft. Sein Verhalten ist schräg, er setzt sein Geld wie Geschäftsgeld ein, so, als hätte er seine Freundin als bezahlte Putzfrau eingestellt.

Ich habe einen ähnlichen, weitaus krasseren Fall in der Beratung erlebt.

Der Mann verdiente wesentlich mehr als seine Freundin, auch dieses Paar hatte sich auf eine hälftige Erledigung der Hausarbeit geeinigt. Da er auf Dauer keine Lust dazu hatte, stellte der Mann für seinen Teil der Hausarbeit eine Hilfskraft ein, während seine Freundin, die sich das nicht leisten konnte, ihren Teil selbst erledigen musste. Wenn sie müde von der Erwerbsarbeit das Bad putzte, ruhte er sich vor dem Fernseher aus. Manchmal, wenn die beiden etwas vorhatten, drängte er sie, ihre Hausarbeit schneller zu erledigen. Dieses Verhalten blieb nicht ohne Folgen. Die Partnerschaft bekam einen Riss, weil seine Freundin den nachvollziehbaren Eindruck gewann, an diesem Punkt nicht persönlich gemeint zu sein. Ob sie müde und erschöpft war, war ihm gleichgültig. In einem Streit schlug er ihr sogar vor, sie solle sich nicht beschweren, sondern selbst mehr verdienen, dann könne auch sie eine Hilfskraft einstellen.

Eine solche Bemerkung bezeichnet man treffend als »kaltschnäuzig«. Unpersönlicher als in diesem Beispiel kann man sich dem Partner gegenüber kaum verhalten. Das Geld des Mannes wurde zu kaltem Geld, woher der Riss in der Beziehung rührte. Es wurde kalt, weil er eine Hilfskraft für eine Leistung bezahlte, die er seiner Freundin persönlich schuldete; sein Verhalten war schräg.

Keine Wohltaten für partnerschaftliche Leistungen

Schräges Verhalten entsteht, ich habe es betont, indem die Logik eines Bereichs auf einen anderen angewendet wird. Im partnerschaftlichen Bereich ist ein verhandelter und vereinbarter Leistungsausgleich unabdingbar. Wenn dieser erfolgt, hat das nichts mit Wohltaten zu tun, weil eine partnerschaftliche Bindung nicht dem anderen zuliebe eingegangen wird. Vielmehr werden damit stets eigene Lebensziele verwirklicht und eigene Bedürfnisse erfüllt. Dazu ist man zwar auf jemand anderen angewiesen, dennoch ist das partnerschaftliche Motiv im Kern ein selbstbezogenes. Es geht um Pflichten, die man übernommen hat, und um Rechte, die man beanspruchen darf. Nicht mehr, aber auch keinen Deut weniger.

Das bedeutet im Klartext: Partnerschaft beruht nicht auf gegenseitigem Wohlwollen. Daher kann und sollte man für partnerschaftliche Leistungen – ganz gleich, ob es sich um

Geld oder anderes Kapital handelt – keine Wohltaten *erwarten*. Erwartungen gehören in den freundschaftlichen Liebesbereich; in der partnerschaftlichen Bindung ergeben sie keinen Sinn.

Ein unverheiratetes Paar lebt zusammen und teilt sich die Lebenshaltungskosten. Dann verliert der Mann plötzlich seine Arbeit und gerät während seiner Jobsuche in einen finanziellen Engpass. Seine Freundin springt ein und schießt mehr Geld in die gemeinsame Kasse. Das geht einige Monate gut, bis sie sich eines Tages enttäuscht beschwert, er könne ruhig mehr an ihren Interessen teilhaben – sie geht gern in Museen und ins Theater. Er solle sich einmal überlegen, ob die Bilanz ausgeglichen sei oder ob er ihr nicht etwas schulde.

Sicher lässt sich nachvollziehen, dass die Frau etwas dafür haben will, dass sie mehr Geld aufbringt, aber es macht wenig Sinn, dafür freundschaftliche Taten wie die Begleitung bei einem Theaterbesuch zu erwarten. Freundschaftliches Wohlwollen kommt von Herzen; es ist keine Pflicht, und man kann damit keine partnerschaftlichen Schulden begleichen. Denkbar wäre, dass der Partner nachgibt und mit ins Theater geht, aber er wird sich dort langweilen oder sich erpresst fühlen, und darunter wird die freundschaftliche Bindung leiden. Weil sich Geld nicht gegen Teilhabe eintauschen lässt, setzt die Frau ihr Geld hier schräg ein. Sie könnte durchaus für einen Ausgleich sorgen, aber nur für einen partnerschaftlichen – beispielsweise, indem sie dem Freund das Geld leiht. Sie könnte sich sogar einen Schuldschein unterschreiben lassen und sich auf die vereinbarte Regelung »getrennte Kassen, getrennte Verantwortung« berufen. Für eine Geldleistung persönliches Interesse zu erwarten ist jedoch unsinnig.

Auf der partnerschaftlichen Ebene der Paarbindung sind Wohltaten fehl am Platz. Sicher kann man dem Partner mal den einen oder andere kleinen Gefallen erweisen, aber wenn auf Dauer der Ausgleich für echte Leistungen ausbleibt, gerät die Beziehung auf eine schiefe Bahn.

Keine Geschenke für partnerschaftliche Leistungen

Partnerschaftliche Leistungen haben auch nicht den Zweck, dafür im Gegenzug emotional-leidenschaftliche Geschenke zu erhalten oder zu *ersehnen*, etwa in Form von seelischer Zuwendung oder von erotischem Begehren. Man kann den ganzen Haushalt für den Partner schmeißen, die Kinder versorgen und »nebenbei« noch arbeiten gehen – der Partner wird einen dafür kein bisschen mehr lieben.

Viele Partner – meist sind es die Frauen – trennen hier nicht deutlich, sondern geben ihre häusliche Arbeitsleistung, die sie oft zusätzlich zum Job aufbringen, ohne Gegenleistung her, verschenken sie also. Das zeigt, wie wichtig es ist, partnerschaftliche Logik und emotional-leidenschaftliche Logik zu unterscheiden. Psychologen sprechen in solchen Fällen davon, Frauen hätten mehr Bereitschaft, »romantisch« zu lieben. Ich sage, dass die (oft unbewusst aufgestellte) Rechnung »Ich schenke dir meine Arbeitskraft, schenk du mir deine Zuwendung und Bestätigung« ein schräger und sinnloser Fehltausch ist.

Der Tausch »Arbeit gegen Zuwendung« funktioniert ebenso wenig wie der Tausch »Geld gegen Begehren«, wie das nächste Beispiel zeigt.

Eine Frau zog mit ihrem Freund zusammen; die beiden verband eine leidenschaftliche Liebe. Der Anstoß ging vom Mann aus, und weil er mehr verdiente, bot er an, die Miete zu bezahlen und auch einen höheren Anteil der Lebenshaltungskosten zu übernehmen. Aber nach einer Weile ließ die Leidenschaft nach, wie das oft der Fall ist, wenn Partner eine leidenschaftliche Beziehung mehr oder weniger mutwillig in eine partnerschaftliche Beziehung überführen wollen.[18] Der Mann war schließlich ziemlich frustriert und setzte seine Freundin unter Druck, indem er sich über fehlendes Begehren beklagte. Die Frau machte noch eine Weile im Bett »mit«, aber sie war nicht mehr mit ganzem Herzen bei der Sache. Es kam zu Konflikten, schließlich verweigerte sich die Frau ganz dem körperlichen Kontakt. Der Mann warf ihr nun vor: »Ich übernehme so viel für dich, was habe ich eigentlich davon?«

Der Frust des Mannes ist nachvollziehbar, denn er sehnt sich nach der erotischen Zuwendung und dem Begehren seiner Freundin. Hat diese Sehnsucht hinter der anfangs erklärten Bereitschaft gestanden, die Miete und den Großteil der Lebenshaltungskosten zu übernehmen? Möglich und denkbar ist das. Seine finanzielle Argumentation ist jedenfalls äußerst schräg. Der Mann erweist sich in diesem Punkt als bedürfnisorientierter Tauschpartner (»Fleisch gegen Sex«), nicht als der Liebhaber, für den er sich ausgibt. Doch dafür, dass man Rechnungen für den Partner bezahlt, kann man nicht auf sein Begehren hoffen. Selbst wenn die Partnerin solch einem schrägen Ansinnen zustimmen sollte, würde dieses Vorhaben auf der emotional-leidenschaftlichen Ebene nicht den mindesten Sinn ergeben und wäre zum Scheitern verurteilt. Denn das Begehren unterliegt nicht der bewussten Kontrolle der Partnerin. Selbst wenn sie wollte, könnte sie es nicht zum Ausgleich partnerschaftlicher Leistungen einsetzen. Sie könnte Sex bieten und vielleicht Orgasmen vortäuschen, aber sie kann ihr Begehren nicht funktionalisieren – auch nicht für sich selbst.

Natürlich sind auch die in den Beispielen geschilderten schrägen, nicht zur Verhandlungslogik der partnerschaftlichen Ebene passenden Verhaltensweisen menschlich und aus der persönlichen Geschichte der Betreffenden heraus nachvollziehbar. Ich werde weiter unten genauer darauf eingehen, wie individuelle Gesichtspunkte in den Umgang mit Geld eingreifen und wie die individuelle Symbolik von Geld die Sicht auf die Lage verändern und Vereinbarungen beeinflussen kann. Hier ging es zunächst um die klare Unterscheidung von »geradem« und »schrägem« Umgang mit Geld im partnerschaftlichen Liebesbereich.

Fazit zum Partnergeld

Geld spielt auf der partnerschaftlichen Beziehungsebene direkt oder indirekt mit. Da es den Bereich unpersönlicher Beziehungen verlassen und persönlichen Boden betreten hat, darf es nicht kaltes Geld bleiben; es muss seine Temperatur erhöhen. Partnergeld wird wärmer als kaltes Geschäftsgeld, aber es bleibt kühles Geld. Es ist kühl, weil es unsentimental ist. Es betont sowohl die Verbindung als auch die Distanz zwischen den Partnern.

Geld darf im partnerschaftlichen Bereich weder warmes, freundschaftliches noch heißes, emotional-leidenschaftliches Geld werden, sondern es muss Gegenstand relativ nüchterner und abgegrenzter Tauschverhandlungen bleiben. Zugleich darf es nicht erkalten. Kaltes Geld degradiert den Partner zum Geschäftspartner. Es entfremdet das Paar voneinander, zumindest in Bezug auf den konkreten Punkt, an dem es eingesetzt wird.

Wenn Geld als persönliches Mittel im Tausch gegen andere persönliche Beiträge genommen wird, wenn es dem Leistungsausgleich dient und wenn der Maßstab der Gleichartigkeit angelegt wird, kann es im partnerschaftlichen Liebesbereich sinnvoll und produktiv eingesetzt werden und die Paarbeziehung festigen.

Der Leistungsaustausch kann von beiden Seiten angestoßen werden. Der finanziell potentere Partner kann anbieten, auf gleichwertige Bemessungen zu verzichten, und klarmachen, dass er das nicht ökonomische Kapital des anderen als gleichbedeutend mit seinem Geld ansieht. Unabhängig davon sollte der finanziell schwächere Partner von sich aus darauf bestehen, dass persönliche Umstände berücksichtigt werden und es zu einem Ausgleich zwischen Geld und nicht ökonomischem Kapital kommt, der auf gleicher Bedeutung beruht. Für den ökonomisch schwächeren Partner gilt: Tausche dein persönlich bezogenes, nicht ökonomisches Kapital nicht unter Wert ein!

Freundesgeld

Der freundschaftliche Bindungsbereich beruht auf einer *Teilhabelogik*. Freundschaftliche Liebe ist, wie die partnerschaftliche Liebe, persönlich gemeint, sie reicht aber tiefer in den individuellen Bereich hinein, weil es nicht hier auf Pflichten und Leistungen, sondern auf das Wohlwollen gegenüber der Persönlichkeit des Partners und auf dessen Unterstützung ankommt.

Es liegt nahe, dass beim Thema »Unterstützung« das Geld eine wichtige Rolle spielt. Bevor ich mich dem Geld in der freundschaftlichen Liebe widme, möchte ich einen kurzen Blick darauf werfen, wie normale (also nicht durch eine Partnerschaft miteinander verbundene) Freunde miteinander und mit Geld umgehen.

Ganz normale Freunde

Man hat nicht viele Freunde, auf die diese Bezeichnung wirklich zutrifft. Einige sind gute Freunde, wenige sind beste Freunde, einer ist bester Freund. Allen diesen Freundschaften ist gemeinsam, dass man zueinanderhält. Ob man echte Freunde hat, stellt sich heraus, wenn man in Schwierigkeiten gerät. Dann zeigt sich, wer tatsächlich zu einem hält. Freunde akzeptieren einander, sie teilen Interessen, sie lassen einander an Gedanken und an Erlebnissen teilhaben, sie beflügeln einander; sie finden sich gut und tun sich gut.

Wie beweist sich eine freundschaftliche Unterstützung konkret? Freundschaft ist keine Geschäftsbeziehung. Einen Freund lässt man an seinem Wissen teilhaben, ohne etwas dafür zu verlangen. Man gibt ihm beispielsweise einen Börsentipp, und wenn sich dieser als Treffer erweist, beansprucht man dafür keinen Anteil am Gewinn. Man vertraut einem Freund an, wo gerade eine Wohnung frei wird, und verlangt dafür keine Courtage. Einem Freund besorgt man über Beziehungen ein Ticket für die ausverkaufte Oper, ohne eine Gegenleistung dafür zu verlangen. Man sucht für ihn den besten Arzt aus dem Internet. Selbstverständlich kann man einem Freund auch in einer finanziellen Klemme beistehen.

Bezeichnend für jede Form freundschaftlicher Unterstützung ist, dass man dazu, anders als in der partnerschaftlichen Bindung, nicht verpflichtet ist. Freunde schließen keine verbindlichen Verträge ab, sie verfolgen kein selbstbezogenes Motiv, sondern haben Spaß und Freude am Kontakt. Gerade deshalb, weil in der Freundschaft psychische Nähe und existenzielle Unabhängigkeit zusammenkommen, ist freiwillige und uneigennützige Unterstützung überhaupt erst möglich. Diese gegenseitige Teilhabe realisiert sich nicht durch Geschäfte oder Tausch, sondern durch Geben und Nehmen.

Natürlich ist auch eine Freundschaft keine Einbahnstraße. Freunde müssen auf Dauer ihr Geben und Nehmen ausgleichen. Dies geschieht aber allein dadurch, dass gute Taten mit guten Taten vergolten werden. Das gebietet die Logik der Teilhabe in persönlichen Nahbeziehungen, und bleiben Erwiderungen guter Taten auf Dauer aus, trocknen Freundschaften ein.

Ganz spezielle Freunde

Dass die freundschaftliche Liebe in der Paarbeziehung tiefer reicht als die Bindung zwischen normalen Freunden, versteht sich. Die dabei wirkenden Prinzipien sind jedoch dieselben: Auch hier machen die individuelle Unterstützung und das gegenseitige Geben und Nehmen den Kern der Bindungsform aus.

Freundschaftliche Liebe reicht vor allem deshalb tiefer, weil sie auf der *Faszination am Wesen* des Partners beruht: auf der Anziehung, die seine individuellen Eigenarten ausüben, und auf der Bereicherung, die man aus dem nahen Kontakt mit ihm gewinnt. Diese psychische Nähe ermöglicht eine ganz besonders intensive Form der Teilhabe, die so nur mit dem Partner möglich ist: die *Teilhabe an seiner persönlichen Entwicklung und an seinem Glück*.

Weil die freundschaftliche Liebe sehr viel »psychischer« ist als die partnerschaftliche, kann sie nicht auf dem Verhandlungswege zustande kommen, und sie lässt sich weder durch verlässliches Verhalten noch durch Vertragstreue aufrechterhalten. Sie entsteht durch gute Taten und wird durch gute Taten aufrechterhalten.

Eine gute Tat – eine Freundschaftstat – kann alles sein, was den anderen unterstützt und in seiner individuellen Entwicklung voranbringt und wofür keine Gegenleistung verlangt wird. Ein objektiver Maßstab dafür steht nicht zur Verfügung. In der partnerschaftlichen Liebesdimension können sich die Partner immerhin noch am Maßstab der Gleichartigkeit orientieren. In der freundschaftlichen Liebe müssen sie sich an dem orientieren, was der andere braucht. Sie können allein den Maßstab des individuellen Glücks und der Erfüllung *des anderen* anlegen. Die passende Formel lautet: »Wenn es dich erfüllt, *gebe* ich dir meine Unterstützung.«

Was der eine gibt, wird vom anderen genommen. Was gegeben und genommen wird, kann emotionaler oder mentaler Natur sein, aber ebenso kann die Unterstützung materiell, durch Geld oder geldwerte Gaben, geschehen.

Umgang mit Freundesgeld

Wie sieht nun ein korrekter beziehungsweise schräger Umgang mit Geld auf der freundschaftlichen Liebesebene aus? Es ist hier wie in den anderen Bereichen: Das Geld muss sich der Logik dieses Bereiches unterordnen, in diesem Fall der Teilhabelogik. Dabei gilt es, folgende Punkte zu beachten:

1. Freundesgeld lässt den Partner frei von Kalkül an eigenen Ressourcen teilhaben und wird gern und freiwillig gegeben.
2. Der Maßstab, an dem sich das Geben orientiert, ist die Erfüllung des Partners.
3. Geben und Nehmen der Partner müssen sich auf Dauer ausgleichen.

Dementsprechend bedeutet ein schräger Umgang mit Geld im freundschaftlichen Bereich:

- Dass mit dem Geben eigene Interessen verbunden sind.
- Dass über Wohltaten verhandelt wird.
- Dass Geben und Nehmen einseitig verlaufen und sich nicht ausgleichen.
- Dass freundschaftliche Taten gefordert oder ersehnt werden.

Auch bei der Beschreibung des Umgangs mit Freundesgeld möchte ich zuerst möglichst strikt auf dem Boden der Teilhabelogik bleiben und den »geraden« und »schrägen« Umgang damit verdeutlichen. Auf die Rolle individueller Bedeutungen in diesem Bereich werde ich später eingehen.

Punkt 1: Eigene Ressourcen teilen

Stellen Sie sich drei Freunde vor, die sich längere Zeit nicht gesehen haben. Sie wollen zusammen essen gehen. Einer der drei ist reich, der zweite wohlhabend, der dritte arm. Der Reiche ist es gewohnt, auf Sterneniveau zu speisen, der Wohlhabende isst meist beim Italiener um die Ecke, der Arme futtert höchstens in Fast-Food-Restaurants. Der Umgang mit dieser Ausgangssituation kann die Freundschaft der drei entweder beschädigen oder stärken.

Möglich wäre, dass der Reiche in sein Sternerestaurant will und erwartet, dass die beiden anderen mitgehen. Sie wollen und können sich das aber nicht leisten. Stellen wir uns vor, der Reiche sagt nun: »Dann geht ihr zu McDonald's, ich gehe ins ›Vier Jahreszeiten‹, und wir treffen uns in zwei Stunden wieder.« Man kann leicht nachvollziehen, dass die Freundschaft an diesem Punkt einen Knacks erhalten würde, weil der Reiche klarmacht, dass er die beiden anderen nicht an seinen Ressourcen teilhaben lassen möchte. Schlägt er hingegen vor, die beiden einzuladen, sieht die Sache anders aus. In dem Fall macht er klar, dass ihm der Kontakt mit ihnen wichtiger ist als das Geld, das er für die Einladung aufwendet. Sein Geld wäre Freundesgeld. Der Reiche könnte ebenso einwilligen, mit zu McDonald's zu gehen und so an den Lebensumständen der beiden teilzuhaben. Auch das würde die Freundschaft unbeschädigt lassen.

Wenn man selbst ein Wochenendhaus besitzt und ein Freund hat keines, dann bietet man ihm einen Aufenthalt dort kostenfrei an. Das wäre Teilhabenlassen. Man kann vom

Freund nur dann Geld nehmen, wenn man selbst knapp bei Kasse ist und sich eine Einladung nicht leisten kann. Dann darf es aber nicht die übliche Ferienhausmiete sein, sondern es könnte sich um die Kosten für Strom und Wasser etc. handeln. Die Absicht, vom Freund denselben materiellen Gewinn zu erzielen wie von einem Fremden, zieht die Handlung auf eine Geschäftsebene hinab. Warum sollte ein Freund sich darauf einlassen? Er könnte ebenso ein anderes Haus mieten; daher wird er sich nicht als Freund gemeint fühlen. Lässt er sich dennoch darauf ein, wird er sich die Sache merken und innerlich ein Stück auf Distanz gehen.

Da man schon in einer normalen Freundschaft keinen geldwerten Vorteil gewinnen sollte, legt man es in der freundschaftlichen Liebe erst recht nicht darauf an, für Freundesgeld eine Gegenleistung oder einen Vorteil zu erhalten. Im folgenden Beispiel geschieht das aber.

Das Paar lebt zusammen und macht getrennte Kasse. Der Mann hält sich mit seinen partnerschaftlichen Beiträgen ziemlich zurück. Seine Freundin übernimmt nicht nur mehr im Haushalt, sie plant auch alle Urlaube, macht die steuerlichen Buchungen und die Steuererklärungen und hat die Korrespondenz mit Behörden übernommen. Zudem massiert sie ihn öfter und kocht gern für ihn. Die Frau wird schließlich unzufrieden und fordert, dass er mehr Pflichten übernimmt. Ihr Freund ist nicht einverstanden und beruft sich darauf, dass er ihr im vorigen Jahr geholfen habe, einen Traum zu verwirklichen. Er hat sie dabei unterstützt, eine Praxis als Ergotherapeutin zu eröffnen, indem er ihr damals einen privaten Kredit von 12 000 Euro gab. Außerdem moniert er, sie habe das Geld erst zu einem kleinen Teil zurückbezahlt, sie schulde ihm also etwas. Er habe ihr geholfen, nun könne sie ihm helfen. Die Frau weiß nicht, was sie entgegnen soll, spürt aber, dass hier etwas schräg läuft.

Schräg an der Angelegenheit ist, dass für eine freundschaftliche Gabe eine Dienstleistung gefordert wird. Zudem wird diese Dienstleistung durch die Worte »Ich habe dir geholfen, jetzt hilf du mir« zu einer freundschaftlichen Unterstützung verklärt. Der Mann will keine Hilfe, sondern verlangt Arbeit. Die Frau erledigt die Steuererklärung und alles andere jedoch nicht, weil sie die berufliche oder psychische Entwicklung des Mannes unterstützen möchte, sie übernimmt schlicht und einfach partnerschaftliche Aufgaben, sie leistet etwas für ihn. Zwar hat der Mann seine Freundin bei der Umsetzung ihres Praxistraums unterstützt, und für diese gute Tat kann er gute Taten von ihr erwarten, aber keine Arbeitsleistung. Gutes tut seine Freundin ihm ohnehin. Sie massiert ihn oft, sie kocht gern für ihn, sie sucht Urlaubsorte aus, an denen er sich wohlfühlt, und anderes mehr. Man kann davon ausgehen, dass die freundschaftliche Ebene durch gegenseitige gute Taten ausgeglichen ist.

Besonders schrägt an diesem Fall ist, dass Freundesgeld *nachträglich* zu einer Leistung umdeklariert wird. Der Freundin Geld für die Existenzgründung zu leihen ist aber keine Leistung, sondern eine persönliche Unterstützung. Es ist eine Form, sie an seinem Wohlstand teilhaben zu lassen. Indem er dafür nachträglich einen Ausgleich fordert, zeigt er sich seiner Partnerin nicht als Freund (schon gar nicht als vertrauenswürdiger), sondern als tauschorientierter Partner. Darüber hinaus tritt er als Gläubiger auf, indem er seine Forderung mit Hinweis auf nicht bezahlte Schulden begründet. Das Geld wandert durch dieses Verhalten aus der freundschaftlichen Ebene hinaus zwischen die geschäftliche und partnerschaftliche Ebene und kühlt dadurch stark ab. Seine Freundin ist über sein Verhalten so empört, dass sie bei einer Bank stillschweigend einen Kredit aufnimmt, ihm den Rest seines Darlehens auf den Tisch legt und ihm mitteilt, er könne seine Buchführung, Steuererklärung und Behördenkorrespondenz zukünftig selbst erledigen. Ob sie ihn in nächster Zeit noch gern massieren und für ihn kochen wird? Zweifel sind angebracht.

Wer einen eigenen Vorteil mit einer Geldgabe verknüpft, kann dieses Geld nicht als Freundesgeld bezeichnen; und sein Partner kann es nicht als solches empfinden. Verhandlungen über Geld sind daher immer ein Zeichen dafür, dass es sich um Partnergeld oder sogar um Geschäftsgeld handelt, nicht aber um eine persönliche Unterstützung. So wie im nächsten Beispiel.

Das Paar will sich eine Wohnung kaufen. Die Frau hat mehr Geld zur Verfügung und bietet ihrem Freund an, es ihm zu banküblichen Konditionen zu leihen. Aber was sind bankübliche Konditionen? Die Verhandlungen der beiden ergeben eine Einigung im mittleren Bereich der aktuell gültigen Zinsskala; zudem schließen die beiden einen schriftlichen Vertrag ab. Nach einigen Jahren braucht die Frau die Hilfe ihres Freundes. Er soll ihr in seinem Betrieb einen Pro-forma-Arbeitsvertrag ausstellen, damit sie von der privaten in die gesetzliche Krankenversicherung wechseln kann. Sie wundert sich, dass er zögert und ihr keine klare Zusage geben möchte. In der folgenden Auseinandersetzung beruft sie sich darauf, sie habe ihm damals auch geholfen, seinen Anteil der Wohnung zu finanzieren. Der Mann nickt, zögert aber weiterhin.

Warum zögert er? Er kann ihre sogenannte Hilfe beim Wohnungskauf nicht als freundschaftliche Unterstützung einordnen; für ihn war es ein normales Bankgeschäft; und er fragt sich, wieso er sie nun unterstützen sollte. Provokativ bemerkt er: »O. k. Was ist dir die Sache wert?« Die Spannungen, die sich hier im freundschaftlichen Bereich zeigen, sind auf den damaligen Gebrauch des Geldes zurückzuführen. Es handelte sich um kaltes Geld, das die Beziehung abkühlte.

»Beim Geld hört die Freundschaft auf« – so wird allgemein gesagt. Aber das stimmt nur dann, wenn kaltes oder kühles Geld in den freundschaftlichen Bereich eindringt und sich dort eine Geschäfts- oder Tauschlogik breitmacht. Wenn der Satz lautet: »Mach keine *Geschäfte* mit Freunden«, dann stimmt er. Warmes Geld hingegen hat in einer freundschaftlichen Bindung eine positive Wirkung, es bestärkt sie und ist Ausdruck freundschaftlicher Liebe.

Da Geld bei vielen individuellen Belangen eine Rolle spielt, hat die freundschaftliche Unterstützung des Beziehungspartners nicht nur psychische Aspekte, sondern oft auch eine finanzielle Seite. Mit Geld kann man dem Partner daher Gutes tun, wenn man es auf gerade Weise einsetzt.

Ein Ehepaar ist seit 25 Jahren verheiratet. Die Kinder sind aus dem Haus, nun möchte sich die Frau einen lange zurückgestellten Traum erfüllen und ihr Sprachstudium, das sie der Familie zuliebe kurz vor dem Abschluss unterbrochen hatte, wieder aufnehmen und abschließen. Das gemeinsame Geld ist knapp, aber der Ehemann weiß um die Bedeutung, die der Studienabschluss für seine Frau hat. Er drängt sie, ihren Plan zu verwirklichen, und schlägt vor, für das Vorhaben, bei dem auch Auslandsaufenthalte eingeplant sind, eine kleine Lebensversicherung einzusetzen.

Das in diesem Beispiel eingesetzte Geld ist echtes Freundesgeld. Es wird damit keine Leistung ausgeglichen, denn der Mann schuldet der Frau nichts, beide haben für die Familie Gleiches geleistet, und jeder hat dafür auf individuelle Interessen verzichtet. Es handelt sich bei dem Geld auch nicht um ein Geschenk des Mannes, weil die Lebensversicherung zum gemeinsamen Vermögen des Paares gehört. Die Botschaft des Mannes lautet schlicht und einfach: »Nimm es, ich gönne es dir von Herzen.« Man kann davon ausgehen, dass diese Partner sich auf der freundschaftlichen Ebene vertrauen. Der Mann wird wissen, dass er, wenn er einmal für sich bedeutsame Wünsche hat, auf ähnliche Weise am gemeinsamen Geld teilhaben kann.

Punkt 2: Der Maßstab des Gebens

Auf der partnerschaftlichen Beziehungsebene kann verhandelt und über Leistungen diskutiert werden. Solche Verhandlungen geraten in der freundschaftlichen Liebe zu »Feilschereien« und sind daraus ausgeschlossen. Diskussionen darüber, was für den einen oder anderen Partner »nötig« oder »unnötig« ist, ergeben nicht den geringsten Sinn. Dennoch werden sie oft geführt. Dabei kann Geld auch eine indirekte Rolle spielen, wie im folgenden Beispiel.

> Das Ehepaar führt eine gemeinsame Kasse, beide arbeiten, dennoch bleibt am Monatsende nicht allzu viel Geld übrig. Der Mann entwickelt nun eine Leidenschaft für Psychologie, er belegt Kurse und Seminare. Seiner Frau erscheint das überflüssig, weshalb sie mit ihm streitet und versucht, ihn zum Verzicht auf die Kurse zu bewegen. Sie argumentiert, dass er ebenso Bücher lesen könne oder dass ein Kurs im Jahr genug sei, und sie versucht, zu widerlegen, dass sein Interesse sinnvoll sei, und es ihm madig zu machen. Stattdessen besteht sie darauf, das Geld in das Haus zu investieren, damit dieses »seinen Wert erhält«. Der Mann weiß aber, dass es nicht um den Wert des Hauses geht, sondern dass Einrichten ihr liebstes Hobby ist. Der Streit hält sich über etliche Jahre, bis die beiden feststellen müssen, dass eine große Distanz zwischen ihnen entstanden ist.

Der Fehler liegt darin, dass die beiden um freundschaftliches Geld kämpfen. Doch Fakt ist: Ihm tun die Kurse gut, und sie fühlt sich gut damit, das Haus ständig umzugestalten. Darüber kann man weder diskutieren noch streiten. Das ist so absurd, als wollte man über kulinarische Vorlieben streiten (Warum schmeckt dir Schnitzel besser als Sojafleisch?) oder über Sehnsüchte debattieren (Ist es wirklich nötig, dass du zum Urlaub in die Sonne willst, wo eine Woche Grönland zum halben Preis zu haben ist?) oder Lebensträume auf ihren Realitätsgehalt prüfen (Schmink dir das besser ab, das ist unrealistisch).

Diskussionen darüber, welches Interesse »vernünftig« und welches »unsinnig« ist, Streit über »intelligente« oder »dumme« Verwendung von Geld, Vergleiche mit anderen Menschen im Sinne von »die sind doch auch mit weniger zufrieden« und erst recht besserwisserische Belehrungen darüber, was dem Partner angeblich guttut und was schlecht für ihn ist, stören die freundschaftliche Bindung massiv, indem sie Geld, das freundschaftlich eingesetzt werden könnte, auf die Partnerebene ziehen. Dadurch wird das warme Geld kühl, und man zeigt, dass einem weniger am Glück des Partners liegt als daran, eigene Interessen durchzusetzen.

Der Maßstab des Freundesgeldes ist weder die Höhe noch die Art der Verwendung, es dient der individuellen Erfüllung. Allerdings gilt in der freundschaftlichen Bindung auch der unumstößliche Grundsatz: Was den einen glücklich macht, darf den anderen nicht unglücklich werden lassen.

Punkt 3: Nehmen und Geben ausgleichen

Eine freundschaftliche Liebe funktioniert, ich habe es mehrfach erwähnt, wenn sich gute Taten der Partner auf Dauer ausgleichen. Auf Geld bezogen, meint der Ausgleich von Geben und Nehmen aber nicht, dass beispielsweise eine finanzielle Bilanz gezogen wird, damit beiden Partnern dieselbe Summe für ihre individuellen Belange zukommt. Es meint nicht: »Ich nehme mir 500 Euro, und du nimmst dir 500 Euro, und dann sind wir quitt«; das wäre eine partnerschaftliche Regelung. Die gute Tat lässt sich nicht in harter Währung darstellen, sie muss die psychische Verfassung, die Sehnsüchte und Träume jedes Partners und natürlich seine finanziellen Möglichkeiten berücksichtigen.

Das Paar hat bewegte Zeiten hinter sich. Nachdem sie zwei Jahre zusammen waren, wurde die Frau krank, was den Mann stark belastete. Unternehmungen, Reisen und auch Sexualität fanden einige Jahre nicht statt. Dennoch hat der Mann zu ihr gehalten und sie in allen Bemühungen, gesund zu werden, unterstützt. Dann gerät er mit seinem kleinen Handwerksbetrieb in finanzielle Not, und sie will aushelfen, indem sie einen Kredit aufnimmt. Er lehnt es zuerst ab, von ihr auf diese Weise unterstützt zu werden, dann nimmt er an. Aber er kann nur einen Teil des Geldes ablösen, was ihn sehr belastet. Seine Frau hat kein Problem damit, sie sagt: »Du hast mir damals geholfen, jetzt habe ich dir geholfen, das tut sich nichts.«

Wenn einer Geld gegeben hat und der andere hat in einer schweren Lebensphase psychische Unterstützung gegeben, dann können diese Taten sich ausgleichen. Wichtig ist der Eindruck, der Partner hat das, was er getan hat, »mir zuliebe« getan und nicht um des eigenen Vorteils willen. Geben und Nehmen kann sich, wie auf der partnerschaftlichen Ebene die Leistung, auch auf der freundschaftlichen Ebene in ökonomischem oder nicht ökonomischem Kapital realisieren. Der Unterschied besteht in der Absicht, die mit dem Geld verbunden ist, und in dem Zweck, dem es dient.

Gute Taten fordern

Kommen wir zum schrägen Umgang mit Freundesgeld. Ich habe weiter oben betont, dass sich gute Taten nicht fordern lassen. Warum nicht? Hat nicht beispielsweise einer, der seinen Partner oft und gern massiert, weil der unter Rückenschmerzen leidet, das Recht, dafür einen Ausgleich zu fordern, beispielsweise, dass dieser öfter für ihn kocht oder sonst etwas Angenehmes für ihn tut? Nein, als Freund hat er kein Recht zu fordern. Fordert er dennoch, ist er an diesem Punkt kein Freund.

Die Angelegenheit ist zudem keine Frage von Recht oder Unrecht, sondern eine Frage von Sinn oder Unsinn. Werden gute Taten gefordert und aufgrund von Forderungen erfüllt, verlieren sie ihren freiwilligen Charakter. Dann gerät die freundschaftliche Gabe zu einem bedürfnisorientierten Tausch. Ein Tausch ist egoistisch motiviert. Bei einem Tausch kann keiner der Partner das Gefühl entwickeln, der andere tue die Tat ihm zuliebe, um ihn zu unterstützen. Die Bedingung beim Tausch lautet: »Ich massiere dich nur, wenn du für mich kochst.« Diese Forderung hat nichts mit Teilhabe zu tun – weder damit, den Partner teilhaben zu lassen, noch damit, selbst an seinem Erleben teilzuhaben. Der Betreffende kann nicht sagen: »Ich habe es dir zuliebe getan«, er muss mit der Antwort rechnen: »Stimmt nicht, du hast es nur getan, weil du etwas dafür bekommen hast.«

Ansprüche auf freundschaftliches Wohlwollen zu stellen führt zu schrägen Entwicklungen. So wie im nächsten Beispiel.

Ein Paar teilt sich die Lebensführung. Dann tritt der Mann einer freikirchlichen Gemeinschaft bei und übernimmt dort einige zeitintensive Aufgaben. Er verlangt nun von seiner Frau, ihm bestimmte Lasten abzunehmen. Beispielsweise soll sie sich am Wochenende um die Kinder kümmern, zudem soll sie die Gartenarbeit alleine bewältigen. Da er keine Zeit mehr findet, die Kinder bei den Hausaufgaben zu betreuen, bezahlt er eine Nachhilfekraft, was den finanziellen Spielraum der Familie einengt. Außerdem leistet er nun weniger Überstunden, was das Einkommen weiter schmälert. Er begründet sein

Verhalten damit, seine Aufgaben in der Kirche seien für ihn sehr beglückend. Seine Frau reagiert gespalten. Einerseits sieht sie, dass sein Engagement wichtig für ihn ist, andererseits fühlt sie sich ausgenutzt. Zwischen den Partnern entsteht Distanz.

Worin besteht hier die schräge Erwartung? Schräg ist, dass Dienste gefordert werden und dafür freundschaftlich argumentiert wird. Der Mann zieht Argumente aus dem freundschaftlichen Bereich der Beziehung (du siehst doch, wie gut mir das tut) auf die Partnerebene (mach du die Arbeit für mich, tu mir den Gefallen). Man kann vom Partner aber nicht erwarten, dass er einem Gutes tut, indem man ihm Schlechtes zumutet. Weil der Mann die Unterstützung *fordert*, zeigt er sich nicht als Freund, sondern als Tauschpartner. Nur stellt er der Frau keine Gegenleistung für seinen Anspruch in Aussicht. Er fordert Freundschaft und tritt selbst nicht als Freund auf.

Für gute Taten Geschenke ersehnen

Unterstützung zu *fordern* macht wenig Sinn, sie zu *ersehnen* noch weniger. Beispielsweise könnte ein Partner dem anderen Gutes tun und dafür stillschweigend Zuwendung ersehnen. Das kann zu starkem Dauerfrust führen, indem man dem Partner einen Gefallen nach dem anderen erweist, aber dafür weder intime Nähe noch Begehren erntet.

Partner, die aufgrund ihrer familiären Prägung glauben, sich Liebe verdienen zu müssen, tendieren zu solch aufopferndem Verhalten. Das ist schon deshalb schräg, weil ihre guten Taten nur scheinbar für den anderen gemeint sind. Der andere wird zwar mit Zuwendung verwöhnt, aber nur, um selbst welche zu bekommen. Begehren und intime Zuwendung lassen sich aber nicht gegen Anpassung und Dienstleistungen eintauschen. Man kann sich noch so sehr um den

Partner kümmern, ohne dafür zwangsläufig Intimität zu erhalten.

Freundschaftlich Liebende opfern nichts füreinander und sehnen sich nicht nach Geschenken. Im nächsten, etwas krassen Beispiel passiert genau das.

> Das Paar ist seit mehr als 20 Jahren verheiratet, der Mann ist Topverdiener, seine Frau hat die beiden Kinder großgezogen, sie hat ein großzügiges Haushaltsgeld bekommen, alle anderen Ausgaben wurden vom Mann übernommen. Jetzt möchte sie eine aufwendige Schönheitsoperation durchführen lassen, wozu auch eine Vergrößerung ihrer Brüste gehört. Der Mann stimmt gern zu und übernimmt die Kosten. Die Operation ist erfolgreich, das Ergebnis gefällt dem Mann. Aber das Sexleben des Paares profitiert davon nicht. Zwar entwickelt der Mann jetzt wieder mehr Begehren, aber seine Frau zieht nicht mit, im Gegenteil, sie entzieht sich seinen Annäherungen, weil sie sich nicht gemeint fühlt. Sie sagt, sie habe die Operation für sich gemacht, nicht für ihn. Der Mann wirft ihr nun vor, nichts für seine Unterstützung zu bekommen.

Der Mann hat seine Frau zwar in ihrem Wunsch unterstützt, aber er hat offenbar eigene Sehnsüchte damit verknüpft. Er sehnt sich nach Erwiderung seines Begehrens. Seine anfangs als Wohlwollen gemeinte Gabe erweist sich jetzt als Investition, als Teil eines partnerschaftlichen, bedürfnisorientierten Tauschs der Art »Geld gegen Sex«. Das war aber nicht die Absicht seiner Frau, und daher erlebt sie den Mann nicht als wohlwollenden Freund, sondern als jemanden, der eine Gegenleistung fordert. Hätte der Mann gesagt: »Ich gebe dir das Geld, wenn du mich dafür begehrst«, wäre die Absurdität seiner Investition sofort deutlich geworden, und sicher hätte seine Frau sich nicht darauf eingelassen. Sie erlebt ihren Mann auch nicht als sich sehnenden Partner, der seine Sehnsucht einfach und direkt mitteilt, sondern als fordernden Partner, der mit seiner Unterstützung bestimmte Erwartungen verbindet.

Freunde treffen Abmachungen

In der freundschaftlichen Liebe haben Verhandlungen, Forderungen, Leistungsausgleich etc. nichts zu suchen. Auf der Freundschaftsebene machen die Partner auch keine Geschäfte miteinander, und sie schließen über Freundesgeld keine Verträge ab.

Nun könnte jemand einwenden: »Ich habe mit meinem besten Freund aber schon Geschäfte gemacht«, oder: »Wir sind ein Paar und haben ein gemeinsames Unternehmen, also machen wir auch Geschäfte miteinander.« Das mag ja der Fall sein, aber ein Geschäft macht man nicht »als Liebespaar«. Auf das Geschäft bezogen, ist man Geschäftspartner und verhält sich auch entsprechend. Dann greift die geschäftliche Logik, jeder ist auf den eigenen Vorteil bezogen und nicht an der Erfüllung des anderen interessiert. Als Geschäftspartner kann man beispielsweise darauf bestehen, eine Auszahlung aus dem Firmenvermögen zu erhalten, während der andere Geschäftspartner das Geld in die Zukunft der Firma investieren möchte. Er wird dann nicht sagen: »Weil ich dich liebe, gebe ich die Investitionsidee auf«, oder: »Weil wir ein Paar sind, verzichte ich auf meinen Anteil.« Geschäfte zwischen Beziehungspartnern können äußerst heikel sein, denn geschäftliche Meinungsverschiedenheiten und darüber ausgefochtene Kämpfe bleiben selten auf den geschäftlichen Kontakt beschränkt – sie wirken sich auch auf die Paarbeziehung aus.

Geschäfte sind in der freundschaftlichen Liebe nicht möglich, und über Freundesgeld können keine Verträge geschlossen werden, ohne damit die Partnerebene zu betreten. Das Paar kann aber durchaus *Abmachungen* bezüglich freundschaftlicher Unterstützung treffen. Diese sind stimmig, solange sie die persönlichen Möglichkeiten jedes Partners wohlwollend berücksichtigen. Wenn ein Partner dem anderen beispielsweise Geld leiht, bespricht man die Modalitäten der Rückzahlung. Einer sagt vielleicht: »Es eilt nicht, ich brauche das Geld erst in einem Jahr zurück.« Wenn der andere dann antwortet: »Das schaffe ich nicht, ich brauche bestimmt drei Jahre«, müssen andere Lösungen gefunden werden. Vielleicht fließt dann kein Geld, weil der Verleihende sonst in Schwierigkeiten geriete, aber sein freundschaftliches Angebot war, für sich genommen, schon eine gute Tat.

Fazit zum Freundesgeld

Freundesgeld ist warmes Geld. Es ist nicht kalt, weil kein Geschäft damit verbunden ist. Es ist nicht kühl, weil weder nüchterne Verhandlungen darüber geführt werden noch ein Leistungsausgleich damit beabsichtigt ist. Es ist nicht heiß, weil kein Geschenk damit gemeint ist. Es ist warm, weil es von Herzen kommt, dem anderen zuliebe gegeben wird und Teilhabe und Teilhabenlassen im Sinn hat.

Liebesgeld

Die Logik der emotional-leidenschaftlichen Liebe habe ich als *Schenklogik* identifiziert. Was schenken Liebespartner einander? Vor allem schenken sie sich Aufmerksamkeit und Zuwendung auf emotionalem und meist auch auf erotischem und sexuellem Gebiet; und damit zutiefst persönliche Bestätigung. Die emotional-leidenschaftliche Liebe ist insofern die intimste Bindungsform der Paarbeziehung.

Was soll diese Beziehungsform mit Geld zu tun haben? Nun, Geld taucht darin durch die Art und Weise auf, in der es dem Partner gegenüber gemeint ist. Liebesgeld wird geschenkt. Insofern ist Liebesgeld mit Vertrauen vergleichbar. Auch Vertrauen wird geschenkt. Es liegt dann nicht mehr in den eigenen Händen, was der Partner mit dem Vertrauen anfängt – ob er ihm gerecht wird oder ob er es enttäuscht. Vertrauen schenkt man entgegen landläufiger Auffassung auch nicht, um dem Partner etwas zu geben. Man schenkt Vertrauen, um sich selbst etwas zu ermöglichen, nämlich zu lieben. Ohne zu vertrauen, kann man sich nicht öffnen, und wer sich nicht öffnet, kann keine Liebe empfinden, keine Hingabe, keine tiefe Verbundenheit. In gewisser Hinsicht liefert man sich dem Partner auf der emotional-leidenschaftlichen Ebene aus. Anders ist diese intimste Liebe nicht zu haben: Sie überwindet oder unterwirft das Ego.

Ähnlich wie mit dem Vertrauen verhält es sich mit dem Liebesgeld. Es dient nicht in erster Linie dazu, dem Partner etwas zu geben. Das materielle Geschenk ist vielmehr Ausdruck der Liebe, die man für den Partner empfindet. Wer Liebesgeld gibt, den verlangt nach dieser »Opferung«. Der Geschenkcharakter sorgt dafür, dass Geld auf der emotionalleidenschaftlichen Ebene seine Temperatur weiter erhöht. Es ist nicht kalt, nicht kühl, nicht warm, sondern es erhitzt sich weiter. Es wird zu *heißem* Geld. Die Temperatur dieses Geldes wird aufgrund bedingungslosen Gebens und buchstäblicher Opferung so hoch, dass es sogleich »verdampft«.

Umgang mit Liebesgeld

Wie gestaltet sich ein »gerader« beziehungsweise »schräger« Umgang mit Liebesgeld? Auch hier muss sich das Geld der Logik des Beziehungsbereiches unterordnen, in diesem Fall der Schenklogik. Dabei gilt es, folgende Punkte zu beachten:

1. Geld, das ein leidenschaftlich Liebender schenkt, muss bedingungsfrei gegeben sein.

2. Der Maßstab, an dem sich das Schenken orientiert, ist das eigene Bedürfnis, seiner Liebe Ausdruck zu geben.
3. Wer schenkt, darf Gegengeschenke ersehnen.

Dementsprechend bedeutet ein schräger Umgang mit Geld im emotional-leidenschaftlichen Bereich:

- Dass mit Geschenken bestimmte Erwartungen verbunden sind.
- Dass ein materieller Ausgleich für Zuwendung gefordert wird.
- Dass geschenkt wird, um geliebt zu werden.
- Dass aus Liebe auf Leistungen verzichtet wird.

Auch in Bezug auf Liebesgeld geht es mir erst einmal darum, möglichst genau auf dem Boden der Schenklogik zu bleiben. Darauf, wie individuelle Bedeutungen beim Liebesgeld berücksichtigt werden können, werde ich später eingehen.

Punkt 1: Bedingungsloses Schenken

Zu einem echten Geschenk ist nicht viel zu erklären. Jeder weiß, dass damit keine Bedingungen verknüpft sein dürfen, wenn man das Geschenk nicht zu einem Tauschobjekt degradieren will. Wenn Geld ins Spiel kommt, scheint diese Erkenntnis aber leicht verloren zu gehen, weshalb Geldgeschenke nicht immer als reine Geschenke behandelt werden. Das folgende Beispiel zeigt einen solchen Fall.

Ein Paar lebt unverheiratet schon mehrere Jahre zusammen, die beiden teilen sich die Kosten der Lebensführung und gemeinsamer Ausflüge. Nur bei größeren Urlauben übernimmt der besser verdienende Mann die Kosten. Die Frau mochte das anfangs nicht annehmen, aber er besteht darauf, sie zum Urlaub »einzuladen«, wie er es nennt. Was ihn dazu motivierte, war die Erfahrung, dass sich die erotische Verbindung in den

Urlauben stets belebt hatte. Diesmal tritt dieser positive Nebeneffekt nicht ein, und die beiden können nicht feststellen, woran das liegt. Der Mann jedenfalls ist frustriert und beklagt sich, nun habe er die ganzen Kosten übernommen und es sei »nichts passiert«.

Man kann sich vorstellen, wie sich seine Freundin aufgrund dieses Vorwurfs fühlt: So, als hätte sie ihm für die Einladung Sex versprochen und ihn um seinen so »erworbenen« Anspruch betrogen. Der Mann zeigt sich hier nicht als emotional-leidenschaftlicher Liebhaber, sondern als bedürfnisorientierter Tauschpartner. An diesem schrägen Auftreten ändert auch seine Beteuerung nichts, wie sehr er seine Freundin liebe, denn ihr steht in dieser Auseinandersetzung kein Liebespartner gegenüber. Wie sähe ein gerader Umgang mit der Sache aus? Dann würde der Mann vielleicht seinen Frust über fehlenden Sex und seine Sehnsucht danach ausdrücken, aber keinesfalls würde er das Thema Geld ins Spiel bringen. Dass er es tut, legt sein Kalkül offen. Die Beziehung kühlt ab.

Punkt 2: Das Bedürfnis, Liebe auszudrücken

Liebesgeld wird bedingungslos gegeben. Man gibt es nicht, um vom Partner etwas dafür zu bekommen, sondern um ihm etwas zu zeigen. Man schenkt aus Überfluss an Liebe und macht dem Partner damit klar, welch große Bedeutung er für einen hat. Liebesgeld drückt die Verbundenheit und die eigenen Gefühle aus – gleichgültig, ob es sich beim Geschenk um Geld oder um geldwerte Dinge handelt.

Liebesgeld ist auch nicht abhängig von der Höhe, es funktioniert nicht nach dem Prinzip: Je wertvoller ein Geschenk ist, desto mehr Liebe steht dahinter. Das Geschenk kommt von Herzen, und wer schenkt oder sich beschenkt fühlt, der rechnet nicht. Man schenkt ein Schmuckstück, ein Auto, eine Wohnung, einen Teil seines Erbes oder einfach nur Kleinigkeiten.

Liebesgeschenke können nicht zurückgefordert werden. Das ist rechtlich zwar möglich, aber nur, wenn der juristische Tatbestand des »groben Undanks« erfüllt ist. Ein materielles Liebesgeschenk muss auch nicht aus Geld oder käuflichen Dingen bestehen. Vorstellbar wäre, dass ein Partner dem anderen beispielsweise eine Niere schenkt. Sicherlich ist das ein extremes Beispiel, aber es zeigt besonders deutlich das Wesen des Schenkens, das im Opfern besteht.

Zu echtem Liebesgeld, so meine ich, ist kein Beispiel erforderlich, seine Funktion ist leicht nachzuvollziehen, und der gerade Umgang mit diesem Geld läuft auf die einfache Formel hinaus: Geschenkt ist geschenkt.

Punkt 3: Gegengeschenke ersehnen

Gibt es beim Liebesgeld nichts zurück? Auf jeden Fall gibt es keine Garantie auf Erwiderung des Geschenkes. Wer Liebesgeld schenkt, dem bleibt daher nichts anderes übrig, als sich nach Gegengeschenken *zu sehnen*. Was zurückgegeben wird, kann materieller Natur sein, es kann sich ebenso um Zuwendung, Zärtlichkeit, Verständnis und eine andere Form der Bestätigung handeln. Aus der Sehnsucht nach Erwiderung ergibt sich jedenfalls, dass die emotional-leidenschaftliche Liebe erstirbt, wenn materielle oder immaterielle Gegengeschenke *auf Dauer* ausbleiben. Wenn nur einer Aufmerksamkeit und Zuwendung oder Liebesgeld oder sonst etwas schenkt und der andere nichts, dann führt das auf lange Sicht zur inneren Abwendung. Dann mag die Paarbeziehung unter Umständen bestehen bleiben, aber sie wird an emotional-leidenschaftlicher Qualität einbüßen.

Geschenke mit Erwartungen verknüpfen

Für Liebesgeschenke kann man keine freundschaftlichen Wohltaten erwarten. Wer das tut, wendet die Logik der freundschaftlichen Bindung auf die emotional-leidenschaftliche Bindung an, und das kann nur schiefgehen.

> Eine wohlhabende Frau verliebt sich in einen Handwerker. Nach einigen Monaten drückt sie ihrem neuen Freund den Schlüssel für ein Motorrad in die Hand; sie deklariert das Bike, das, mit einer großen Schleife versehen, in der Garage steht, als Geschenk. Der Mann, der sich das Motorrad nicht hätte leisten können, ist überglücklich. Schon bald danach macht die Frau die Erwartung deutlich, die sie mit dem Geschenk verbindet. Sie versucht, ihn für kulturelle Dinge zu interessieren, und animiert ihn, sie auf Städtereisen zu begleiten, die sie ihre persönlichen »Bildungsreisen« nennt. Sie meint, Bildung würde ihm nicht schaden. Der Mann reagiert widerstrebend und wendet ein, sie wisse doch, dass er sich aus Kultur und Städten wenig mache und sich dort nur langweile. Die Frau reagiert enttäuscht und sagt, sie habe schließlich etwas für ihn getan, da könne er auch etwas für sie tun.

Das Ansinnen und die Begründung der Frau sind schräg, denn sie erwartet für ein Geschenk eine freundschaftliche Teilhabe. Hätte sie ihre Absichten vorher deutlich gemacht, wären deren Absurdität und Sinnlosigkeit sofort deutlich geworden. Was hätte der Mann auf den Vorschlag: »Ich schenke dir ein Motorrad, wenn du dich im Gegenzug für Kultur interessierst«, antworten können? Geschenke kann man nicht mit Interessen beantworten, weil man über seine eigenen Interessen nicht willkürlich entscheiden kann. Wer sich beispielsweise für Technik interessiert, kann sich nicht willentlich entschließen, sich ab sofort für Ballett oder für Ausgrabungen zu begeistern. In der emotional-leidenschaftlichen

Liebe versagt die Logik von Geben und Nehmen, und daher haben auf Teilhabe abzielende Erwartungen hier keinen Sinn. Der Mann war durch die Auseinandersetzung über das Geschenk so konsterniert, dass er seiner Freundin anbot, das Motorrad zurückzugeben, weil er ihren Erwartungen nicht entsprechen könne – was sie beschämt ablehnte und mit einer Entschuldigung verband.

Bei Liebesgeld ist kein Ausgleich von Geben und Nehmen erforderlich; die Tat belohnt sich selbst. Und noch etwas kommt hinzu: Was der Partner mit seinem Geschenk anfängt und ob er es so nutzt, wie der Schenkende es erwartet oder nicht, ist allein seine Sache.

Materiellen Ausgleich für Zuwendung fordern

Zur Logik der emotional-leidenschaftliche Liebe passt es ebenfalls nicht, Liebesgeld zu fordern – etwa ein materielles Geschenk als (angeblichen) Liebesbeweis. Eine solche Forderung hat gleich zwei Haken. Zum einen kann man etwas, das man aufgrund einer Forderung erhält, nicht als Geschenk empfinden. Zum anderen kann man das, was man aufgrund einer Forderung schenkt, nicht als Geschenk meinen. Der Forderung nach einem Geschenk nachzukommen wirkt sich demnach sowohl für den schenkenden als auch für den beschenkten Partner schräg aus. Das mag ein kleines, etwas schlichtes Beispiel erläutern.

Eine Frau, die für Haus und Kind zuständig ist, beschwert sich, dass der Mann ihr selten etwas schenkt, obwohl »... ich immer für dich da bin und alles für dich tue«. Sie betont zudem: »Deine Freunde schenken ihren Frauen ständig etwas.« Der Mann ist verunsichert, er bringt ihr am nächsten Tag einen schönen Ring mit. Doch sie lässt dieses Geschenk mit traurigem Ausdruck und der enttäuschten Bemerkung auf dem Tisch liegen: »Das tust du ja bloß, weil ich es verlangt habe!«

Die Frau freut sich nicht, weil sie nicht erkennen kann, dass es ihrem Mann ein Bedürfnis war, ihr dieses Geschenk zu machen. Er hat es nicht »von selbst« und »für sie« getan, nicht gern und nicht freiwillig. Sein braves Verhalten läuft deshalb schräg zur Liebeslogik. Das Verhalten der Frau ist nicht weniger schräg: ein Geschenk zu fordern passt ebenfalls nicht zur emotional-leidenschaftlichen Liebe. Diese erhebt keinen Anspruch auf Leistungen oder Gaben, und Leistungen und Gaben schaffen umgekehrt keine emotional-leidenschaftliche Bindung. Ein Opfer könnte das tun.

Was hätte die Frau in ihrer Lage tun können? Wenn es auf der emotional-leidenschaftlichen Ebene auch unsinnig ist, zu fordern oder zu erwarten, hätte sie sich dennoch sehnen können; und zwar so, dass ihr Partner diese Sehnsucht hätte nachempfinden können. Sie würde nicht sagen: »Ich sehne mich nach einem Geschenk«, weil das einer indirekten Forderung gleichkäme. Sie könnte stattdessen erzählen, dass sie sich unsicher über die Bedeutung ist, die sie für ihren Partner hat, vielleicht in der Art: »Ich fühle nicht, ob du mich noch liebst.« Wenn ihr Mann daraufhin mit Zuwendung reagierte, müsste diese allerdings keineswegs materieller Art sein; und wenn sie emotionale Zuwendung erführe, würde sie sich kaum nach Geldgeschenken sehnen.

Schenken, um geliebt zu werden

Eine weitere Möglichkeit schrägen Umgangs mit Liebesgeld besteht darin, dem Partner etwas Materielles zu schenken, um von ihm im Gegenzug mit Zuwendung, Zärtlichkeit oder gar Begehren belohnt zu werden. In dem Fall wird die partnerschaftliche Tauschlogik auf der emotional-leidenschaftlichen Ebene angewendet, was vielleicht verständlich, aber ebenso sinnlos ist.

Ein Kleinunternehmer hat sich verliebt und eine Fernbeziehung angefangen. Ihm liegt diese distanzierte Beziehung, weil er sich zu 95 Prozent von seiner Arbeit absorbiert fühlt, sie hingegen möchte mit ihm zusammenziehen. Sie beklagt sich: »Ich sehe dich kaum, ich bekomme nichts von dir mit, du hast zu wenig Zeit. Ich wünsche mir einen Mann, der ganz zu mir steht.« Der Mann versucht, seine Freundin durch aufwendige Geschenke und teure Urlaubsreisen zu besänftigen, und vertröstet sie auf später. Sie nimmt diese »Geschenke« an, sieht sich aber nach einem anderen Mann um. Als sie jemanden kennenlernt, verlässt sie ihn.

Offenbar glaubte der Mann, intime Zuwendung durch materielle Zuwendung erreichen zu können. Diese Tauschlogik liegt schräg zur emotional-leidenschaftlichen Schenklogik, weshalb sie nicht funktionierte. Wer emotionale Liebe will, muss emotional-leidenschaftliche Liebe schenken. Wer Zuwendung will, muss Zuwendung schenken. Wer Begehren will, muss Begehren zeigen. Wer will, dass der Partner sich öffnet, muss sich dem Partner öffnen. Und all das ohne einen Anspruch auf Erwiderung, ohne Garantie. Es ist daher völlig sinnlos, den Partner mit Geld und geldwerten Dingen zu überhäufen, um dafür Intimität und seelische Nähe zu ernten.

Das Beispiel zeigt, dass Geld auf der emotional-leidenschaftlichen Ebene auch indirekte Wirkung haben kann: indem es Intimität verhindert. Wenn ein Partner seine Arbeit priorisiert, weil er viel Geld verdienen möchte, verhindert diese materielle Fixierung, dass er sich seinem Beziehungspartner widmet und sich auf dessen Bedürfnisse und Sehnsüchte einlässt. Ohne Einlassen, ohne Öffnen und Zuwenden ist aber keine tiefe, intime Bindung möglich.

Nicht nur Geld, auch Dienste können in der Hoffnung geschenkt werden, dafür emotional-leidenschaftliche Liebe zu erhalten. Bei Diensten handelt es sich um geldwerte Leistungen, im Grunde also um Geld. Allerdings entsprechen solche Geschenke der Logik des partnerschaftlichen Tausches, weshalb sie in der emotional-leidenschaftlichen Liebe nichts zu suchen haben.

Eine Frau nimmt viel auf sich, seit sie mit ihrem Mann verheiratet ist. Sie arbeitet nur halbtags, um mehr für ihn da zu sein. Sie zieht mit ihm in eine andere Stadt, weil er dort einen besseren Job bekommen hat. Sie bürgt mit ihrem kleinen Erbe für einen Kredit, den er aufnimmt, um ein Haus zu kaufen. Zu allem Überfluss lässt sie zu, dass das Haus auf seinen Namen eingetragen wird. Als die Ehe nach 15 Jahren auseinandergeht, steht sie mit ziemlich leeren Händen da. Sie sagt verbittert: »Ich liebe ihn doch, sonst hätte ich das nicht getan. Was habe ich mir davon versprochen? Ich habe nichts dafür bekommen.«

Die Frau erklärt sich ihr Verhalten mit Liebe. Allerdings empfindet sie Misstrauen diesem angeblichen Motiv gegenüber, was sich an der Frage »Was habe ich mir davon versprochen?« zeigt. Dass sie unbewusst einen partnerschaftlichen Tausch im Auge hatte, zeigt sich an der bitteren Bemerkung »Ich habe nichts dafür bekommen«. In der Tat – es wirkt sich oft tragisch aus, sich solche Fragen zu spät zu stellen.

Ein derartiges Verhalten – schenken, um geliebt zu werden – mag zwar verbreitet sein, aber wer Arbeit und Geld schenkt, um dafür Liebe zu erhalten, erweist sich einen schlechten Dienst. Und zwar nicht nur deshalb, weil er Dinge oder Leistungen hergegeben und verloren hat, sondern auch deshalb, weil er vom Partner auf unbewusste Weise etwas Unmögliches fordert. Liebe lässt sich nicht tauschen – es muss dem Partner ein Bedürfnis sein, sie zu schenken.

Aus Liebe auf Leistungen verzichten

Ebenso schräg wirkt es sich aus, wenn ein Partner auf Leistungen oder auf Leistungsausgleich verzichtet, weil er den anderen emotional-leidenschaftlich liebt. In dem Fall schenkt er, ohne sich darüber klar zu sein, dass er auf dem partnerschaftlichen Auge blind ist und eines Tages die Quittung für sein schräges Verhalten bekommen könnte.

Ein Paar möchte eine Familie gründen und heiratet deshalb. Das Thema Kind rückt näher, und die Frau möchte die Angelegenheit mit ihrem Mann besprechen. Da er mehr verdient, hält er es für selbstverständlich, dass sie sich die ersten Jahre um ein Kind kümmert und er weiterhin das Geld für die Familie verdient. Die Frau zögert und wendet ein: »Und was ist mit meinem Job? Ich verzichte dann auf gute Karrierechancen.« Der Mann antwortet empört: »Wir lieben uns doch, wir wollen eine Familie gründen, und du hast deine Karriere im Kopf. Jeder gibt, was er hat!« Die Frau schweigt, das erste Kind kommt, dann ein zweites, sie pausiert insgesamt acht Jahre in ihrem Job. Als die beiden sich nach 12 Jahren Ehe scheiden lassen, findet zwar der gesetzliche Zugewinnausgleich statt, aber beruflich und vom Einkommen her steht die Frau wesentlich schlechter da als ihr Mann. Einer Freundin sagt sie nach der Scheidung: »Irgendwie hat mir die Regelung schon damals einen Stich gegeben. Ich hätte unter diesen Bedingungen keine Kinder mit ihm in die Welt setzen sollen.«

Der Stich kam nicht von ungefähr. Er hängt mit dem schrägen Verhalten des Mannes zusammen, der sich auf emotional-leidenschaftliche Empfindungen berief, um einer fairen partnerschaftlichen Regelung auszuweichen. Die Frau hat sich durch seine und ihre eigenen, allerdings schrägen, Liebesansprüche blenden lassen, wonach man in der Liebe nicht rechnet. Doch, man rechnet sehr wohl in der Liebe, und zwar in der partnerschaftlichen; und man rechnet besser genau nach, sonst zahlt man eines Tages den Großteil der Rechnung.

Als klare Warnung an alle materiell schwächeren Partner sei an diesem Punkt betont: Die ehevertragliche Regelung des Zugewinnausgleichs ist zwar eine faire Regelung für die Zeit des Zusammenlebens. Gemeinsam angespartes Vermögen und Rentenansprüche werden dadurch ausgeglichen. Das neue Eheunterhaltsgesetz verpflichtet den Ehepartner aber nur für wenige Jahre zu Unterhaltszahlungen. Aber meist sind für den anderen (meist die Frau) auf dem Arbeitsmarkt bereits etliche Nachteile aufgelaufen, vom fortgeschrittenen Alter bis hin zu verpassten Qualifikationen, sodass ein gleichwertiger Verdienst zukünftig kaum noch zu erreichen ist.

Fazit zum Liebesgeld

Liebesgeld ist heißes Geld – so heiß, dass es sofort auf dem Opferaltar verdampft. Es hat weder Leistungsausgleich noch Teilhabe oder Teilhabenlassen im Sinn, sondern dient allein dem Ausdruck der Liebe für den Partner und der Bedeutung, die er für einen hat. Wenn beide Partner sich darüber im Klaren sind, dass Liebesgeld weder gefordert noch erwartet werden kann, kann es seine Aufgabe erfüllen und dem Partner zeigen, was er einem bedeutet.

Dreierlei Geld

Ich fasse vorläufig zusammen. Geld ist nicht gleich Geld. In menschlichen Beziehungen kommt es in vier Formen vor:

- als Geschäftsgeld und
- als Beziehungsgeld (das sich in Partnergeld, Freundesgeld und Liebesgeld teilt).

Paarbeziehungen können all diese Geldformen enthalten – mit Ausnahme des Geschäftsgeldes. Dieses ist unpersönliches, kaltes Geld und kann niemals Bestandteil einer Paarbeziehung sein.

Die drei Geldformen einer Paarbeziehung weisen, parallel zu den drei Liebesformen, in denen sie vorkommen, unterschiedliche Temperaturen auf. Je mehr sich eine Beziehungsform dem individuellen Kern eines Menschen nähert, desto höher wird die Temperatur des dort eingesetzten Geldes. Es verwandelt sich zuerst in kühles, dann in warmes und schließlich in heißes Geld.

Partnergeld

- Partnergeld ist kühles Geld, weil es mit egoistischen Interessen verbunden ist. Es dient dem Ausgleich partnerschaftlicher Leistungen. Dabei kann es als ökonomisches Kapital gegen nicht ökonomisches Kapital getauscht werden.
- Persönliche Leistung können innerhalb einer Paarbeziehung nicht objektiv miteinander verglichen werden, weshalb beim Partnergeld der Maßstab der Gleichartigkeit von Beiträgen zur Anwendung kommt. Auf diese Weise werden nicht objektive Werte, sondern subjektive Bedeutungen verglichen.
- Nicht ökonomisches Kapital ist ökonomischem Kapital durchaus vergleichbar, weshalb Geld auf der partnerschaftlichen Ebene der Paarbeziehung nicht automatisch von höherem Wert ist als Dienste. Es gilt daher: Gib deinem nicht ökonomischen Kapital genügend Bedeutung.
- Über Partnergeld wird verhandelt, und es werden Verträge abgeschlossen. Diese Verträge sollten, jedenfalls wenn sie existenzielle Umstände betreffen, schriftlich vereinbart und gegebenenfalls notariell beurkundet sein – so, wie das bei jeder Ehe ganz selbstverständlich geschieht.

- Partnergeld oder partnerschaftliche Dienste, also geldwerte Leistungen, sollten *eingefordert* werden, falls sie ausbleiben. Sie zu erwarten oder zu ersehnen ist sinnlos.

Freundesgeld

- Freundesgeld ist warmes Geld, weil es nicht mit egoistischen Motiven verbunden ist, sondern dem Partner zuliebe gegeben wird. Es dient der Teilhabe. Einerseits, indem man den Partner an monetären Ressourcen teilhaben lässt und ihn auf diese Weise unterstützt, andererseits, indem man an seiner persönlichen Erfüllung teilhat.
- Freundesgeld dient dem Ausgleich von Geben und Nehmen, sein Maßstab ist das Glück des Partners.
- Über den Umgang mit Freundesgeld müssen Abmachungen getroffen werden. Meist reicht es, wenn diese formlos sind. Wenn existenzielle Dimensionen berührt werden, empfiehlt es sich, sie schriftlich festzuhalten.
- Aufgrund der Teilhabelogik, die im freundschaftlichen Liebesbereich gilt, kann Freundesgeld *erwartet* werden. Es zu fordern oder zu ersehnen ist sinnlos.

Liebesgeld

- Liebesgeld ist heißes Geld, weil man es dem Partner schenkt.
- Man schenkt es nicht, um partnerschaftliche Leistungen oder die Bilanz von Geben und Nehmen auszugleichen, sondern um der Bedeutung Ausdruck zu geben, die der Partner für einen hat. Der Maßstab für Liebesgeld ist die Liebe, die man für den Partner empfindet.
- Über den Umgang mit Liebesgeld können weder Verträge noch Abmachungen getroffen werden. Was zählt, ist allein der Akt des Schenkens.

- Liebesgeld kann *ersehnt* werden. Es zu fordern oder zu erwarten ist sinnlos.

Die drei Formen des Beziehungsgeldes zu unterscheiden ist eine Voraussetzung für einen beziehungsgerechten Umgang mit Geld. Wenn das Geld »gerade« eingesetzt wird, regiert die Beziehung über das Geld. Kommt es auf »schräge« Weise zum Einsatz, wirkt Geld negativ auf die Beziehung.

Wenn das Geld über die Beziehung bestimmt

Im Prinzip sollten die drei Beziehungsformen, wie hier dargelegt, über den Umgang mit Geld bestimmen. Dann bewegt sich das Geld auf ihrem Boden, es passt sich an, die jeweilige Bindungsform gibt den Ton an, und der ihr entsprechende, gerade Umgang mit Geld stärkt den Zusammenhalt der Partner. Wird Geld allerdings schräg gehandhabt, dreht sich die Wirkung um. Dann gibt das Geld den Ton an und schädigt die Beziehung – auch wenn niemand das beabsichtigt.

Wie kommt dieser Schaden zustande? Beim kongruenten Umgang mit Geld stehen sich auf der jeweiligen Beziehungsebene zwei gleiche »Personen« gegenüber. Also entweder zwei Partner, zwei Freunde oder zwei Liebhaber. Beim schrägen Umgang mit Geld stehen sich jedoch unterschiedliche »Personen« gegenüber:

- Dann steht beispielsweise auf der einen Seite ein persönlicher Partner, auf der anderen ein unpersönlicher Geschäftspartner. Der Geschäftspartner empfindet gegenüber dem Beziehungspartner keine persönliche Verpflichtung. Wenn einer verdienen oder anders profitieren will, kann der andere sich nicht persönlich gemeint fühlen.

- Dann steht beispielsweise auf einer Seite ein Partner, auf der anderen Seite ein Freund. Der Partner fordert Leistung, der Freund erwartet Teilhabe. Der Tausch »Leistung gegen Anteilnahme« funktioniert aber nicht; und wenn einer Leistungen fordert, kann sich der andere nicht unterstützt fühlen.
- Oder es steht beispielsweise auf einer Seite ein Partner und auf der anderen ein Liebhaber. Der Partner schlägt einen Tausch vor, der Liebhaber sehnt sich nach Zuwendung. Ein Tausch »Geld/Dienste gegen bestätigende Zuwendung zum Seelenleben« funktioniert aber nicht; und wenn einer einen Leistungsausgleich fordert, kann der andere sich nicht beschenkt fühlen.
- Oder es steht beispielsweise auf der einen Seite ein Freund, auf der anderen Seite ein Liebhaber. Der Freund bietet Teilhabe an, der Liebhaber sehnt sich nach intimer Nähe und »Ganzliebe«. Ein Tausch »Unterstützung gegen Begehren« funktioniert aber nicht; und wenn einer gute Taten erwartet, fühlt sich der andere nicht beschenkt.

Schräger Umgang mit Geld wirkt auf die Paarbeziehung zurück

Bei schrägem Einsatz von Geld kühlt die Temperatur des Geldes eine Beziehung quasi automatisch ab. Das ist unausweichlich. Diese Automatik lässt sich anhand eines Beispiels aus den USA erläutern.

In den USA spielen Eheverträge eine größere Rolle als hierzulande; vor allem reiche Menschen legen dort Wert auf vertragliche Regelungen. Nehmen wir an, ein Filmstar hat sich in einen ökonomisch schwächeren Partner verliebt; nun denkt das Paar ans Heiraten. Der Star hat schon mehrfach erfahren, dass er im Trennungsfall zur Kasse gebeten wird, und will dem vorbeugen. Er lässt einen Ehevertrag aufsetzen. In diesem wird geregelt, wie viel Geld dem Partner im Scheidungsfall zusteht. So weit, so gut, das wäre ein gerader, bedürfnisorientierter Umgang mit Geld auf der Partnerebene, bei dem die Partner ökonomisches und nicht ökonomisches Kapital in die Waagschale legen und einen Ausgleich verhandeln. Nun aber wird es schräg. Man weiß, dass etliche Stars nicht nur ihre finanziellen Verpflichtungen aushandeln, sondern auch die wöchentliche Frequenz des Geschlechtsverkehrs; zudem lassen sie sich eine sexuelle Treueverpflichtung unterschreiben. Im Scheidungsfall kann dann jede Zahlung unterbleiben, sofern es zu Untreue seitens des Partners gekommen ist oder wenn die vereinbarte Anzahl von Geschlechtsakten verweigert wurde.

Ein solch kalkulierendes Verhalten wirkt sich unweigerlich auf die Liebesbeziehung aus, und zwar im Wortsinn als »kalte Dusche«. Vor dem Ehevertrag kann sich der Partner des Stars noch als Liebespartner empfinden. Nachdem der Vertrag auf dem Tisch liegt, steht allerdings fest, dass der Star die Anzahl von Geschlechtsakten zählt und für Treue bezahlt. Hierzulande sind derartige Verträge sittenwidrig, aber hier wie dort gilt: Wer so etwas tut, zeigt sich nicht als emotional-leidenschaftlich Liebender, sondern als bedürfnisorientierter Tauschpartner – egal, ob er sich selbst so sieht.

Halten wir in Bezug auf geraden und schrägen Umgang mit Geld vorläufig fest:

Beim Beziehungsgeld gibt es zwei grundsätzliche Möglichkeiten. Entweder bestimmt die Beziehung über das Geld, dann festigt das Geld die Beziehung; oder das Geld bestimmt über die Beziehung, dann zieht es die Beziehung auf seine Temperatur herunter.

Das Geld an sich hat in der Paarbeziehung kein bestimmtes Gesicht, keine festgelegte Wirkung, es ist vielmehr ambivalent.

Die Ambivalenz des Geldes in der Paarliebe

Geld und Liebe sind sehr unterschiedliche soziale Phänomene. Das Geld ermöglicht den Austausch von Waren und Diensten zwischen Fremden – die Liebe stellt existenzielle und emotionale Verbundenheit zwischen sich nahestehenden Menschen her. Obwohl diese sozialen Phänomene kaum verschiedenartiger sein könnten, treffen sie in Paarbeziehungen aufeinander. Das Geld lässt sich aus Paarbeziehungen nicht heraushalten, und das ist auch weder nötig, noch wäre es wünschenswert. Es kommt allein darauf an, wie die Beziehungspartner mit dem Geld umgehen, denn davon hängt seine ganze Wirkung ab.

- Geld kann sich in Paarbeziehungen persönlich oder unpersönlich auswirken.
- Geld kann eine Liebe stärken oder stören und sogar zerstören.
- Geld kann einerseits verbinden, andererseits kann es zur Entfremdung der Partner beitragen.

Geld entfaltet in Paarbeziehungen eine ambivalente Wirkung. Paare sollten sich über diese Widersprüchlichkeit im Klaren sein. Und sie sollten sich nicht einbilden, ihr entkommen zu können, indem sie das Thema Geld meiden. Das Geld spielt in jedem Fall mit – egal, ob darüber gesprochen oder geschwiegen wird. Daher sollten Partner für einen geraden Umgang mit Beziehungsgeld sorgen und sicherstellen, dass ihre Beziehung über das Geld »regiert«, statt zuzulassen, dass Geld aufgrund einer »schrägen« Anwendung negativ auf ihre Beziehung zurückwirkt.

Natürlich ist ein »gerader« Umgang mit Geld, wie ich ihn bisher dargelegt habe, nicht immer in Reinform umzusetzen.

Denn obwohl sich Geld grundsätzlich der Logik des Liebesbereiches anpassen muss, in dem es vorkommt, spielen individuelle Faktoren beim Umgang damit eine gewichtige Rolle.

Die Bedeutung von Geld ist zwar vorwiegend, aber nicht ausschließlich, sozial bestimmt. Dem Geld kommen auch individuelle Bedeutungen zu. Diese müssen die Partner auf irgendeine Weise berücksichtigen, wenn sie nicht an den Individuen vorbeigehen wollen, die sie sind.

Die individuelle Symbolik des Geldes

Ich habe Geld nicht nur als Versprechen, Mittel und soziales Symbol, sondern auch als *individuelles Symbol* beschrieben. Damit ist gemeint, dass Geld für jeden Einzelnen etwas anderes bedeutet als nur Geld. Je nach lebensgeschichtlicher Erfahrung kann es als faszinierend oder abstoßend empfunden werden, als erstrebenswert oder verachtenswert gelten, der Einzelne kann Glückserwartungen, Sicherheitsempfinden, Unabhängigkeit, Selbstwert oder auch Abhängigkeit, Unfreiheit, Abscheu oder etwas anderes damit verbinden. Man kann davon ausgehen, dass Geld für Individuen stets mit unterschiedlichen emotionalen Bedeutungen aufgeladen ist.

Aus der individuellen Bedeutung des Geldes ergibt sich ein individueller Sinn, der ihm zugesprochen wird. Für einen machen Geld und Geldverdienen viel Sinn, er nimmt dafür viel Stress in Kauf. Ein anderer sieht Sinn in sozialen Bezügen und nutzt seine Kraft für zwischenmenschliche Beziehungen. Für den einen macht Sparen viel Sinn, ein anderer will lieber Geld ausgeben. Einer mag Geld horten, weil er sich davon Sicherheit verspricht, ein anderer traut dem Wert des Geldes nicht und gibt es lieber gleich aus.

Da in einer Paarbeziehung zwei Individuen, das sind per Definition zwei unterschiedliche Menschen, zusammenkommen, kann jeder Partner eine andere Einstellung zum Geld haben und einen anderen Umgang damit pflegen, woraus sich ein teils erhebliches Konfliktpotenzial ergibt.

Unterschiedliche individuelle Bedeutungen

Wie unterschiedlich die Bedeutungen ausfallen können, die Partner dem Geld geben, und wie kompliziert es sein kann, mit diesen Unterschieden in einer Paarbeziehung umzugehen, sollen einige Beispiele erläutern.

Ein Paar ist in inniger Liebe verbunden und lebt schon seit sechs Jahren zusammen. Nur eines ist nicht möglich: dass der Mann seiner Frau materielle Geschenke macht. Weder nimmt sie von ihm Schmuck noch andere wertvolle Dinge an, schon gar kein Geld, und wenn er sich dennoch traut, ihr etwas Wertvolles zu schenken, gibt sie es ihm mit den Worten zurück: »Du weißt doch, dass ich nichts geschenkt haben möchte.« Der Mann fühlt sich persönlich abgelehnt, aber inzwischen hat er sich, wie er sagt, daran gewöhnt. »Ich schenke ihr einfach nichts mehr.« Zufrieden ist er mit dieser Lösung nicht.

Viele Leser mögen sich wundern und fragen, warum die Geschenke ihres Freundes der Frau derartige Probleme bereiten. Zur Frage, was es für sie bedeuten würde, seine Geschenke anzunehmen, sagt sie:

»Ich habe von klein auf bis zum Ende meines Studiums von meinen Eltern zu hören bekommen, ich sei undankbar, obwohl sie alles für mich tun würden. Gemeint haben sie, ich solle so leben, wie sie es sich vorstellen, weil sie mir das Studium finanziert und mir Geld zum Lebensunterhalt gegeben haben. Seit ich mein eigenes Geld verdiene, habe ich keinen Pfennig mehr von ihnen angenommen. So soll es auch bleiben. Ich will in niemandes Schuld stehen, auch nicht in der Schuld meines Freundes. Männer können aufrechnen, mein voriger Partner hat das getan. Er wollte nach der Trennung sogar die alte Klapperkiste von Auto zurückhaben, die er mir noch im Studium geschenkt hatte. Das war beschämend. Nein, ich lasse mir nichts mehr schenken. Es reicht doch, wenn man sich liebt.«

Geld oder teure Geschenke anzunehmen bedeutet für diese Frau, früher oder später unter Anpassungsdruck gestellt zu werden. Ihre Abneigung gegen materielle Zuwendungen richtet sich also nicht gegen ihren gegenwärtigen Freund, sondern ist die Folge ihrer eigenen Befürchtungen und Erfahrungen. Sie kann Geld in einer nahen Beziehung wenig vertrauen; sie vermutet, dass damit ein Haken verbunden ist. Das Geschenk der Liebe nimmt sie an, lässt sich aber weder Geld noch geldwerte Dinge schenken. Ihr Freund begreift dies, obwohl es ihn etwas traurig macht. Das Paar hat eine, wenn auch für den Mann unbefriedigende, Lösung mit Liebesgeld gefunden. Es kommt in der Beziehung nicht vor.

Wenn man die unterschiedliche Bedeutung betrachtet, die Geld für Individuen annehmen kann, scheint es kaum verwunderlich, dass das Thema in Paarbeziehungen mitunter zu massiven Konflikten führt. Denn die Haltung des einen wirkt sich unvermeidbar auf den anderen Partner aus.

Ein Mann zeigt sich in den Augen seiner Frau als geizig und geldgierig. Er hat eine große Summe auf seinem Konto liegen, er verdient gut, aber er gibt kaum etwas für sich aus. Wenn etwas Geld kostet, ist er nicht dabei, es sei denn, seine Partnerin zahlt. Ins Kino oder Restaurant zu gehen ist ihm zu teuer. Ihm ist das Geld, wie seine Frau sagt, »nie genug«. Der Mann selbst findet das ganz normal, schließlich könne man tatsächlich nie genug Geld haben. Seine Frau versteht nicht, wofür er sein Geld hortet. In letzter Zeit unternimmt sie immer mehr getrennt von ihm, weil sie auf Dauer gemeinsame Unternehmungen nicht alleine finanzieren will.

Was steht hinter der Knausrigkeit des Mannes? Es geht ihm nicht darum, Geld für Anschaffungen oder als Rücklage für Notfälle zu horten. Der Mann hat sich vorgenommen, eines Tages mehr Geld zu haben, als sein Vater je besaß. Vom Vater hat er sich Zeit seines Lebens nicht ernst genommen gefühlt. Jetzt will er ihm nicht nur beweisen, dass er etwas taugt, sondern dass er »besser ist«, weil er »mehr hat«. Mit seinem Verhalten will der Mann ein Selbstwertproblem lösen. Natürlich beschert ihm sein Geiz Konflikte mit seiner Frau, weil sie auf viel Gemeinsamkeit verzichten muss. Wenn der Mann seine Besessenheit nicht aufgibt, droht ihm womöglich ein herber Verlust – kein finanzieller, aber ein menschlicher.

Auch im nächsten Beispiel spielen unterschiedliche Bedeutungen von Geld in die Paarbeziehung hinein.

Eine Frau könnte gleichzeitig mit ihrem Mann in Frührente gehen. Beide sind Anfang 60 und passionierte Segler, besitzen ein Segelboot und möchten demnächst um die Welt segeln. Sie wissen, dass dies in einigen Jahren aufgrund ihres Alters schwierig sein wird, aber die Frau traut sich nicht, auf 300 Euro Rente zu verzichten, obwohl die beiden auch bei einer Frühpensionierung ausreichend Geld zur Verfügung hätten. »Aber«, so sagt die Frau, »man weiß ja nie, was noch kommt, und wer will schon am Hungertuch nagen?« Diese Bemerkung zeigt, dass es nicht um rationale, sondern um emotionale Aspekte ihres Verhaltens geht. Ihr Mann könnte an dieser Einstellung verzweifeln; ändern kann er ihre Ängste allerdings nicht. Sollten die beiden später zu ihrer Weltreise aufbrechen, wird sich die Frau bei vielen Problemen anhören müssen, dass alles einfacher gewesen wäre, wenn sie rechtzeitig gestartet wären.

Was steht hinter der Verweigerung der Frau? Sie hat in ihrer Jugend den Vater verloren und mit der Mutter und den beiden Geschwistern lange Jahre in Armut gelebt. Seither vertraut sie keiner finanziellen Gewissheit. Ihre Ängste malen ihr zukünftige Situationen aus, in denen es auf genau diese 300 Euro ankommt, und sie reagiert, als ob ihr Überleben von dieser Summe abhängen könnte. Mit ihrem Festhalten am Job will sie diese Ängste beruhigen. Auch hier liegt der Konflikt nahe, weil vom Mann ein Aufschieben seines Lebenstraums verlangt wird – obwohl die Frau diesen Traum mit ihm teilt.

Die bisherigen Beispiele für individuelle Geldbedeutungen liegen im Rahmen des Üblichen. Ein ganz ungewöhnliches Geldverhalten zeigt das nächste Beispiel.

Ein Mann aus vermögender Familie erbt im Alter von 35 Jahren einige Millionen Euro. Er kauft ein Haus für sich und seine Familie, zahlt einen anderen Teil in die Altersversorgung und spendet den Rest, es ist mehr als die Hälfte des Geldes, einigen SOS-Kinderdörfern. Seine Frau ist machtlos und empört, sie kann die Welt nicht mehr verstehen, aber sie kann es nicht verhindern. Es ist sein Geld, und er lässt nicht mit sich reden.

Was steht hinter dem Verhalten des Mannes? Er sagt, er habe als Kind erlebt, wie Geld eine Familie zerstören kann, und er würde alles tun, um seine Familie vor solchem Schaden zu bewahren. Seine Frau meint, das würde mit ihr nicht passieren, aber er ist nicht im Mindesten gesprächsbereit. Er sagt: »Das haben meine Verwandten auch geglaubt, aber du weißt nicht, was Geld aus Menschen machen kann.« Auch in diesem Fall ist eine gehörige Toleranz der Partnerin gegenüber dem Geldverhalten und der geringen Teilhabebereitschaft ihres Mannes nötig, wenn die Beziehung nicht dauerhaft belastet sein soll. Die Zukunft kann daher gehörige Konflikte mit sich bringen – vor allem, wenn das Geld einmal knapp werden sollte. Der Frau gelingt es überhaupt nur, sein Verhalten hinzunehmen, weil sie darin seine Sorge um und sein Interesse an der Beziehung zu ihr und an seiner Familie erkennt.

Dass es beim Geld aufgrund individuell unterschiedlicher Bedeutungen zu noch extremeren Entwicklungen kommen kann, zeigt das nächste Beispiel.

> Eine Frau stellt sich in den Jahren nach der Heirat als zunehmend kaufsüchtig heraus. Sie hortet sämtliche Non-Food-Sonderangebote der Discounter; der Keller, der Dachboden und zwei Zimmer stehen voll unausgepackter Kartons. Was ihr Mann hinten aus der Wohnung rausschafft, stopft sie vorne wieder rein. Ihr Mann kommt gegen ihre Kaufsucht nicht an, obwohl sie zum größten Teil das von ihm verdiente Geld ausgibt. Er denkt an Scheidung.

Hinter dem Verhalten der Frau steht ein tief greifendes psychisches Selbstwertproblem aus Kindheitstagen. Weil die Frau, wie die meisten süchtigen Partner, keine Einsicht zeigt, steht die Beziehung auf der Kippe. Die individuelle Bedeutung, die Geld für sie einnimmt, weicht zu stark von den Bedeutungen ab, die der Mann ihm verleiht. Für ihn bedeutet Geld zu großen Teilen Anstrengung und Arbeit, es ist nicht leicht zu verdienen; sie benutzt es wie eine Droge, um sich von den Problemen abzulenken, die sie mit sich selbst hat.

Endlos ließen sich Beispiele zur individuellen Bedeutung von Geld aufführen. Im Grunde hat jeder Einzelne seinen spezifischen »Geldstil«. Dabei hat das Geld selbst mit diesen individuellen Bedeutungen wenig zu tun; es hat keine festgelegten Eigenschaften.

Geld ist weder gut noch schlecht, weder segensreich noch verflucht, es bringt weder Glück, noch verhindert es Glück.

Es garantiert keine Sicherheit – sonst würden sich reiche Menschen sicher fühlen; aber wie man weiß, verstärkt es teilweise ihre Ängste. Geld kann Bewunderung hervorrufen, und es kann einem so viele Freunde bescheren, dass man falsche nicht mehr von echten unterscheiden kann. Geld kann träge und fantasielos machen oder zu sozialen Taten anspornen. Geld kann zu kriminellem Verhalten anstiften. Geld kann Gesellschaften spalten und in Bürgerkriege und Aufstände führen; die Geschichte der Schulden bietet hinreichend Beispiele für den blutigen Kampf darum. Geld ist auch weder männlich noch weiblich. Es wird zwar oft betont, dass Männer und Frauen verschieden mit Geld umgehen, aber auch das ist »nur« erlernt, das ist lediglich Rollenverhalten, und Rollenverhalten dreht sich je nach den sozialen Umständen bekanntlich um.[19]

Wenn Geld keine starren Eigenschaften hat und wenn jeder Partner dem Geld eigene Bedeutungen verleiht, dann kommt es für Partner darauf an, diese individuellen Bedeutungen zu verstehen und im Umgang mit Geld zu berücksichtigen. Diese Berücksichtigung individueller Geldsymboliken hat zur Folge, dass sich der Spielraum zum Umgang mit Beziehungsgeld erweitern lässt. Aufgrund dieser Möglichkeit gilt in Paarbeziehungen der Grundsatz:

Die individuellen Bedeutungen, die Geld für die Partner einnimmt, können die allgemeine Logik eines Liebesbereiches dehnen.

Mit »dehnen« meine ich, dass Partner einen starren Umgang mit Geld vermeiden und in einem gewissen Rahmen flexibel damit umgehen können. Aber vollständig brechen und damit außer Kraft setzen, dies sei vorausgeschickt, kann die individuelle Bedeutung von Geld die soziale Logik eines Liebesbereichs nicht.

Die Logik eines Liebesbereiches dehnen

Eine Logik zu dehnen meint, dass Partner sich nicht zu 100 Prozent an die Verhaltensanforderungen eines Liebesbereiches halten müssen. Sie können davon abweichen, solange diese Abweichungen nicht gravierend sind. Was es konkret bedeuten kann, wenn individuelle Bedeutungen von Geld die allgemeine Logik eines Liebesbereiches dehnen, ohne sie zu brechen, sollen weitere Beispiele zeigen.

> Ein Paar hat vor einigen Jahren geheiratet; es ist für beide die zweite Ehe. Die Partner kommen überein, den jeweiligen Verdienst zusammenzuwerfen und ein gemeinsames Konto zu führen. Jeder hat noch ein eigenes Sparkonto aus der Zeit vor der Ehe, auf dem Konto der Frau befinden sich 120 000 Euro, auf dem des Mannes 40 000 Euro. Er schlägt nun vor, auch dieses Geld in den partnerschaftlichen Topf für einen Hauskauf zu werfen. Dort hinein will er auch das Geld vom Verkauf des Hauses tun, das er vor Kurzem geerbt hat. Er schlägt vor: »Jeder gibt, was er hat.« Seine Frau ist nicht einverstanden. Sie möchte ihr Geld auf dem Sparkonto lassen und für sich behalten. Der Mann findet das nicht gut. Es kommt über einige Monate hinweg zu gelegentlichen Auseinandersetzungen, aber die Frau beharrt auf ihrem Standpunkt. Sie schlägt ihm stattdessen vor, das Geld von seinem Haus ebenfalls für sich zu behalten. Dem Mann leuchtet das nicht ein, er fühlt sich gekränkt und wirft ihr mangelndes Vertrauen vor.
>
> Die Konflikte enden erst, als es der Frau gelingt, ihm die Bedeutung des eigenen Geldes zu vermitteln. Sie sagt: »Das Geld ist meine Notreserve für den Fall, dass wir auseinandergehen sollten. Solange ich diese Reserve habe, fühle ich mich sicher und kann ruhig schlafen. Ich bin durch die Scheidung

damals in schwere Nöte geraten; oft wusste ich nicht, wovon ich am Ende des Monats die Miete bezahlen sollte. So etwas darf mir nie wieder passieren.« Der Mann gibt noch nicht auf, er argumentiert, sie müsse doch keine Angst haben, schließlich würde er sein Geld auch in den gemeinsamen Topf legen. Die Frau bleibt jedoch dabei: »Ich brauche diese Sicherheit, ich will es so und nicht anders. Das Geld bedeutet für mich Unabhängigkeit, und wenn es im gemeinsamen Topf ist, kann ich nicht darüber verfügen.«

Der Mann begreift allmählich, dass seine Frau auf diese Weise ihr Autonomieproblem löst. Aufgrund ihrer Geldreserve kann sie sich unabhängig fühlen. Er gibt nach und geht sogar noch weiter: Entgegen ihrem Vorschlag behält er das Geld vom Verkauf seines Hauses nicht für sich, sondern überweist es auf das gemeinsame Konto. Er meint, im Falle einer Trennung könne man das ja wieder auseinanderdividieren. Seine Frau zeigt sich davon berührt, bleibt aber bei ihrer Entscheidung.

Die Logik des Liebesbereichs ist hier insofern gedehnt, als der Mann mehr zum Hauskauf beiträgt als seine Frau und sie Geld für sich behält, wodurch es nicht zu einem Leistungsausgleich kommt. Die partnerschaftliche Logik ist aber nicht gebrochen, weil das Geld nicht dem Partner zuliebe gegeben wird (Freundesgeld) und auch nicht geschenkt wird (Liebesgeld). Zudem ließen sich die unterschiedlichen Beiträge der Partner im Falle einer Trennung nachträglich bestimmen und wieder voneinander trennen. Warum hat der Konflikt die beiden nicht entzweit, sondern sie womöglich einander nähergebracht? Weil die Bereitschaft vorhanden war, die individuelle Bedeutung von Geld zu erkennen und zu berücksichtigen.

Die individuelle Bedeutung von Geld ist nicht rational bestimmt, sondern durch Lebenserfahrungen, die sich tief ins

Denk- und Fühlsystem der Betreffenden eingegraben haben. Von dort aus produzieren sie emotional verdichtete Geldbedeutungen. Unterschiedliche »Geldstile« sind nur schwer und meist nur über lange Zeiträume hinweg zu verändern. Daher bleibt einem Paar kaum etwas anderes übrig, *einen für beide Partner akzeptablen Umgang* damit zu finden, anstatt sie ändern zu wollen.

Ein Paar lernt sich kennen, als beide knapp über 50 Jahre alt sind. Die Frau verfügt über Geld, der Mann lebt von Hartz IV, seit er mit seinem Unternehmen pleitegegangen ist. Aber diese unterschiedliche finanzielle Lage ist für die beiden kein Problem. Sie sagen: »Schließlich haben wir schon ein Leben gelebt, bevor wir uns kannten. In unserem Alter muss jeder seine finanzielle Lage selbst verantworten.« Der Mann meint: »Mir bedeutet Geld nach meiner Pleite nicht mehr viel. Ich habe lange Zeit Geld gehabt, besser ging es mir damals auch nicht.« Die Frau hingegen meint: »Ich habe mein Geld nicht leicht verdient und stets sehr darauf geachtet. Es bedeutet mir viel, und ich will es nicht teilen.« Die beiden halten ihr Geld getrennt. Auch als ihm das Geld fehlt, seine kleine Wohnung zu renovieren, fragt er sie nicht, und sie bietet ihm auch keines an. Nur manchmal, wenn die Frau etwas finanziell Aufwendiges mit ihrem Freund erleben will wie beispielsweise Essengehen oder eine Reise, lädt sie ihn ein. Wenn er sich gerade danach fühlt, nimmt er die Einladung an, und wenn er ablehnt, akzeptiert sie das.

Was geschähe, wenn keiner die Einstellung des anderen zum Geld akzeptieren würde? Dann würde er verlangen, dass sie ihr Geld hergibt, oder sie würde verlangen, dass er etwas dazuverdient, und damit wäre der Boden für endlose Konflikte bereitet. Die Partner dehnen hier – weil die Frau nicht teilen will – die Teilhabelogik, indem sie Geld aus der freundschaftlichen Ebene weitgehend verbannen. Der freundschaftliche Kontakt wird dadurch aber nicht gebrochen, weil sie einander auf nicht ökonomische Weise unterstützen.

Grundsätzlich ist es nicht leicht, sich auf einen guten Umgang mit unterschiedlichem Geldverhalten zu einigen. Damit die individuelle Bedeutung von Geld berücksichtig werden kann, müssen sich die Partner Einblick in Gefühlswelten geben. Das Ziel dieses Austauschs ist Empathie. Es geht also nicht, wie Partner oft meinen, »nur« um eine »Sache«, sondern um Ängste, Hoffnungen, Sehnsüchte, um Zwänge und Verbote.

Ein Paar macht gemeinsame Kasse und vereinbart, dass jeder für sich nehmen soll, was er für nötig hält. Die Frau hat kein Problem, Geld für sich auszugeben, der Mann hingegen bezeichnet sich als sparsam. Seine Frau findet, dass er geizig sich selbst gegenüber ist. Er beobachtet einige Jahre, wie sie es sich gut gehen lässt, und fühlt sich zunehmend benachteiligt. Deshalb fordert er, sie solle weniger für sich ausgeben. Sie kontert, er solle stattdessen mehr für sich nehmen. Er schafft das nicht und erklärt: »Wenn ich etwas für mich ausgebe, habe ich immer das Gefühl, dir etwas wegzunehmen. Es ist, als ob ich kein Recht hätte, etwas für mich zu beanspruchen.«
Der biografische Hintergrund erklärt die verschiedenen Geldstile der beiden: Die Frau kommt aus einer Familie, in der Geld vorhanden war und gern ausgegeben wurde, der Mann lebte mit seinen Geschwistern und der alleinerziehenden Mutter in finanziell sehr beengten Verhältnissen. Der Mann sagt: »Jede Mark, die meine Mutter für uns ausgab, hat sie sich vom Mund abgespart, das hat uns ein schlechtes Gewissen gemacht. Irgendwie habe ich nicht das Recht, etwas für mich zu wollen.«
Die Frau versteht sein Problem. Es besteht darin, dass er nicht in die gemeinsame Kasse greifen möchte. Die beiden lassen

die gemeinsame Kasse bestehen, richten aber für jeden ein eigenes Konto ein, auf das sie monatlich identische Beträge einzahlen. Von nun an weiß jeder, wie viel ihm zur Verfügung steht und was er für sich noch ausgeben kann, ohne den Partner zu beeinträchtigen. Der Mann gibt jetzt zwar mehr für sich aus, und er tut es mit gutem Gewissen, dennoch sammeln sich bei ihm innerhalb von zwei Jahren mehrere Tausend Euro an. Er stellt fest, dass er mit dem Geld nichts Sinnvolles anstellen kann, und er möchte nicht mutwillig Geld ausgeben. Die beiden lösen die getrennten Konten wieder auf. Ihm macht es jetzt nichts mehr aus, wenn seine Frau mehr für sich ausgibt; und es fällt ihm leichter, sich etwas zu gönnen.

Das Beispiel zeigt, dass es mit kommunikativem Aufwand verbunden sein kann, das Geldverhalten des Partners zu verstehen. Beide mussten von ihren Gelderfahrungen aus der Kindheit erzählen und beim Zuhören Empathie beweisen. Auf dieser emotionalen Grundlage wurde die Lösung in der »Sache« möglich. Die Logik des Geldes wurde in diesem Beispiel gedehnt, weil die Partner sich gleiche Beträge auszahlten und so ihr Freundesgeld zählten. Dennoch wurde die Teilhabelogik nicht gebrochen, weil die Lösung die Frau nicht einschränkte (ihr nichts Schlechtes tat), dem Mann aber Möglichkeiten zur Verfügung stellte, sich Gutes zu tun.

Auch im nächsten Beispiel wirkt sich die Lebenseinstellung der Partner auf das Geldverhalten aus, aber es gelingt dem Paar, füreinander Verständnis aufzubringen und in finanzieller Hinsicht eine akzeptable Lösung zu finden.

Das Paar ist seit acht Jahren verheiratet, beide sind Ärzte, sie haben sich im Studium kennengelernt und noch vor dessen Abschluss geheiratet. Die Frau bezeichnet sich als risikoscheu und hat sich für eine feste Anstellung in einem Krankenhaus entschieden. Der Mann hat eine Praxis gegründet und sich dafür verschuldet. In der Anfangszeit verdiente sie mehr, später liegt er weit vorn. Die unterschiedlichen Arbeits- und Urlaubszeiten belasten die Beziehung von Anfang an, die unterschiedlichen Einkommen tun das nicht. Warum? Weil die beiden sich vor der Eheschließung über ihre unterschiedlichen Berufsziele verständigten. Sie wusste um die Bedeutung, die berufliche Unabhängigkeit für ihn hatte, und er wusste, wie wichtig das Sicherheitsgefühl für sie war, das eine Anstellung ihr vermittelte. Die beiden kamen überein, sich gegenseitig abzusichern. Sie würde das »sichere« Geld verdienen, er das »viele« Geld.

Individuelle Bedeutungen von Geld zu berücksichtigen ist möglich, und die Lösungen sind von Paar zu Paar verschieden. Aber immer muss man, das wäre das Fazit dieses Abschnitts, miteinander sprechen über Geld, dessen Bedeutungen und den Umgang damit.

Über Beziehungsgeld lässt sich sprechen

Das Thema Geld gehört, darin sind sich die meisten Wissenschaftler und Psychologen einig, zu den bedeutendsten und zähesten Konfliktthemen in Paarbeziehungen. Allgemein wird es als Tabuthema bezeichnet. Paare meiden dieses Thema, weil sie nicht wissen, wie sie es anpacken können, ohne ihre Liebe infrage zu stellen und ihrer Beziehung zu schaden.

So betont die Soziologin Jutta Allmendinger: »Geld ist sogar stärker tabuisiert als Sex. Es hat uns in den Interviews selbst überrascht, dass Paare mit großem Vergnügen stundenlang über ihre Sexualität sprechen konnten, während ihnen in finanziellen Fragen oft die Worte fehlten.«[20]

Wenn fürs Geld die Worte fehlen

Diese Scheu, über Geld zu sprechen, ist nachvollziehbar; und die Bemerkung, dass Paaren in finanziellen Dingen oft »die Worte fehlen«, darf man getrost wörtlich nehmen. Normalerweise stehen Partnern lediglich zwei Begriffe zur Verfügung, um das Thema zu handhaben. Das sind die Wörter »Liebe« und »Geld«. Was lässt sich mit diesen Begriffen begreifen? Nicht viel, denn heutzutage sind Paarbeziehungen komplex. Das Wort »Liebe« reicht längst nicht mehr aus, um den jeweiligen Zweck einer Paarbindung und das dazu nötige Verhalten zu beschreiben; Gleiches trifft für die Verwendung des Wortes »Geld« in Paarbeziehungen zu.

Dieses Begriffsdilemma lässt sich an einer Frage aufzeigen, die in Bezug auf Paarliebe immer wieder gestellt wird. Sie lautet: »Was braucht es für die Liebe? Gilt der Grundsatz ›Gleich und gleich gesellt sich gern‹ oder ›Unterschiede ziehen sich an?‹ Bei der Frage, ob Gleichheit oder Unterschiedlichkeit der Paarliebe guttun, winden sich Fachleute gewöhnlich und meinen »Sowohl als auch« oder »Es kommt darauf an«. Das erklärt fast nichts. Worauf genau kommt es an, und wie viel von welchem ist wann nötig? Die fragenden Partner stehen so klug als wie zuvor da.

Wenn man von »der Liebe« spricht, ist die Frage nicht klar zu beantworten. Differenziert man das Phänomen Liebe hingegen, dann hat man klare Begriffe zur Verfügung. Dadurch erhellen sich die Zusammenhänge, denn nun kann man sagen:

- Für die *partnerschaftliche* Liebe gilt der Grundsatz »Gleich und gleich gesellt sich gern«, weil die Partner in diesem Beziehungsbereich an einem Strang ziehen und es sich bei gemeinsamen Projekten nicht empfiehlt, in verschiedene Richtungen zu zerren.
- Für die *freundschaftliche* Liebe sind sowohl Gemeinsamkeit als auch Unterschiedlichkeit wichtig, weil Freunde einerseits gleiche Weltsichten teilen, andererseits aber von ihren Wesensunterschieden fasziniert sind.
- Für die *emotional-leidenschaftliche* Liebe gilt der Grundsatz »Unterschiede ziehen sich an«, weil Begehren und Erotik davon leben, den Abstand zu überwinden, der sich aus der Verschiedenheit, also aus der psychischen Getrenntheit der Partner ergibt.

Man sieht: Über Liebe lässt sich besser reden, wenn man entsprechende Begriffe zur Verfügung hat. Die drei hier präsentierten Begriffe der partnerschaftlichen, freundschaftlichen und emotional-leidenschaftlichen Paarliebe ermöglichen eine solche differenzierte Betrachtung des Phänomens Liebe.

Gleiches gilt für das Geld. Wenn man in Paarbeziehungen lediglich mit dem Begriff »Geld« hantiert, lässt sich wenig damit anfangen. Denn Geld ist grundsätzlich unpersönlich und gehört in den Geschäftsbereich. Sobald es den Boden der Paarbeziehung betritt, kann es seinen Namen »Geld« nicht behalten, es wird zu Beziehungsgeld in seinen drei Formen. In jeder Beziehungsform entfaltet es eine unterschiedliche Wirkung, weshalb man auch unterschiedlich damit umgehen muss. Eine differenzierte Betrachtung von Geld in Paarbeziehungen wird daher erst möglich, wenn das Geld in Geschäftsgeld einerseits und in Beziehungsgeld andererseits – in Partnergeld, Freundesgeld und Liebesgeld – unterschieden wird.

Über Geld sprechen und die Liebe intakt lassen

Die Unterscheidung nach Liebes- und Geldarten innerhalb einer Paarbeziehung ist meiner Ansicht nach unerlässlich. Wie sonst sollen Partner auf zugleich liebevolle und klare Weise mit dem Thema umgehen? Das lässt sich an einer Situation erläutern, von der viele Paare betroffen sind und die ich in Beispielen bereits angesprochen habe.

Wenn ein Paar ein Kind in die Welt setzt, dann wird meist der besser verdienende Partner seinen Job weiter ausbauen, und der Partner mit dem geringeren Einkommen wird sich mehr um Haushalt und Kind kümmern. Der eine Partner verzichtet also auf Beförderung und Einkommen, während der andere seine berufliche Karriere weiter verfolgt und geldwerte Vorteile erwirbt. Was tun?

Statistiken zeigen, dass in vielen Partnerschaften große »geldwerte« Beiträge in Form von Hausarbeit und Kinderbetreuung geleistet werden, ohne dass diese jemals ausgeglichen werden. Meist wird die unbezahlte Arbeit von Frauen geleistet, aber nicht thematisiert. Dahinter steht die Scheu, als jemand zu erscheinen, der mehr rechnet als liebt.

Wie könnte ein Paar über dieses Thema sprechen, ohne seine Liebe zu beschädigen? Wie kann einer den Leistungsausgleich fordern, ohne als lieblos dazustehen? Und wie kann verhindert werden, dass einer Vorteile in Anspruch nimmt und sich dabei auf Liebe beruft? Schauen wir uns an, welches Bild sich ergibt, wenn man die geldwerte Leistung einer der drei Geldformen zuordnet.

Die Themen »Einkommen« und »Kinder« gehören in den partnerschaftlichen Bindungsbereich – es geht dabei um die Regelung des gemeinsamen Familienprojektes. Bei Hausarbeit und Kinderbetreuung geht es weder um Liebesgeld (»Ich verzichte auf Karriere, um dir meine Liebe auszudrücken«) noch um Freundesgeld (»Ich verzichte auf Karriere, um dir etwas Gutes zu tun«), sondern um Partnergeld (»Das ist mein Beitrag zu unserem Familienprojekt«).

Wenn die Partner um die Logik partnerschaftlicher Liebe wissen, ist beiden klar, dass es hier auf Leistungsausgleich ankommt. Jeder gibt sein Bestes: Der eine kümmert sich zeitweise mehr um den familiären Innenbereich, der andere mehr ums Geldverdienen. Beim Leistungsausgleich darf kein Vorteil für einen Partner entstehen und kein Nachteil für den anderen. Jede Vorteilnahme, auch eine zukünftige, wie sie sich aus Karrierevorteilen ergibt, *verstößt gegen die partnerschaftliche Liebe*. Dem Partner, der auf ein Stück Karriere verzichtet, steht daher zukünftig ein geldwerter Ausgleich zu. Diesen Ausgleich kann der Verzichtende aber weder erwarten noch ersehnen, er muss ihn fordern, darüber verhandeln und einen Vertrag abschließen. Wie jeder Ehevertrag braucht dieser eine notarielle Form.

Mit Verwendung des Begriffs »Partnergeld« hat sich der

Betrachtungswinkel umgedreht. Jetzt wird klar: Derjenige, der sich weigert, die Leistungen seines Partners auszugleichen, verhält sich lieblos – und nicht etwa derjenige, der nachrechnet und den Ausgleich verlangt. Wer den Leistungsausgleich verweigert, mag auf »schräge« Weise freundschaftliche oder emotional-leidenschaftliche Liebe ins Feld führen, aber er kann sich keinesfalls auf partnerschaftliche Liebe berufen. Das Problem ist ein partnerschaftliches, es ist nur auf der partnerschaftlichen Ebene durch Leistungsausgleich zu lösen.

Wenn Partner anhand der Begriffe »Partnergeld« und »partnerschaftliche Liebe« mit dem Thema umgehen, bleiben die freundschaftliche und die emotional-leidenschaftliche Liebe davon unberührt. Ihre Auseinandersetzung stellt dann nicht »die Liebe« infrage, sondern beschränkt sich auf einen (wichtigen) Bereich der Beziehung. Wenn sie darüber hinaus wissen, dass ein »schräger« Umgang mit Geld ihre Beziehung schädigt, fällt es umso leichter und scheint es umso richtiger, das Thema aufzugreifen.

Indem man über eine bestimmte Art von Geld spricht, spricht man nie über die ganze Liebe!

Wer die drei Begriffe Partnergeld, Freundesgeld und Liebesgeld benutzt, kann die Lage erstens leichter ansprechen und zweitens schneller ordnen. Denn er stimmt zu, dass die Liebesarten und die dazu gehörigen Geldarten getrennt voneinander behandelt werden müssen.

Ein Schema zum Aufgreifen von Geldthemen

Wie sieht das Sprechen über Geld praktisch aus? Wenn ein Paar das Schweigetabu brechen und sich über Geld auseinandersetzen möchte, braucht es lediglich folgende vier Schritte zu gehen.

1. Das Thema aufgreifen.
2. Das Geld definieren und sich über den Umgang damit auseinandersetzen.
3. Individuelle Bedeutungen des Geldes berücksichtigen.
4. Eine für beide akzeptable Lösung formulieren.

Schauen wir uns diese Schritte anhand eines Beispiels an.

1. Schritt: Das Thema aufgreifen

Das Thema zu benennen und aufzugreifen ist der erste Schritt. Das hört sich einfach an, ist es aber nicht in jedem Fall. Vor allem dann, wenn eine bestehende Routine im Umgang mit Geld verändert werden soll, kann es schon ein Angang sein zu sagen: »Wir müssen über etwas sprechen … über Geld.« Es ist dennoch möglich – und es sollte möglichst geschehen, bevor das betreffende Geld fließt.

> Das Paar macht getrennte Kasse und möchte in Urlaub fahren. Der Mann wünscht sich eine Fernreise, seine Freundin hat dafür kein Geld. Er bietet nun an: »Ich gebe dir das Geld.« Die Frau zögert, sie sagt: »Nett von dir, aber darüber müssen wir erst einmal reden.«

Das Thema liegt nun auf dem Tisch. Die Auseinandersetzung zum Umgang damit kann beginnen.

2. Schritt: Das Geld definieren und sich über den Umgang damit auseinandersetzen

Die Frau zögert. Da sie nicht weiß, um welches Geld es sich handelt, weiß sie auch nicht, was von ihr erwartet wird.

- Ist es Partnergeld? Dann stünde dem Partner ein Ausgleich dafür zu. Dann müsste sie fragen: »Was willst du dafür haben?«, und er müsste seine Forderung offenlegen. Sie würde zustimmen oder aber sagen: »Ich will mir keine weiteren Verpflichtungen auferlegen«, und das Geld ablehnen.
- Ist es Freundesgeld? Dann würde der Mann ihr einen Gefallen tun wollen, und beide müssten Abmachungen bezüglich des Geldes treffen. Dann würde sie vielleicht fragen: »Bis wann brauchst du das Geld zurück?«, und er könnte antworten: »Anfang nächsten Jahres«, oder er sagt: »Zahl es zurück, wenn du es hast.« Die Frau könnte dann sagen, ob sie diese Unterstützung annimmt oder nicht.
- Ist es Liebesgeld? Dann würde die einfache Frage der Frau genügen: »Was für ein Geld ist es?«, und der Mann (sinngemäß und in seinen Worten) antwortet: »Es ist Liebesgeld!« Dann wäre klar: Es ist geschenktes Geld! Die Frau könnte dann entscheiden, ob sie das Geschenk annimmt oder nicht.

Der zweite Punkt »Das Geld definieren« ist der zentrale Teil beim Sprechen über Beziehungsgeld. Wer definiert das Geld? Gibt es hierfür objektive Kriterien? Ich habe dazu zwar etliche Anhaltspunkte geliefert, aber letztlich definieren die Partner das Geld selbst – und niemand anderes.

Beziehungsgeld gewinnt seinen Namen aus der Absicht, die dahintersteht. Daher können nur die Partner selbst es definieren.

Dazu soll jeder Partner schildern und begründen, um welches Geld es sich seiner Ansicht nach handelt. Bestehen unterschiedliche Auffassungen darüber, können die jeweiligen Sichtweisen dargelegt werden. Sinnvolle Anregungen zur passenden Einordnung ergeben sich aus den zahlreichen Beispielen in diesem Buch. Wichtig ist, dass sich das Paar letztlich auf die Geldform einigt, um die es gerade geht.

Wenn das Geld definiert ist, ergibt sich der passende Umgang damit. Bei der Auseinandersetzung darüber sollte man grundsätzlich Folgendes beachten:

- Wenn sich die Partner darüber einig sind, dass es sich um Partnergeld handelt, verhandeln sie den Ausgleich von Leistungen und schließen einen fairen Vertrag ab.
- Wenn es sich um Freundesgeld handelt, treffen sie passende Absprachen. Diese müssen für beide Seiten »gut« sein.
- Wenn es um Liebesgeld geht, sprechen sie das aus. Dann ist klar: Es wird von der einen Seite geschenkt, von der anderen Seite genommen, ohne dass eine Verpflichtung damit verbunden ist.

Für das obige Beispiel hieße das:

> Der Mann erklärt, es handle sich für ihn eindeutig um Liebesgeld, er gebe ihr weder einen Kredit, noch tue er das ihr zuliebe, er wolle ganz einfach eine tolle Zeit mit ihr haben. Er sagt: »Ich will endlich mal wieder zwei Wochen von früh bis spät mit dir zusammen sein, ausschlafen, schwimmen gehen, Hand in Hand mit dir bummeln und …« Die Frau will das alles auch, aber dennoch zögert sie, sein Geschenk anzunehmen.

Das Zögern wird individuelle, emotionale Gründe haben, die in den Umgang mit dem Thema einbezogen werden sollten.

3. Schritt: Individuelle Bedeutungen von Geld einbeziehen

Individuelle Bedeutungen können die Partner einbeziehen, indem jeder ausführlich und in Ruhe schildert, was für ihn mit dem Geld an Empfindungen und (möglicherweise) Befürchtungen verbunden ist. Dabei werden keine »Wahrheiten« verkündet, sondern Gefühle und Einstellungen geäußert. Ziel ist, dass jeder Partner nachfühlen kann, was der andere schildert. Die Betonung liegt auf »nachfühlen«, nicht auf »verstehen« oder »akzeptieren«. Jeder soll sehen, wie es beim anderen *ist*, und das so stehen lassen.

Die Frau kann nicht zusagen, weil sie ein ungutes Gefühl dabei habe, ihm etwas schuldig zu sein. Es falle ihr schwer, das Geld anzunehmen, weil sie ihm nichts zurückgeben könne. Der Mann besteht aber darauf und meint: »Du brauchst mir nichts zu geben, es reicht, wenn du gern mit mir im Urlaub bist.« Er macht ihr nochmals klar, dass es sich für ihn um Liebesgeld handelt und dass sie zu nichts verpflichtet ist. »Ich tue dir keinen Gefallen, ich mache das, weil ich eine schöne Zeit mit dir verbringen will. Ich sehne mich danach.«

Die Frau kann seine Sehnsucht nachfühlen, ihr geht es ähnlich, und sie ist nun bereit, sein Geschenk anzunehmen. Dabei hilft ihr die Bemerkung des Mannes: »Es reicht, wenn du gern mit mir in Urlaub bist.« Damit macht er klar, dass sie sein Geschenk erwidert, indem sie sein Geld annimmt und mit ihm in Urlaub fährt. Er schenkt Geld, sie schenkt Zeit und Zuwendung, beide erfüllen sich Sehnsüchte.

Der Ablauf verdeutlich, dass sich im Laufe der Auseinandersetzung ums Geld – damit ist kein Streit gemeint, sondern eine Darstellung beider Seiten und ihrer Positionen – die Gefühle der Beteiligten ändern können. Gefühle, auch solche, die sich aus individuellen Geldbedeutungen ergeben, sind nicht in Zement gegossen. Was einer äußert und zeigt, kann Deutungen und Gefühle auf der anderen Seite verändern und umgekehrt.

Schritt 4: Eine Lösung formulieren

Die Sache ist nun geregelt, und es ist kaum zu erwarten, dass dieses Geld in Zukunft noch Probleme bereiten wird. Sollte sich der Mann dennoch später mit Hinweis auf das Urlaubsgeschenk an anderen Punkten Vorteile verschaffen wollen, kann die Frau das mit dem Hinweis ablehnen, dass sie weder eine Leistung noch eine Unterstützung angenommen hat, sondern ein Geschenk. Geschenkt ist geschenkt!

Die Lösung zu finden hat das Paar gerade einmal zehn Minuten gekostet. Es ging so schnell, weil es sich um ein Thema von mittlerer Bedeutung handelte. Generell gilt: Je existenzieller ein Thema ist, desto mehr Zeit braucht die Lösung.

Die Geldform definieren

Ich habe betont, dass die Partner selbst die jeweilige Geldform definieren. Das ist allerdings kein Akt schlichter Verkündung der einen oder anderen Seite. Es kommt darauf an, sich auf eine gemeinsame Definition zu einigen. Die passende Geldform offenbart sich daher oft erst im Verlauf des Versuchs, das Geld zu definieren. Das möchte ich anhand weiterer Beispiele zeigen, die hier natürlich verkürzt dargestellt werden.

Beispiel 1:
Ein Paar möchte ein Haus kaufen. Die beiden machen getrennte Kasse, teilen sich aber die Lebenshaltungskosten. Er verdient wesentlich mehr, die Frau hat eine größere Summe Geld geerbt. Sie sind sich einig, dass das Haus beiden zu gleichen Teilen gehören soll. Verfolgen wir die Auseinandersetzung.

Er: Wir schmeißen einfach alles zusammen, du dein Geerbtes, ich, was von meinem Gehalt übrig bleibt.
Sie: Wer sagt denn, dass genug von deinem Verdienst übrig bleibt, um die Hälfte zu bezahlen?
Er: Das wird sich schon ausgleichen.
Sie: Und wenn nicht? Dann habe ich vielleicht drei Viertel bezahlt, mir gehört aber nur die Hälfte.
Er: Na und? Jeder gibt, was er kann. Wir sind doch ein Paar.
Sie: Warum machen wir dann getrennte Kasse? Darauf hast du am meisten Wert gelegt.
Er: Stimmt.
Sie: Willst du denn zukünftig gemeinsame Kasse machen? Ein Konto für uns beide?
Er: Nein.
Sie: Dann muss jeder den gleichen Betrag aufbringen.
Er: Leihst du mir das Geld für die Anzahlung?
Sie: Getrennte Kasse ist getrennte Kasse. Du kannst ja einen Kredit aufnehmen. Wenn du keinen bekommst, reden wir noch mal drüber, aber dann will ich eine Sicherheit.
Er: Gut, ich werde mit der Bank sprechen.

Auch ohne, dass es ausgesprochen wurde, hat sich im Lauf der Auseinandersetzung herausgestellt, dass es für diese beiden ausschließlich um Partnergeld geht. Das zeigt sich schon daran, dass sie verhandeln und einen Ausgleich sicherstellen wollen. Wer verhandelt, tritt nicht als Freund auf und auch nicht als Liebhaber, sondern als Partner.

Beispiel 2:
Bei einem verheirateten Paar möchte die Partnerin ein einjähriges Sabbatical einlegen. Beide arbeiten, sie machen gemeinsame Kasse.

Er: Wenn ein Jahr lang dein Verdienst fehlt, kann das knapp werden.
Sie: Wir haben doch Geld gespart, davon können wir notfalls etwas nehmen.
Er: Wozu ist das überhaupt nötig? Ich arbeite ja auch durch.
Sie: Ich fühle mich ausgelaugt, mir fehlt momentan die Kraft, den Job durchzuziehen.
Er: Ich weiß, du machst in letzter Zeit keinen guten Eindruck.
Sie: Die Auszeit würde mir sehr guttun.
Er: Wem nicht, mir auch.
Sie: Brauchst du das Geld denn?
Er: Nein, ich brauche es nicht, vielleicht später mal. Aber wenn du es wirklich brauchst, mach es.
Sie: Wenn wir finanziell nicht klarkommen, verkürze ich das Sabbatical auf ein halbes Jahr, das hilft mir dann auch schon.

In diesem Fall handelt es sich eindeutig um Freundesgeld. Das zeigt sich daran, dass die Partner weder verhandeln noch Beträge oder Leistungen gegeneinander aufrechnen. Sie sind mit Teilhabe beschäftigt. Der Mann tut seiner Frau Gutes, und dafür darf er zukünftig gute – nicht unbedingt materielle – Taten seitens seiner Frau erwarten. Eine andere Gelddefinition würde sich ergeben, wenn der Partner für seine Zustimmung eine Gegenleistung fordert. Wenn er beispielsweise sagt: »Mach das, aber dann ist für mich der große BMW drin.« In dem Fall würde es sich um Partnergeld handeln, weil es nicht um Unterstützung geht, sondern um Leistungsausgleich im Sinne von »Wenn du den BMW mitbezahlst, bezahle ich dein Sabbatical mit«.

Beispiel 3:
Ein unverheiratetes Paar möchte nach vier Jahren des Getrenntwohnens zusammenziehen. Beide verdienen mittelmäßig. Der Mann hat mehr Geld auf dem Konto, seine Freundin jobbt, sie kann nur einen Teil der Umzugs- und Einrichtungskosten aufbringen.

Er: Macht nichts, ich bezahle das.
Sie: Wie, was soll das heißen? Du schenkst das Geld?
Er: Nein, ich strecke es vor. Du zahlst deinen Anteil später.
Sie: Ich weiß aber nicht, ob ich das kann.
Er: Ist doch egal. Ich werde nicht verhungern, wenn ich die 5000 Euro nicht zurückbekomme.
Sie: Ich will aber nichts geschenkt haben.
Er: Gut. Wenn du es nicht bezahlen kannst, gehören die Möbel mir.
Sie: Ich werde dir jeden Monat etwas geben, bis wir quitt sind. Dann gehören die Möbel uns beiden.
Er: Einverstanden.

Auch in diesem Fall handelt es sich um Freundesgeld. Der Mann leiht das Geld, und die beiden treffen eine Abmachung bezüglich der Rückzahlung. Es ist kein Partnergeld, weil keine Forderungen damit verbunden werden, und es ist kein Liebesgeld, weil die Frau nichts (kein Geld) geschenkt haben möchte. Würde der Mann beispielsweise fordern: »Ich bezahle das, dafür übernimmt du zukünftig den Abwasch«, würde sich das Geld aufgrund des Leistungsausgleichs in Partnergeld verwandeln.

In diesen letzten Beispielen stand vor der Auseinandersetzung nicht fest, um welches Geld es sich handelt. Das ist durchaus normal. Die Geldform stellte sich erst anhand des Umgangs heraus, den jeder Partner im Sinn hatte, und anhand der Einigung, die schließlich gefunden wird. Anhand der Einigung zeigt sich dann ebenfalls, auf welcher Beziehungsebene sich die Partner an diesem Punkt begegnen. Anders gesagt: Es zeigt sich, wo die Beziehung hinsichtlich des auf dem Tisch liegenden Themas tatsächlich stattfindet.

Chancen und Risiken der Thematisierung von Geld

Die Auseinandersetzung über Geld offenbart, auf welcher Beziehungsebene die Partner zusammenkommen. Insofern birgt das Reden über Geld sowohl Risiken als auch Chancen.

Eine wesentliche Befürchtung, die dem Reden über Geld im Wege steht, lautet, dass man dadurch die Liebe dämpfen würde. Die Frage ist allerdings, ob man Distanz *schafft*, indem man über Geld redet, oder ob man lediglich eine Distanz, die sowieso besteht, *offenlegt*. Wer Angst hat, der »Wahrheit« der Beziehung ins Gesicht zu sehen, der meidet das Thema Geld. Wer das Thema anpackt, bringt den Mut auf, die Beziehung so zu sehen, wie sie ist.

Insofern kann man viele Ideen von Liebe und Beziehung im Kopf haben, aber was davon real trägt, was belastbar ist, das stellt sich oft erst heraus, wenn über Geld gesprochen wird. So wie im nächsten Beispiel.

Das Paar ist seit zwei Jahren zusammen. Die Frau verdient netto 6000 Euro, ihr Freund 2500. Sie möchte nun mit dem Freund zusammenwohnen und schlägt vor, eine große Wohnung zu mieten und sich die Miete zu teilen. Die Miete betrüge 1500 Euro. Der Mann will sich diese Miete nicht leisten, weil ihm nur wenig Geld übrig bliebe; er wäre auch mit einer kleinen Wohnung zufrieden. Sie schlägt nun vor, ihm das Geld zu leihen, er müsse es aber zurückzahlen. Er findet das merkwürdig. Warum sollte er für eine große Wohnung zahlen, obwohl er keine große Wohnung möchte? Sie argumentiert, sie habe sich für ihre Karriere im Vertrieb sehr angestrengt, während er mit seinem bequemen Job als Sachbearbeiter zufrieden sei. Da könne er nicht von ihr verlangen, dass sie den Hauptteil der Miete übernehme und er von ihr und dem Luxus profitiere. Nach dieser Auseinandersetzung ist der Mann enttäuscht und verärgert und nicht mehr bereit, mit seiner Freundin zusammenzuziehen.

Was ist hier klar geworden? In der Auseinandersetzung ums Thema Geld hat sich gezeigt, dass die Frau mit ihrem Freund keine Partnerschaft eingehen, sondern lediglich eine Wohngemeinschaft gründen will. Zudem möchte sie ihm einen Kredit geben. Das von ihr als Kredit angebotene Geld ist unpersönliches Geld. Darüber hinaus wirft sie ihm indirekt vor, er sei in beruflicher Hinsicht bequemer als sie und wolle von ihrem Fleiß profitieren. Auch damit hat sie ihm gesagt, dass sie ihn nicht als gleichwertigen Partner ansieht und seine berufliche Tätigkeit nicht respektiert. Der Mann hat verstanden, dass er in ihr keine Partnerin hat. Die Beziehung wird erst einmal auf der Ebene freundschaftlicher und emotionalleidenschaftlicher Verbindung weitergeführt, also auf eine reale Grundlage gestellt.

Beim Thema Geld kommt schnell »die Wahrheit« ans Licht – die Wahrheit über die Beziehung. Dabei stellt sich womöglich heraus, dass die Beziehung nicht so umfassend ist, wie einer oder sogar beide Partner das glauben: dass es wenig Ausgleich, wenig Teilhabe oder wenig Geschenke gibt. Aber natürlich kann sich auch das Gegenteil herausstellen, nämlich dass die Partner einen besseren Umgang mit Geld finden, als sie das für möglich hielten.

Die Wahrheit über die Beziehung

Ich möchte diesen wichtigen Punkt an einem konstruierten Beispiel verdeutlichen, das ich auf verschiedene Weise durchspiele.

Die Ausgangslage ist folgende: Das Paar ist seit zwei Jahren zusammen, nicht verheiratet, getrennte Wohnungen, beide arbeiten und führen getrennte Kassen. Die Frau hat eine siebenstellige Summe geerbt, diese liegt auf einem Tagesgeldkonto. Der Mann möchte sich nun eine ganz bestimmte Eigentumswohnung kaufen, die an einem Kanal im Stadtgebiet liegt. Ihm fehlen jedoch 50 000 Euro an Eigenkapital, um von der Bank einen Kredit zu bekommen.

Der Mann möchte sich das Geld von seiner Freundin leihen und bietet ihr an, sie zur Sicherheit ins Grundbuch aufzunehmen. Sie sagt sehr deutlich: »Nein, ich will das nicht. Ich möchte Liebe und Geld trennen.« Er nimmt das bedauernd hin, die Wohnung geht an jemand anderen.

Was zeigt sich in diesem Fall? Die Frau sagt, ohne das auszusprechen: »Ich möchte dir keinen Gefallen tun, ich möchte dich nicht unterstützen, ich möchte dich nicht an meinem Wohlstand teilhaben lassen. Ich möchte auch keinen Vertrag mit dir abschließen, selbst wenn der mir materielle Sicherheit gäbe. Kurzum: Es ist mir gleichgültig, ob du die Wohnung bekommst oder nicht.« An diesem Punkt zeigt die Frau weder eine partnerschaftliche noch eine freundschaftliche Verbundenheit. Der Mann nimmt das zwar hin, fühlt sich verständlicherweise aber »hängen gelassen«. Die Paarbeziehung erweist sich im Hinblick auf das Thema als eine rein emotional-leidenschaftliche Bindung, in der Nähe und Erotik vorkommen, in der das Thema Geld aber sowohl auf der partnerschaftlichen als auch auf der freundschaftlichen Ebene ausgeschlossen ist.

Es könnte auch anders kommen:

> Die Frau weiß vom Wunsch ihres Freundes und bietet ihm das Geld an. Der Mann hat Probleme, das Angebot einfach so anzunehmen; er möchte nicht das Gefühl haben, in ihrer Schuld zu stehen. Er will wissen, was ihr Vorschlag bedeutet. Sie sagt, es würde sich ja nicht wirklich um ein Geschenk handeln, er könne ihr das Geld zurückgeben, wenn er es habe; außerdem sei ihr Erbe ja auch ein Geschenk gewesen, und sie würde nicht arm werden, wenn er die Rückzahlung nicht schaffe. Der Mann stimmt jetzt zu.

Was zeigt sich in diesem Umgang? Die Frau hat ihm angeboten, das Geld als Freundesgeld oder Liebesgeld zu sehen, je nachdem, wie sich seine finanzielle Situation entwickelt. Die Beziehung erweist sich im Hinblick auf das Thema jedenfalls als sehr freundschaftlich, weil die Frau in erster Linie den Traum ihres Partners unterstützen möchte. Sollte er das Geld später als Liebesgeld annehmen, würde das auch kein Problem darstellen; dann würde sie sich darüber hinaus als emotional-leidenschaftliche Beziehung erweisen.

Es könnte noch anders kommen:

> Die Frau lässt sich auf den Vorschlag ein, ins Grundbuch eingetragen zu werden. Die Regelung wird notariell beglaubigt. Gleichzeitig wird festgelegt, dass die Frau zu einem bestimmten Termin den Verkauf der Wohnung verlangen kann, sollte der Mann das Geld bis dahin nicht zurückgezahlt haben. Der Mann besteht darauf, ihr bankübliche Zinsen zu bezahlen, ansonsten würde er das Geld nicht annehmen. Die Frau stimmt zu.

Aufgrund dieses Umgangs erweist sich die Beziehung im Hinblick auf das Thema als partnerschaftlich, weil die Partner einen Leistungsausgleich vereinbaren.

Es kann so oder noch anders kommen. Zu welcher Lösung sich ein Paar auch immer entscheidet, der Umgang mit dem jeweiligen Geld zeigt, auf welcher Ebene die Partner zusammenkommen und auf welcher nicht. Darin liegen die Chancen und Risiken des Themas Geld.

- Die Chancen des offenen Sprechens über Geld liegen darin, eine Lösung zu finden, die von der Beziehung bestimmt wird. Eine solche Lösung ist in jedem Fall »gerade«; durch sie wird die betreffende Bindungsebene gestärkt.
- Die Risiken der Angelegenheit bestehen darin, dass sich im Umgang mit Geld in unverhohlener Weise zeigt, wie die Beziehung mit Blick auf Geld tatsächlich beschaffen ist.

Vielleicht stellt sich heraus, dass die Beziehung nicht so partnerschaftlich, nicht so freundschaftlich oder nicht so emotional-leidenschaftlich ist, wie ein Partner oder beide das gern hätten. Sich durch ein Gespräch an eine solche Erkenntnis heranzutasten ist zwar ein emotionales Risiko, aber zugleich kann es die Partner vor schweren Fehlern bewahren.

Das nächste Beispiel zeigt, dass es besser ist, der Wahrheit rechtzeitig ins Auge zu sehen, als Luftschlösser aufzubauen.

Der junge Anwalt, der sich gerade eine eigene Kanzlei aufbaut, und die Sachbearbeiterin einer Versicherung haben sich abgrundtief ineinander verliebt. Der Mann ist kinderlos, die Frau bringt ein sechsjähriges Mädchen mit in die Verbindung. Nach einigen Monaten möchte der Mann mit seiner Freundin zusammenwohnen. Sie zögert, denn sie hat eine kleine Wohnung, die sie aufgeben müsste; und so eine günstige Wohnung würde sie nicht wieder finden. Nach einer Weile stimmt sie zu und zieht mit dem Freund in eine große, teurere Wohnung. Der Mann zahlt den Umzug, die Möblierung und auch die neue Küche; er investiert rund 30 000 Euro. Über Geld wird allerdings nicht gesprochen Beide sagen sich: »Vertrau einfach, wir bekommen das schon hin.«

Einige Zeit geht die Beziehung gut, dann nehmen allmählich Spannungen zwischen den Partnern zu. Die Frau erwähnt immer öfter, wie toll sie »unsere kleine Familie« finde und drängt den Mann, erst subtil, dann massiver, ein Kind mit ihr zu zeugen, und sie spricht von Heirat. Ab da klagt er zum ersten Mal über die finanziellen Belastungen, unter denen er steht, und sagt, er wolle durch ein zusätzliches Kind nicht noch mehr unter Gelddruck geraten, und zu heiraten sei ihm auch noch zu früh. Sie hält dagegen: »Geld kann doch kein Thema sein, wenn man sich liebt«, und klagt: »Wozu sind wir dann zusammengezogen?« Er schweigt. Das Thema Geld wird weiter unter den Teppich gekehrt.

Nach eineinhalb Jahren haben sich die Spannungen zwischen den beiden derart verstärkt, dass der Mann unerwartet eine einsame Entscheidung fällt. Er zieht von einem Tag auf den anderen aus und beendet die Beziehung. Es sei ihm einfach »zu viel Druck« geworden, sagt er; alles »hänge« an ihm. Die Frau sitzt nun in einer Wohnung, die sie alleine nicht bezahlen kann. Sie muss sich eine neue Wohnung suchen, die sehr viel teurer sein wird als ihre frühere. Der Mann verliert einen großen Teil seiner Investition; vor allem, weil er die Einbaumöbel und die Einbauküche in der Wohnung lassen muss.

Nun streiten die beiden um Geld. Die Frau sagt: »Ich wäre allein nie in eine so große Wohnung gezogen«, und fordert, er solle sie finanziell unterstützen; schließlich sei der Wunsch, mit ihr zu wohnen, von ihm gekommen. Er entgegnet: »Ich habe alles bezahlt, und jetzt willst du noch mehr? Es ist wohl nie genug!«, und weigert sich, für weitere Kosten aufzukommen; darüber hinaus verlangt er von ihr, sich an seinen Verlusten zu beteiligen. Beide waren beim Anwalt, es droht eine rechtliche Auseinandersetzung.

Die beiden Partner verfolgten unterschiedliche Motive mit ihrer Beziehung – und sie erkannten weder die eigenen Motive noch die des Partners. Der Mann wollte mit einer Frau wohnen, die er liebt; seine Motive waren an diesem Punkt emotional-leidenschaftlicher Art. Die Frau wollte mit dem Mann, den sie liebt, eine Familie gründen; ihre ausschlaggebenden Motive beim Zusammenziehen waren partnerschaftlicher Natur. Im Zusammenziehen haben sich die unterschiedlichen Liebesmotive vermischt. Daher ist der Umgang mit Geld auch von Anfang an schräg. Die beiden haben keine Regelungen bezüglich der Finanzen getroffen. Sie haben nicht darüber gesprochen, ob sie getrennte oder gemeinsame Kasse machen, ob es sich bei den Auslagen des Mannes um einen Kredit oder um ein Geschenk handelt, wie die geldwerte Aufgabe der günstigen Wohnung der Frau zu bewerten ist, was im Trennungsfall mit den eingesetzten Geldern und der gemeinsam gemieteten Wohnung geschehen soll etc. Weil und solange nicht über all diese Themen gesprochen wurde, konnte jeder glauben, der Partner teile seine Motive. Jetzt fühlt sich jeder benachteiligt – die Frau, weil sie ihre Wohnung aufgegeben hat und sich jetzt in einer schwierigen finanziellen Lage befindet; er, weil er alles bezahlt und jetzt Schulden hat, die er alleine abtragen soll.

Was wäre geschehen, wenn die beiden vor dem Zusammenziehen über Geld gesprochen hätten? Dann hätten sich ihre unterschiedlichen Motivationen rechtzeitig erwiesen, wie hier verkürzt dargestellt sei:

Thema gemeinsame Kasse:

Er: »*Wozu sollen wir eine gemeinsame Kasse machen, wir sind doch keine Familie.*«

Sie: »Wozu ziehen wir dann zusammen? Ich dachte, wir wollen eine Familie gründen.«

Thema Wohnungseinrichtung:

Sie: »Du willst eine große Wohnung und neue Möbel. Ich habe dafür kein Geld. Das musst du dann selbst bezahlen.«

Er: »*Ich dachte, du zahlst das mit ab? Alleine will ich das nicht tragen.*«

Thema Trennung:

Er: »*Wenn wir uns trennen, nimmst du dir eine andere Wohnung, ich behalte die neue, ich zahle ja auch die Einrichtung.*«

Sie: »Wie soll ich das bezahlen? Eine so günstige Wohnung wie die, in der ich jetzt seit elf Jahren wohne, finde ich nicht mehr. Die Mieten haben sich fast verdoppelt; eine andere Wohnung ist für mich nicht bezahlbar.«

Das Thema Geld hätte gleich zu Beginn die Unterschiede zutage gefördert. Im Nachhinein sagt die Frau: »Um uns zu lieben, hätten wir nicht zusammenziehen müssen, das ist ja auch vorher so gegangen«, und der Mann sagt: »Wenn ich gewusst hätte, dass sie denkt, ich wollte auch Kinder, nur weil wir zusammenziehen, hätten wir uns das Ganze sparen können und wären vielleicht noch zusammen.« Wären die Unterschiede deutlich geworden, hätten die beiden mit dem Zusammenziehen gewartet und sich viel Zeit gelassen, ihre Beziehung zu klären.

Wie gesagt: Das Thema Geld bringt den realen Charakter der Beziehung zum Vorschein. An einer solchen Erkenntnis ist nichts falsch; die Beziehung ist so, wie sie ist. Das zu erkennen kann Paare vor Schaden bewahren. So oder so – ob ausgesprochen und nicht –: Am Thema Geld kommt kein Paar vorbei. Schließlich weiß jeder, dass eine Liebe endlich sein kann.

Eine Beziehung vom Ende her denken

Ich habe beschrieben, dass die Scheu, in Paarbeziehungen über Geld zu sprechen, zum einen auf fehlende Begriffe zurückzuführen ist und zum anderen auf das Risiko, unbequeme Erkenntnisse über die Beziehung zu erlangen. Ein weiterer Grund dafür, dem Thema aus dem Weg zu gehen, liegt in der Scheu, eine Beziehung von ihrem Ende her zu denken.

Diese Scheu wirkt überflüssig, wenn man sich klarmacht, dass das eigene Leben und das des Partners ganz selbstverständlich vom Ende her gedacht werden. Etwa, indem eine Altersvorsorge geplant wird oder indem man eine Lebensversicherung oder eine Unfallversicherung abschließt oder wenn die Partner ein gemeinsames Testament schreiben. Keiner will sterben – und dennoch denkt und plant jeder auch von diesem Ende her.

Etliche Partner befürchten, das Ende ihrer Beziehung ohne Not heraufzubeschwören, indem sie es thematisieren. Dabei sorgt die ausgeprägte Individualisierung unserer Lebens- und Beziehungswelt dafür, dass heute jede Beziehung mehr oder weniger gefährdet ist, und zwar permanent. Weil die partnerschaftliche Bindung seit der Romantik kontinuierlich an Kraft verliert, werden Beziehungen nicht mehr auf Dauer angelegt, auch wenn das Ideal der Dauer nach wie vor angestrebt wird. Im Falle eines Falles entscheiden sich die meisten Partner aber keineswegs für die Dauer, sondern für die Qualität einer Beziehung, und spätestens wenn diese Qualität vermisst wird, rückt eine Trennung in Sichtweite.

Keiner will eine Trennung; dennoch scheint es naiv, eine Trennung für unmöglich zu halten. Die Hürde besteht oft darin, das böse Wort »Trennung« auszusprechen. Der Satz »Was ist, wenn wir uns trennen sollten?« geht schwer über die Lippen. Er wirkt, als schielte man bereits bei der Abfahrt nach einem Rettungsboot – trotz Windstille und strahlendem Wetter.

Die Erfahrung lehrt aber, dass Schweigen eher zum Ende einer Beziehung führt. Wer sich in scheinbarer Sicherheit wiegen möchte und das Thema Trennung meidet, versäumt klare Regelungen und kehrt heikle Themen unter den Teppich, von wo aus sie früher oder später Schwelbrände auslösen.

Die Beziehung vom Ende aus zu betrachten birgt zudem den Vorteil, dass die Partner einander nicht hundertprozentig sicher sind, auch wenn es sich gegenwärtig so anfühlt. Die Partner werden sich die Zerbrechlichkeit ihrer Beziehung ins Bewusstsein rufen, und auf Dinge, deren man sich nicht völlig sicher fühlt, achtet man mehr.[21] Finanzielle Regelungen sollten den Eventualfall daher einschließen. Wer schon einmal geschieden worden ist, hat das am eigenen Leib erfahren – entweder im Guten, weil er klare Regelungen getroffen hat, oder im Schlechten, weil sich nach der Scheidung die Nachteile unklarer Regelungen erwiesen.

Eine Frau ist mit ihrem Mann ins Ausland gezogen. Dafür hat sie ihren Job als festangestellte Redakteurin aufgegeben. Nach acht Jahren Ehe werden sie geschieden, und sie muss sich als freie Journalistin durchschlagen. Sie sagt: »Wenn ich damals an die Möglichkeit gedacht hätte, dass wir uns trennen, hätte ich meinen Job nicht aufgegeben.«

Ein anderes Paar hat gemeinsame Konten und denkt an Scheidung. Der Bankberater kennt den Mann; er spricht die Frau an und drängt sie, sich ihre Hälfte des Bargelds auf einem eigenen Konto zu sichern. Die Frau hält das nicht für nötig; sie kann sich nicht vorstellen, dass ihr Mann sie hintergeht. Einige Tage später räumt der Mann die Konten leer, zieht aus und ist verschwunden. Ihr bleibt nichts.

Solche Erfahrungen sind vermeidbar. Wenn Paare bereits am Anfang vom Ende her denken, kann das von großem Nutzen für ihre Beziehung sein.

Ein unverheiratetes Paar macht Pläne, ein kleines Ferienhaus zu kaufen. Die Frau könnte das Geld beisteuern, er könnte die komplette Renovierung durchführen. Die beiden verhandeln. Das zeigt, dass es um Partnergeld geht. Sie beziffern den Aufwand: Ihrer läge bei 60 000 Euro, seine Arbeit hätte einen Wert von 25 000 Euro. Die beiden kommen überein, im Falle einer Trennung das Haus zu verkaufen und jedem den Anteil vom Verkaufserlös zu geben, der seinem eingebrachten Anteil entspricht.

Die Regelung hat den Vorteil, dass die beiden nicht durch eine irgendwie geartete Abhängigkeit (»Wenn wir uns trennen, werde ich meinen Anteil verlieren«) aneinander gebunden sind. Die Regelung verleiht beiden die Sicherheit, sich unbeschwert auf das Abenteuer »Ferienhaus« einzulassen, weil sie wissen, was im Trennungsfall auf jeden zukommt.

Wie man sieht, birgt es durchaus Vorteile, vom Ende her zu denken. Das bezieht sich auf alle drei Liebes- und Geldformen:

- Partnergeld vom Ende her zu betrachten bedeutet, klare Verträge über Beiträge und Anteile zur Lebensführung und zum Vermögen abzuschließen und diese Verträge ggf. notariell zu beurkunden. Je klarer die Verträge sind, desto geringer ist die Gefahr, im Trennungsfall in rechtliche Auseinandersetzungen zu geraten.

- Freundesgeld vom Ende her zu denken bedeutet, Abmachungen so zu treffen, dass sie auch im Trennungsfall für beide Seiten fair verlaufen, und diese Abmachungen unter Umständen schriftlich festzuhalten. Fair ist, was die jeweilige Lebenssituation wohlwollend berücksichtigt.
- Liebesgeld vom Ende her zu betrachten ist die klarste Angelegenheit. Es bedeutet: Was aus Liebe geschenkt wurde, kann nicht zurückgefordert werden. Nicht der Brillantring, nicht das Urlaubsgeld, nicht das Auto.

Die verliebte Brille absetzen

Kaum ein Paar, das sich trennt, hat zuvor seinen Umgang mit Geld durch den Blick auf ein mögliches Ende hin geregelt. Wenn die Beziehung gut ist und die Partner verliebt sind, scheinen Differenzen, Streitereien oder gar Rosenkriege unvorstellbar zu sein. Da wäre es gut, zumindest für die Regelung von Geldthemen die verliebte Brille abzusetzen und sich das Unvorstellbare vorzustellen. Lesen Sie hierzu im Originalton die reale Schilderung einer der Testleserinnen dieses Buches:

> Nach sechs Jahren Zusammensein heirateten mein Mann und ich. Ich war begeistert von seiner Einstellung zum Geld. Wir hatten ein gemeinsames Konto, nie Streit in diesem Thema. Er betonte, dass, als unsere beiden Kinder auf der Welt waren und ich für fünf Jahre beruflich aussetzte, meine Arbeit genauso viel wert sei wie seine. Er startete innerhalb kurzer Zeit eine Karriere, die es uns finanziell sehr gut gehen ließ. Es gab zwischen uns nie Differenzen darüber, wenn wir für unsere eigenen Bedürfnisse das gemeinsame Geld ausgaben (ich gerne für Kleidung, er für Sportgeräte etc.). Zusammen mit den

regelmäßen und reichlichen Zuwendungen aus meinem Elternhaus ging es uns finanziell bestens, sodass wir beträchtliche Ersparnisse in kurzer Zeit zusammentragen konnten.

Es war eine Bilderbuchfamilie wie aus der Rama-Werbung: Vater, Mutter, Tochter, Sohn, Hund, zwei Autos, Doppelhaushälfte, großer Freundeskreis, alle gesund, finanziell erfolgreich, gut aussehend, Führungskraft, mit 29 Jahren hatte er personelle Verantwortung für einige Hundert Mitarbeiter. Mein Vater wollte, dass wir ein Haus bauen (er selbst hatte drei gebaut) und bot uns 170 000 DM als Geschenk dafür an. Er überwies uns 70 000 aufs Konto und legte 100 000 DM direkt auf den Tisch. In bar. Wir kauften eine Eigentumswohnung, die wir aus steuerlichen Gründen zum Großteil finanzierten. Das Bargeld legten wir auf den Namen seiner Eltern an, unser Steuerfreibetrag war ausgeschöpft, und ich stimmte zu, denn ich hatte ein sehr vertrauensvolles Verhältnis zu ihm und seinen Eltern.

Nach zwölf Ehejahren ging mein Mann fremd, was mich so schockierte, dass ich ihn aus dem Haus warf. Er startete mehrere Versöhnungsversuche, die ich alle abblockte, dann ging er auch auf »Angriff«. Er stellte den Scheidungsantrag. Im Rahmen der finanziellen Aufteilung erlebte ich dann Folgendes: Seine Eltern behaupteten, dass die 100 000 DM, die auf ihren Namen angelegt waren, auch ihr Eigentum seien, demnach nicht in die Vermögensaufteilung fielen. Blut war also auch da dicker als Wasser; dies war ein weiterer Vertrauensbruch für mich, sowohl von Seiten meines Mannes als auch plötzlich von der seiner Eltern. Sie schworen damals vor Gericht wirklich einen Meineid. Ich war fertig. Mein Mann räumte die Konten unserer Kinder ab. Nach einem Jahr waren wir geschieden, er zahlte keinen Unterhalt an mich. Wir fochten sieben Gerichtsprozesse miteinander aus, um alles und jedes. Von den ehemals annähernd 500 000 DM Vermögen flossen bestimmt 50000 von jedem in Anwalts- und Gerichtskosten, also aus dem Fenster. Ich erkannte meinen Exmann nicht wieder – er mich wahrscheinlich auch nicht. Das Ganze war ein finanzielles Desaster.

Heute würde ich einiges anders machen. Ich muss heute nicht mehr jemandem zu 100 Prozent vertrauen. 80 Prozent genügen vollkommen. Ich muss auch nicht in jedem Bereich vertrauen. Dies kann ich heute sehr gut differenzieren. Zunächst kommt die Eigensicherung, das ist eine sehr gesunde Form der Selbstfürsorge. Ich schicke Ihnen diese Erlebnisse, damit sie für andere eine Warnung sein können.

Die Erkenntnis »80 Prozent Vertrauen genügen vollkommen« sollten sich alle Partner merken, die Gefahr laufen, ihre Eigensicherung zu vernachlässigen. Wie sorgfältig diese unter Umständen ausgestaltet sein muss, zeigt das nächste Beispiel, das ebenfalls einer der Testleser beigesteuert hat:

Ich und meine zweite Frau hatten eine Vereinbarung. Da ich noch Unterhalt für zwei Kinder bezahlen musste, wollte sie getrennte Kassen. Jeder sollte seine Ausgaben aufschreiben, später würden wir dann einen Ausgleich machen. Als wir nach einigen Jahren heirateten und eine Tochter bekamen, beschlossen wir, mit den getrennten Kassen aufzuhören, und wollten unsere Zahlungen vorher ausgleichen. Ich hatte bis dahin 50000 Euro mehr bezahlt als meine Frau. Wir schlossen dann einen handschriftlichen Vertrag ab, dass mir im Falle einer Scheidung dieses Geld zustehen würde. Wir haben die Vereinbarung unterschrieben, mit Ort und Datum, jeder erhielt ein Original. Als wir uns acht Jahre später trennten, erklärte mir der Anwalt meiner Frau, diese Vereinbarung sei unwirksam, da sie nicht vor einem Notar geschlossen wurde. Mein Anwalt bestätigte dies. Ich ging leer aus.

Der Fehler lag in einem rechtlichen Irrtum begründet. Da der Vertrag einem Ehevertrag nahekommt, hätte er notariell beglaubigt werden müssen. Das Beispiel zeigt auch, dass eine faire Absicht, die in guten Zeiten miteinander vereinbart wurde, in schlechten Zeiten schnell und bedenkenlos über Bord geworfen werden kann.

Die verbreitete Überzeugung beim fahrlässigen Umgang mit Geld besagt: Weil wir uns lieben, regeln wir unsere Geldangelegenheiten fair. Aus derselben Logik ergibt sich im Trennungsfall aber auch: Weil wir uns nicht mehr lieben, brauchen wir uns nicht mehr fair zu verhalten. Solch eine fahrlässige Denkweise lässt sich vermeiden, wenn man am Anfang vom Ende her denkt.

Von den hier aufgeführten Beispielen sind die meisten »negativ«. Man könnte auch zahllose »positive« Beispiele anbringen, die zeigen, dass vom Ende her zu denken Partnern ermöglicht, fair auseinanderzugehen. Das ist dann meist auf klare Verträge und Vereinbarungen zurückzuführen. Eine Trennung ist schon schmerzlich genug – da hilft es, wenn man sich zumindest in finanzieller Hinsicht darauf vorbereitet hat.

Ich hoffe, ich konnte zeigen, dass das Reden über Geld möglich ist, ohne die Liebe zu beschädigen. Aber selbst, wenn sie reden, sind Paare nicht sicher vor möglichen Geldkomplikationen.

Die Realität: unvermeidbare Geld-komplikationen

Würden Paare anhand der hier dargelegten Begrifflichkeit über Geld sprechen und würden sie ihre Beziehung rechtzeitig vom Ende her denken, wären etliche Komplikationen rund um die Verbindung von Liebe und Geld vermeidbar. Dennoch sehe ich drei Gründe, warum Geld-Komplikationen in Paarbeziehungen oft nicht gänzlich vermeidbar sind. Darüber hinaus lassen sich diese Konflikte nutzen.

Der erste Grund: Der Zweck einer Beziehung ist meist unbewusst.

Beziehungen werden heute emotional und nicht rational angegangen. In fast 100 Prozent der Fälle kommen Partner zusammen, indem sie sich verlieben. Verliebtheit beruht, das habe ich an anderer Stelle ausgeführt[22], auf selektiver Kommunikation. Man zeigt nur das, was vom Partner angenommen wird, und wendet sich nur dem zu, was der andere zeigen (und man sehen) will. Unpassendes wird ausgeblendet, und Mitteilungen werden gefiltert. Das macht Sinn, denn ohne diese »Gnade der Blindheit« würden kaum Paarbeziehungen entstehen.

Aber Partner erfahren deshalb (zu) wenig über die Motive, die ihrer Beziehung zugrunde liegen. Sie fühlen Liebe füreinander, fertig! Zu welchem Zweck sie sich lieben, ob dieser Zweck eher partnerschaftlicher, freundschaftlicher oder emotional-leidenschaftlicher Natur ist oder eine Mischung davon, interessiert sie nicht. Dennoch haben sie von Anfang an mit Geld zu tun. Sie gehen essen, und irgendwie muss die Rechnung bezahlt werden. Sie fahren in Urlaub, und irgendwie müssen die Kosten geteilt werden. Sie pflegen Hobbys, die etwas kosten. Sie ziehen womöglich in eine Wohnung, und irgendwie müssen die Lebenshaltungskosten aufgebracht werden. Sie setzen Kinder in die Welt, und irgendwie muss die Arbeitsteilung bewerkstelligt werden. Sie bringen unterschiedliche Geldstile mit. All das erfordert Umgang mit Geld und entsprechende Regelungen.

Tatsächlich geschehen die meisten Regelungen »irgendwie«, nicht aufgrund der realen Verbundenheit und Motivlage, sondern ungeplant und aufgrund vermischter Gefühlslagen. Je näher die Partner einander im Laufe der Zeit kommen und je mehr sie ihre Leben aufeinander abstimmen, desto größer ist die Wahrscheinlichkeit, dass sich ein schräger Umgang mit Geld offenbart und es zu Konflikten kommt. Diese Konflikte sind nicht umsonst, sie lassen sich nutzen.

Wenn Komplikationen um Geld real nicht vermieden werden können, dann gibt es umgekehrt eine verlässliche Möglichkeit, ungewollte Vermischungen der Ebenen zu erkennen: anhand entstehender Störungen und Konflikte.

Der zweite Grund: Beziehungsprobleme hängen sich am Thema Geld auf

Nicht jeder Geldkonflikt ist auf einen schrägen Umgang mit Geld zurückzuführen. Möglich ist auch, dass grundlegendere Beziehungsprobleme dahinterstehen und sich diese auf das Geldverhalten auswirken. Wenn die Beziehung in einem Bereich gestört ist, nimmt auch die Bereitschaft ab, diesem Bereich entsprechend mit Geld umzugehen. Dann sieht es oberflächlich betrachtet so aus, als ginge es ums Geld, aber es geht eigentlich um Verlässlichkeit, Wohlwollen oder Leidenschaft.

- Wenn sich der Partner dauerhaft unzuverlässig verhält, nimmt die Bereitschaft ab, ihn in finanziellen Dingen gerecht zu behandeln.
- Wenn sich der Partner als missgünstig erweist, nimmt die Bereitschaft ab, ihn in finanzieller Hinsicht teilhaben zu lassen.
- Wenn sich der Partner als selbstbezogen erweist, nimmt die Bereitschaft ab, ihm (auch geldwerte) Geschenke zu machen.

Insofern weisen Geldkonflikte oftmals auf tiefer sitzende Problemlagen hin. Warum hängen sich Beziehungsprobleme gern am Thema Geld auf? Weil es sich bei Geld um etwas Naheliegendes handelt. Geld scheint eine »Sache« zu sein. Dass Liebespartner mit Geld nicht »sachlich« umgehen können, eben weil sie Liebespartner sind, wird im Konfliktfall außer Acht gelassen.

Geldkonflikte lassen sich nutzen, um festzustellen, in welchem Liebesbereich die Partner intensiv oder gut und in welchem sie kaum oder schlecht miteinander verbunden sind. Man kann über die »Sache« Geld zu den dahinterliegenden Empfindungen und Emotionen, Hoffnungen und Enttäuschungen, Zielen und Absichten gelangen.

Der dritte Grund: Wenn sich etwas ändert, müssen die Karten neu gemischt werden

Ein weiterer Grund dafür, dass Komplikationen ums Thema Geld oft unvermeidbar sind, besteht darin, dass Partner sich ändern. Es können sich unerwartet neue »innere Umstände« ergeben, neue Einstellungen, Empfindungen, Erwartungen, Gefühle. Partner ändern ihre Bedürfnisse, Interessen und Sehnsüchte – auch solche, die mit Geld zusammenhängen. Der ungewisse Faktor bei der Angelegenheit ist das Individuum, und davon gibt es in einer Paarbeziehung gleich zwei.

Zudem können sich äußere Umstände verändern. Dann greifen bisherige finanzielle Regelungen unter Umständen nicht mehr. Ein Partner kann seinen Job verlieren und längere Zeit arbeitslos bleiben. Ein Haus kann gebaut werden, und die Schulden können einem über den Kopf wachsen. Einer kann zu Geld kommen, beispielsweise indem er erbt, während der andere auf dem bisherigen finanziellen Niveau verharrt. Es können Kinder auf die Welt kommen. Einer kann ein teures Hobby entwickeln. Aufgrund von Krankheit oder anderen Schicksalsschlägen kann ein Partner besonders viel Geld benötigen. Oder etwas anderes Unerwartetes geschieht. Aufgrund solcher oder anderer Entwicklungen müssen die Karten neu gemischt werden. Bis man das begreift, ist ein Konflikt zumeist schon da.

Zusammengefasst lässt sich sagen:

Es gibt keine sichere Möglichkeit, Geldkonflikten vorzubeugen. Beim Thema Geld verhält es sich wie bei anderen wichtigen Lebensthemen auch: Man muss erst ein Problem bekommen, um zu bemerken, dass sich etwas ändern muss.[23]

Unvorhergesehene Geldkonflikte

Vermischungen zwischen den Beziehungsmotiven der Partner und beim Geldverhalten können lange Zeit unentdeckt bleiben. Manchmal werden solche Vermischungen sogar erst nach einer Trennung deutlich, nachdem der Ausbruch des Konfliktes zum Ende der Beziehung führte. Im folgenden Beispiel tritt eine solche Vermischung im Verlauf der Scheidung hervor.

> Ein zur High Society seiner Stadt gehörender Anwalt lebt in Scheidung von seiner Frau. Die beiden streiten über die Gründe ihrer Trennung und ums Geld. Da sagt die Frau, sie habe ihn nie richtig geliebt und ihm jahrelang Orgasmen vorgespielt. Der Mann ist geschockt und fragt zwei gute Freundinnen, ob sie so etwas kennen würden. Die eine, junge Frau eines Unternehmers, erklärt ihm, das sei doch ganz normal, man müsse Männer eben ab und zu ranlassen, damit sie zufrieden seien und Ruhe gäben. Am besten sei es, die Männer würden »es« von hinten tun. Die andere, ebenfalls junge Frau, die mit einem Privatier zusammen ist, stimmt zu und ergänzt: »Dann kann man sich vorne einen anderen vorstellen.« Die Frauen lachen. Der Anwalt fällt aus allen Wolken.

Der Mann hatte offensichtlich geglaubt, er werde »um seiner selbst willen« geliebt, also auf emotional-leidenschaftliche Weise, doch offenbar handelte es sich bei der Beziehung hauptsächlich um ein partnerschaftliches Tauschverhältnis. Warum hätte seine Frau sonst Orgasmen vortäuschen sollen? Das ergibt nur auf der partnerschaftlichen Ebene Sinn.

Derartige Tauschverhältnisse bieten sich vor allem an, wenn einer der Partner viel mehr Geld hat. Daher sind Reiche oft unsicher, ob sie um ihrer selbst willen – was ja eine

Sehnsucht ist – oder wegen ihres Geldes geliebt werden. Der Mann im nächsten Beispiel wollte solchen Komplikationen vorbeugen und hat damit andere Probleme geschaffen.

Der Mann ist einer der reichsten seiner Stadt. Er lernt eine junge und schöne Frau kennen und heiratet sie. Um sicherzugehen, dass sie nicht auf sein Geld spekuliert, schließt er einen Ehevertrag ab. Der Vertrag schließt für den Trennungsfall Ansprüche seitens der Frau aus. Seine Frau stört der Ehevertrag nicht, sie sagt, es gehe ihr nicht ums Geld. Aber der Mann geht noch weiter. Seine Frau erhält monatlich 1200 Euro Haushaltsgeld, über das sie Buch führen muss. Auch darauf lässt sie sich ein, weil sie versteht, »dass er Angst hat«. Die ersten Jahre scheint das Arrangement zu funktionieren, es kommen zwei Mädchen zur Welt. Der Mann möchte aber einen Jungen und daher noch ein Kind zeugen. Allmählich nimmt der Abstand zwischen den Partnern zu, seine Frau verweigert den Sex. Nach 15 Jahren haben sich die beiden kaum noch etwas zu sagen. Schließlich trennt sich die Frau. Zu einer Freundin sagt sie: »Er hat mir nie vertraut, er hat immer alles kontrollieren wollen. Er hat nicht mich gemeint.«

Die Liebesmotive der Partner beruhten auf unterschiedlichen Bedürfnissen. Sie fühlte sich geschmeichelt, von diesem bedeutenden Mann gewollt zu werden; es ging ihr nicht ums Geld, obwohl Status und finanzielle Sicherheit sicherlich auch mitspielten. Er suchte eine attraktive Vorzeigefrau und eine Mutter für seinen noch zu zeugenden Erben. Die Frau hat ihr nicht ökonomisches Kapital nicht entsprechend gewürdigt, sie ließ sich auf Haushaltsgeld »herunterhandeln«. Der Mann hat sie wie eine Hausangestellte behandelt, die über alle Ausgaben Buch führen muss. Sein Geldbeitrag war nicht nur knapp bemessen, sondern auch ziemlich kalt, was die Frau schließlich zur Trennung bewog.

Vermögende oder besser verdienende Partner tendieren oft dazu, ihren Teil des partnerschaftlichen Tausches, der meist größtenteils aus Geld besteht, für wertvoller zu halten als persönliche Dienste. Selbst dort, wo der ökonomisch potentere Partner nicht mit Geld geizt, kann es zu Motivvermischungen kommen. Denn emotional-leidenschaftliche Gefühle lassen sich auch mit noch so viel Geld nicht wecken. Das zeigt das nächste Beispiel.

> Ein verheirateter Geschäftsführer hat sich rettungslos in eine junge Frau verliebt. Sie macht eine Heirat zur Bedingung für eine Beziehung. Der Mann lässt sich scheiden und bezieht mit seiner Freundin ein Haus. Heiraten möchte er »nicht sofort, sondern bald«. Als nach zwei Jahren noch keine Heirat stattgefunden hat, ist der Frau klar, dass er keine Familie und keine Kinder will. Sie zieht sich allmählich zurück, was zu zahllosen Konflikten führt. Die beiden vereinbaren eine Auszeit für die Beziehung, sie nimmt sich eine Wohnung. Der Mann gerät in einen depressiven Zustand. Zu seinem besten Freund sagt er: »Ich zahle ihr 3000 Euro im Monat, damit sie den Standard halten kann. Aber eigentlich will ich nur meinen Kopf in ihren Schoß legen, eigentlich will ich ihr nur nah sein.«

Worin besteht hier die Vermischung? Die Frau hatte eine partnerschaftliche Orientierung: Sie wollte einen wohlhabenden Mann und eine Familie. Der Mann hingegen verfolgte überwiegend emotional-leidenschaftliche Motive. Warum zahlte er freiwillig so viel Geld? Offenbar hoffte er, die Chance auf emotionale Zuwendung durch die Zahlungen erhalten zu können.

Wenn emotional-leidenschaftliche Motive und partnerschaftliche Motive der Partner nicht zusammenpassen, passt auch das jeweilige Geldverhalten nicht gut zueinander. Wie im nächsten Beispiel.

> Eine verheiratete Frau fühlt sich in ihrer Ehe nicht »als Frau« geliebt; es gibt seit Jahren weder Sex noch Zärtlichkeit zwischen den Ehepartnern. Sie verliebt sich in einen jüngeren Arbeitskollegen, auch er ist hin und weg. Die beiden treffen sich in seinem WG-Zimmer, schlafen miteinander, entwickeln Zukunftsträume. Doch nach einigen Monaten beginnt sich die Frau an bestimmten Dingen zu stören – zum Beispiel daran, dass er ein geringes Gehalt hat und dass sie alle Ausflüge oder Restaurantbesuche bezahlt. Er sagt, er müsse nicht essen gehen, er könne auch kochen. Es stört sie, sich in seiner Wohngemeinschaft aufzuhalten, wo so viele andere sind; sie fordert ihn auf, sich eine eigene Wohnung zu suchen. Er sagt, sein Zimmer sei günstiger als eine Wohnung, die könne er sich nicht leisten. Sie sieht in der Beziehung schließlich keine Perspektive, ihre Zukunftsträume lösen sich auf. Die Frau kehrt zu ihrem Mann zurück, mit dem sie jetzt wieder zusammenlebt; auf Sex verzichtet sie.

Die Liebe der beiden war emotional-leidenschaftlich. Allerdings wollte die Frau nicht dauerhaft Liebesgeld aufbringen. Ihr partnerschaftlicher Ansatz war nicht zufällig, denn letztlich wollte sie die emotional-leidenschaftliche Beziehung in eine partnerschaftliche Beziehung überführen. Dann hätte sie ihren Ehemann verlassen. Ihr Liebhaber hatte aber nur die Leidenschaft im Sinn; Partnerschaft interessierte ihn nicht. Die Vermischung der Motive beider Partner führte schließlich zur Trennung.

Drei Stufen auf dem Weg zum Geldkonflikt

Die Beispiele zeigen, dass Konflikte rund ums Geld oft unvermeidlich sind. Ihre Entwicklung folgt dabei einer dreistufigen Abfolge. Die drei Stufen zum Geldkonflikt lassen sich folgendermaßen bezeichnen:

- *Vermischung*: Anfangs wird übersehen, dass es unterschiedliche Liebesmotive gibt, womit die Vermischung angelegt ist.
- *Schwelbrand*: Das unterschiedliche Geldverhalten führt zu unterschwelligen Spannungen; der Konflikt schwelt.
- *Ausbruch*: Schließlich bricht der Konflikt offen aus.

Im Paarleben stellt sich diese dreistufige Abfolge beispielsweise folgendermaßen dar:

Vermischung:

Eine geschiedene Frau bringt drei Kinder in die neue Beziehung mit. Sie lebt vom Unterhalt, den ihr Exmann ihr noch zahlt, sowie vom Kindergeld. Ihr Geld ist knapp. Ihr neuer Freund hat ein Kind, ist ebenfalls geschieden und möchte nicht mehr heiraten. Da er ein großes, allerdings nur teilweise abbezahltes Haus besitzt, zieht sie bei ihm ein. Sie versorgt von da an alle vier Kinder, kocht und putzt und managt den Haushalt. Er zahlt lediglich 100 Euro in die Essenkasse und meint, da sie für sich und ihre Kinder keine Miete bezahle, könne er diesen Anspruch mit seiner Zahlungspflicht verrechnen. Die Frau schweigt und hofft, die Liebe werde das schon richten.

Schwelbrand:
Nach einigen Jahren ist die Frau mit ihrer Situation unzufrieden. Sie fühlt sich mittlerweile ausgenommen, und da sie beim Mann auf kein Entgegenkommen stößt, beschließt sie, sich eine unabhängige Existenz als freie Journalistin aufzubauen. Allerdings findet sie aufgrund ihrer Arbeitsbelastung kaum Zeit dafür und hat auch wenig Energie übrig. Sie bittet ihren Freund, sie bei ihrem Vorhaben zu unterstützen, sich in eine Bürogemeinschaft einzumieten, um vom Trubel des Hauses weg zu sein. Er lehnt es ab, sich an den Kosten zu beteiligen; das sei zu teuer, sie könne auch zu Hause arbeiten. Die Frau fühlt sich hilflos und nimmt die Lage weiter hin.

Ausbruch:
Die Spannungen nehmen weiter zu, die Frau zieht sich innerlich zurück, es kommt immer seltener zu Nähe und intimen Begegnungen. Schließlich lässt sie sich von einem Anwalt beraten und bereitet sich auf den Absprung aus der Beziehung vor. Als ihr Exmann ihr anbietet, für sie eine neue Wohnung zu mieten – er möchte seine drei Kinder gut versorgt wissen –, zieht sie aus. Die Beziehung zum Freund ist nach fünf Jahren beendet.

Die Vermischung liegt auch in diesem Beispiel auf der Hand. Die Frau erbringt »aus Liebe« geldwerte Leistungen und ersehnt deren Ausgleich, anstatt ihn zu fordern. Später »erwartet« sie zur Existenzgründung eine freundschaftliche Unterstützung. Warum hat sie nicht von Anfang an eine Gegenleistung für ihre partnerschaftliche Arbeit (Kinder versorgen, kochen, putzen, Haushalt managen) verlangt und entsprechende Verhandlungen geführt? Sie wusste genau, was sie wollte. Einer Freundin sagt sie: »Ich hatte eigentlich vor, mir eine Rücklage zu bilden. Mit 50 000 Euro auf einem Sparkonto hätte ich ein Polster für den Notfall gehabt.

Aber nur von meinem Geld konnte ich das nicht zurücklegen.«

Der Mann nimmt, was ihm kostenfrei geboten wird, und weigert sich, seinen Anteil an partnerschaftlichen Leistungen zu tragen. Seine Argumentation, sie zahle keine Miete und er könne einen entsprechenden Betrag verrechnen, ist schräg. Würde die Frau nicht bei ihm wohnen, könnte er die Zimmer, die sie mit ihren Kindern nutzt, keinesfalls vermieten. Es handelt sich nämlich nicht um eine abgeschlossene Wohnung; die Zimmer würden leer stehen. Die Frau bezahlt demnach durch ihre Arbeitsleistung den Kredit für sein Haus mit ab, das Haus gehört aber allein ihm. Er tritt hier als Vermieter auf und nicht als Partner. Er ist auch nicht zur Gabe von Freundesgeld bereit: Er unterstützt sie nicht beim Aufbau einer eigenen beruflichen Grundlage. Der Mann verhält sich in Gelddingen unpersönlich. Der Konflikt wird nicht gelöst, die Beziehung endet.

Der in diesem Beispiel aufgeführte Ablauf von Geldkonflikten ist typisch. Die Vermischungen von Liebesmotiven und Geldverhalten werden früh angelegt, daraus ergeben sich schwelende Verhältnisse, in denen Spannungen auftreten, schließlich brechen früher oder später offene Konflikte aus. Wie alle Konflikte weisen sie darauf hin, dass dringend etwas geändert werden sollte. Was? Der Umgang mit Geld! Er sollte den eigentlichen Beziehungsmotiven und -ebenen und deren Logik angepasst werden. Geschieht das nicht, ergibt sich dauerhaftes Leid, oder die Beziehung endet.

Es reicht daher nicht aus, Geldthemen »ein für alle Mal« zu regeln. Aber man kann sich darauf verlassen, dass man notfalls einen »Wink mit dem Zaunpfahl« – einen Konflikt – erhält. Solche Konflikte bieten Chancen, denn sie fordern dazu auf, das Thema endlich anzufassen und die nötigen Korrekturen im Geldverhalten vorzunehmen.

Macht, Geld und Liebe

Kommen wir zum letzten Thema, das ich in Hinsicht auf Geld und Liebe erörtern möchte, dem Thema **Macht**. Wenn es um Geld geht, ist schnell von Macht die Rede; und meist wird die Sache so dargestellt, dass der finanzstärkere Partner über mehr Macht verfüge als der finanzschwächere. Bevor man dazu einen Standpunkt einnimmt, sollte man sich ansehen, was Macht im Kern eigentlich ist.

Die meisten Menschen glauben, Macht sei eine persönliche Eigenschaft – etwas, das einer »hat« oder »nicht hat«. Aber das trifft nicht zu. Macht ist keine Eigenschaft, sondern eine soziale Beziehung. Damit einer Macht hat, muss ein anderer ihm diese zugestehen. Macht entsteht, indem einer seine Macht *verleiht* und ein anderer dieses Angebot annimmt. Macht ergibt sich aus Über- und Unterordnung. Im Klartext: Für den Mächtigen kommt es darauf an, dass der andere mitspielt, dass sich jemand an ihn anpasst.[24]

Warum sollte jemand seine Macht verleihen und sich dem Partner unterordnen? In unserer Gesellschaft kann niemand in einer Paarbeziehung zur Unterordnung gezwungen werden; das muss er selbst tun. Das einzig überzeugende Motiv besteht darin, dass er sich von seiner Unterordnung einen Vorteil verspricht oder damit einen Nachteil vermeiden will. Der Machtverleih beabsichtigt: Ich gebe dir meine Zustimmung und Unterstützung, ich passe mich an, weil ich etwas von dir will. Diese Erwartung kann sich allerdings nicht nur auf Geld, sondern auch auf Liebe beziehen.

Hinsichtlich Geld ist das Machtkalkül leicht nachvollziehbar; etliche der aufgeführten Beispiele zum bedürfnisorientierten Tausch weisen darauf hin. Wenn ein finanzschwacher Partner materiell abgesichert sein möchte, passt er sich an den finanzstärkeren an. Er überlässt ihm viele Entscheidungen, um in den Genuss von Geld zu kommen. Je größer das Bedürfnis nach Sicherheit (oder, im Extremfall, die Gier nach Luxus) beim finanzschwachen Partner ist, desto mehr Macht wird dem finanzstarken Partner verliehen.

Wie sieht die Machtverteilung hinsichtlich der Liebe aus? Da man beides – Geld und Liebe – als knappe und begehrte Güter betrachten kann, wird klar, dass der finanziell stärkere Partner nur so lange über mehr Macht verfügt, wie man die Liebe außer Acht lässt. Die Liebe kann dafür sorgen, dass sich auch finanzstarke Partner zu Opfern in einem Machtverhältnis machen oder dazu gemacht werden.

Ich erinnere an das oben aufgeführte Beispiel des Geschäftsführers, dessen Freundin auszog, weil er sie nicht heiraten und keine Familie mit ihr gründen wollte. Er überweist ihr jeden Monat viel Geld, um sie zur Rückkehr zu bewegen, weil sein größter Wunsch darin besteht, seinen »Kopf in ihren Schoß zu legen«. Man kann nicht ernsthaft behaupten, der Manager habe Macht über diese Frau. Selbst die Zahlung von 3000 Euro monatlich verleiht ihm keine Macht, weil sie das Geld zwar nimmt, aber die ersehnte Anpassung an seine Bedürfnisse verweigert. Sie dagegen hat Macht über ihn, weil er mehr auf ihre Liebe angewiesen ist als sie auf sein Geld.

Die reale Machtrechnung in einer Paarbeziehung lautet demnach:

- Wenn einer unbedingt Geld haben will, hat derjenige mehr Macht, der Geld geben kann.
- Wenn einer unbedingt Zuwendung haben will, hat derjenige Macht, der Zuwendung geben kann.

In einer Beziehung verleiht Geld nur so viel an Macht, wie ihm vom Partner an Bedeutung zugemessen wird. Damit leugne ich nicht, dass Geld Macht verleihen kann. Natürlich kann sich ein finanzschwacher Partner zur Unterordnung gezwungen fühlen, wenn eine Trennung schwerwiegende finanzielle Nachteile mit sich bringen würde. Zitate aus den Mails der TestleserInnen weisen auf solche Empfindungen hin. »Ich muss eine gewisse Unterordnung einhalten«, sagt ein Mann; und eine Frau schreibt: »Ganz aktuell fühle ich mich durch diese Abhängigkeit gezwungen, anders und länger an dieser Beziehung festzuhalten, als ich es wirklich will.«

Aber: Geld schafft nur dann Abhängigkeit, wenn man seine Autonomie aufgibt; wenn man besser leben möchte, als man es sich leisten kann; und wenn man sich schwer damit täte, zu einem bescheideneren Leben zurückzukehren. So wie bei einem Mann, der eine wohlhabende Frau heiratete und seine berufliche Selbstständigkeit aufgab, weil ja genug Geld da war. In der Folge verlor er an Selbstbewusstsein, und später warf er seiner Frau vor, ihr Geld habe ihn kaputtgemacht. In Wahrheit hatte er sich in Abhängigkeit begeben.

Aber derartigen Abhängigkeiten sind Grenzen gesetzt. Die Partner nehmen nicht alles in Kauf und ordnen sich selten auf Dauer unter. Natürlich bezahlen finanziell schwächere Partner im Fall einer Trennung oft einen Preis: Sie verzichten auf Lebensstandard. Im Extremfall kann ein Partner nach einer Trennung auf Sozialleistungen angewiesen sein, und viele alleinerziehende Partner leben in bescheidenen Verhältnissen. Aber wer diese Nachteile unter keinen Umständen in Kauf nehmen will, der zahlt einen anderen Preis: den der Selbstaufgabe. Und offenbar sind immer weniger Menschen bereit, sich des Geldes wegen an den Partner anzupassen.

Geld beschert seinem Besitzer demnach nicht automatisch Macht. Das folgende Beispiel zeigt, dass es keineswegs immer das Geld ist, das in einer Beziehung die Oberhand behält.

Ein wohlhabender Mann ist restlos verliebt in seine Freundin. Er will nicht heiraten, worauf sie sich einlässt, wenn er ihr »ein Kind macht«. Als er sich nicht darauf einlassen will, droht sie mit Trennung, woraufhin der Mann nachgibt. Nach drei Jahren sind es zwei Kinder geworden. Nach fünf Jahren verlässt sie ihn. Ihrer Anwältin gibt sie den Auftrag, ihn »richtig zu melken«. Einer Freundin vertraut sie an: »Ich hatte nie vor, bei ihm zu bleiben, aber ich wollte immer zwei Kinder. Und die haben mehr davon, wenn ihr Vater reich ist.«

Die Macht dieser Frau ging von der Zuwendung aus, die sie dem Mann gab und auf die er offenbar angewiesen war. Liebe kann mächtig sein, und Geld kann sich leicht als machtlos erweisen. Ein Partner kann in einer Beziehung sogar materielle Annehmlichkeiten annehmen, ohne sich davon abhängig zu machen, wie das folgende Beispiel zeigt:

Ein Mann lernt eine wohlhabende Frau kennen. Die beiden beginnen eine Beziehung, und er nimmt ihr Angebot an, in ihr Haus zu ziehen. Die Frau übernimmt sämtliche Lebenshaltungskosten, den Urlaub etc. Der Mann hat das nicht verlangt, aber er nimmt es gern, schließlich hat sie viel mehr Geld, und »es tut ihr nicht weh«, wie er sagt. Er ist begeisterter Tänzer und kann sie anfangs überzeugen, ihn in einige Tanzkurse zu begleiten. Nach einem Jahr verliert sie die Lust an dem Hobby. Er begibt sich daraufhin auf die Suche nach einer Tanzpartnerin, mit der er zweimal wöchentlich Kurse belegen kann. Seiner Freundin passt das überhaupt nicht. Als er eine passende Tanzpartnerin findet, stellt die eifersüchtige Frau ihm ein Ultimatum: »Wenn du das tust, kannst du gleich hier ausziehen.« Der Mann überlegt einige Tage, dann zieht er aus.

Macht ist relativ. Der Mann hat nicht mitgespielt, weshalb die Frau trotz ihres Geldes machtlos dastand. Ein anderes Beispiel zeigt die Machtlosigkeit des Geldes noch deutlicher.

> Eine Angestellte und ein viel beschäftigter Unternehmer verlieben sich und heiraten. Es wird ein Ehevertrag gemacht, der Ansprüche seitens der Frau ausschließt, soweit rechtlich möglich. Nach vier Jahren Ehe, in der die Frau sich immer mehr vernachlässigt fühlt, beginnt sie eine Affäre mit einem Arbeitskollegen. Ihr Mann bekommt das mit; er hat Angst, sie zu verlieren. Er droht ihr, sich scheiden zu lassen, dann müsse sie wieder mit ihrem kleinen Gehalt auskommen. Die Frau zeigt sich unbeeindruckt, sie sagt: »Geld? Was ist schon Geld! Mir ging es vor dir besser!«, und lehnt sein Angebot ab. Sie stellt ihn vor die Wahl, die Affäre zu akzeptieren oder die Trennung zu vollziehen.

Wer hat hier die Macht? Wenn sich der Partner unabhängig zeigt, wenn er bereit ist, unter Umständen auf Lebensstandard zu verzichten, steht der finanzstarke machtlos da.

Geld verleiht nicht automatisch Macht. Liebe ist nicht weniger machtvoll.

Wie andere es machen

Im folgenden, rein praktischen Abschnitt des Buchs geht es darum, einen Blick auf das Geldverhalten anderer Paare zu werfen – sowohl auf ungelöste Probleme als auch auf gefundene Lösungen. Ich schildere dazu einige Beispiele und kommentiere sie.

Zum Geldverhalten von Paaren gibt es einige Umfragen, die jedoch nicht unbedingt repräsentativ sind. Nach einer Umfrage der »Consorsbank« kennen angeblich 41 Prozent der Deutschen das Einkommen des Partners nicht. Je jünger die Paare seien, desto weniger wüssten sie voneinander; und je höher das Einkommen sei, desto eher habe der Partner davon Kenntnis. Nach den Ergebnissen einer Postbank-Studie wünschen sich 20 Prozent der Frauen, dass der Partner mehr verdient als sie selbst, bei den Männern sind es nur etwa 8 Prozent. Von den Unverheirateten sorgen 92 Prozent für sich selbst, bei Verheirateten sind es 70 Prozent. Etwa 40 Prozent nutzen ein gemeinsames Konto für alle Geldeingänge und Ausgaben.[25] Die Umfrage einer Versicherung bei zusammenlebenden Paaren ergab, dass sich 20 Prozent der Paare bei Beträgen zwischen 100 und 250 Euro, 55 Prozent bei Ausgaben bis 1000 Euro und 71 Prozent bei höheren Beträgen zuverlässig streiten.[26]

Solche Zahlen mögen mehr oder weniger interessant sein – dem einzelnen Paar bringen sie nichts. Denn beim Thema Geld verhält es sich wie bei den Liebesformen. Paarbeziehungen und Geldverhalten sind individualisiert, daher gibt es keine allgemein brauchbaren Lösungen. Die richtige Lösung ist die für das jeweilige Paar passende – jetzt, in dieser Phase oder dauerhaft. Nichtsdestotrotz lassen sich aus den Lösungen, die andere gefunden haben, Anregungen für den eigenen Umgang mit Geld gewinnen.

Die größten finanziellen Streitpunkte in Partnerschaften beziehen sich auf Einkommen, Anschaffungen und die übrige Verwendung von Geld wie persönliche Interessen. Die Lösungen hängen wesentlich davon ab, ob die Partner ihre Beziehung als gemeinsames Projekt definieren – oder als Beziehung zweier unabhängiger Partner.

- Ein gemeinsames Projekt besteht in einer »Lebensbegleitung« oder einer »Familiengründung«. Dann versprechen Partner einander gegenseitige Fürsorge, Versorgung, Verpflichtung und Absicherung bei der Durchführung ihres Vorhabens. Daher machen diese Paare in vielen Fällen gemeinsame Kasse.
- Wenn zwei den Schwerpunkt ihrer Bindung nicht im »Überleben« sehen, sondern sich als unabhängige, selbstverantwortliche Individuen begreifen, trifft dies auch auf den Umgang mit Geld zu. Diese Paare bevorzugen getrennte Kassen.

Gleichgültig, ob gemeinsame oder getrennte Kasse, ob eines oder mehrere Konten – von jeder Vorgehensweise gibt es zahlreiche Varianten, die neben Vorteilen stets auch eigene Konfliktpotenziale bergen.

Die Einkontolösung

Bei dieser Lösung führen die Partner ein gemeinsames Konto, auf das alle Einnahmen fließen und aus dem sämtliche Ausgaben beglichen werden. Es finden sich hinsichtlich der Verfügung über das Geld u. a. folgende Varianten:

- Ein Partner (meist der Hauptverdiener) verfügt über das Konto, und der andere muss sich Geld, beispielsweise Haushaltsgeld oder Taschengeld, von ihm geben lassen. Das schafft ein gewisses Machtgefälle.
- Beide Partner haben Kontovollmacht, und jeder nimmt sich, was er zu brauchen glaubt. Das verführt dazu, die Ausgaben des Partners zu kontrollieren.

Der Vorteil einer Einkontolösung liegt darin, dass sich die Partner auch in finanzieller Hinsicht »zusammen« fühlen und nicht auf sich allein gestellt sind. Konfliktpunkte ergeben sich aus der Einkontolösung beispielsweise, weil sich das Paar fast immer auf ein »Wir« einigen muss. Wie gehen »wir« mit Geld um? Was wollen »wir«? Ein neues Auto? Möbel? Urlaub? Brauchen »wir« das? Über das Wir können erhebliche Meinungsverschiedenheiten bestehen und ausgefochten werden, weil es in einer Beziehung nämlich kein einvernehmliches Wir gibt. Faktisch gibt es zwei Wir: das Wir des einen und das Wir des anderen Partners. Ein weiterer potenzieller Konfliktpunkt bleibt die Frage danach, ob und in welcher Höhe es Geld gibt, das Nicht-Wir ist: »Was darf ich für mich ausgeben, und was du für dich?«

Die Zweikontenlösung

Wenn Partner zwei getrennte Konten führen, wollen sie ihre finanziellen Angelegenheiten getrennt halten. Jeder bekommt seinen Verdienst auf sein eigenes Konto, und die Wir-Ausgaben werden irgendwie ausgeglichen.

- Entweder erfolgt der Ausgleich nach Gefühl,
- oder es findet eine Art Buch- oder Zettelführung mit späterem Ausgleich statt.

Eine Zweikontenlösung erspart es den Partnern, sich über privates Geld auseinandersetzen zu müssen. Jeder ist für sich selbst verantwortlich. Potenzieller Konfliktpunkt ist die Frage, ob sich die Ausgaben tatsächlich entsprechen. Wenn einer den Einkauf zahlt und der andere die Urlaube, kann das hinkommen, muss es aber nicht. Und wenn Zettel geführt werden, muss man dem Partner in dieser Hinsicht vertrauen. Konflikte ergeben sich auch, wenn einer deutlich mehr Geld hat als der andere und sich einen anderen Lebensstil leisten kann. An wessen Standard soll man sich dann bei gemeinsamen Vorhaben (Urlaub, Hauskauf etc.) orientieren?

Die Dreikontenlösung

Bei einer Dreikontenlösung behält jeder sein Einkommen auf dem eigenen Konto, und für gemeinsame Ausgaben wird ein drittes Konto eingerichtet.

- Darauf zahlt jeder den gleichen Betrag
- oder einen vereinbarten Anteil am gemeinsam benötigten Geld ein.

Diese Dreikontenlösung bietet sich eventuell an, wenn die Geldstile der Partner unvereinbar sind – beispielsweise, weil einer gern teure Dinge kauft und es ihm nichts ausmacht, sich zu verschulden, während der andere sparsam ist und sich mit einfachen Dingen zufriedengibt. Konfliktpunkte ergeben sich hierbei, weil die Partner festlegen müssen, was gemeinsame und was individuelle Ausgabe ist, was also vom dritten Konto bezahlt werden darf und was nicht. Meist werden daraus die grundlegenden Ausgaben für Miete/Hausraten und Essen beglichen, während Ausgaben für Urlaube, Hobbys, Versicherungen oder die individuelle Altersvorsorge Privatsache jedes Partners sind.

Die unterschiedlichen Kontenlösungen bieten, wie gesagt, zahllose Variationsmöglichkeiten. Einige davon zeigen sich in den folgenden *ungelösten* und den daran anschließend aufgeführten *gelösten* Geldproblemen in Beziehungen.

Ungelöste Geldprobleme

Schauen wir uns zuerst ungelöste Probleme an. Diese ergeben sich vorwiegend aus den Schilderungen der TestleserInnen. Diese beschreiben die ungelöste Situation selbst, ich werde dann aus meiner Sicht versuchen, die Lage einzuordnen und Lösungsmöglichkeiten anzudeuten. Naturgemäß werde ich dabei nicht auf individuelle Bedeutungen von Geld eingehen können; das können nur die Partner selbst tun.

Streit ums Urlaubsgeld

»Ich erlebe häufig, dass ich mit meiner Partnerin Streit habe, wenn bei finanziellen Absprachen (eventuell aus Angst vor einem Konflikt?) etwas unausgesprochen bleibt, was nachher zu Missverständnissen oder Vorwürfen führt. Beispielsweise ist vereinbart, dass sich jeder zur Hälfte an den Urlaubskosten beteiligt. Hinterher habe ich den Eindruck, dass sie sich um Zahlungen drückt. Ich sage dann: ›Du hattest mir doch zugesagt, dass du dich zur Hälfte an den Urlaubskosten beteiligen wolltest. Warum tust du es dann nicht?‹, und bekomme von meiner Partnerin zur Antwort: ›Wieso, ich habe im Urlaub doch einige Einkäufe gemacht, ich denke, damit habe ich meinen Teil bezahlt!‹ Dieses Problem kann ich nicht lösen, da meine Partnerin mir Vorwürfe macht, ich würde sie ausnutzen, und darüber nicht mehr sprechen will. Ich habe mit etwas Abstand schon öfter versucht zu klären, warum wir das Geldthema bei der Urlaubsfinanzierung so verschieden verstehen, aber daraus kam keine befriedigende Lösung.«

Hier sind offenbar unklare Abmachungen getroffen worden. Es ist, wie der Mann selbst andeutet, aus Angst vor Konflikten nicht darüber gesprochen worden, wie sichergestellt wird, dass jeder tatsächlich 50 Prozent der Kosten trägt. Die Rechnung wird »nach Gefühl« gemacht, und dabei spielen andere Dinge als reine Fakten mit. Der Mann sollte die Weigerung, nicht weiter über das Thema zu sprechen, nicht akzeptieren, sonst bleibt der Vorwurf, er wolle seine Partnerin ausnutzen, an ihm hängen. Der Vorwurf müsste ihn eigentlich schmerzen, aber auch dieser Auseinandersetzung (ich meine nicht: Streit) geht er offenbar aus Furcht vor Konflikten aus dem Weg.

Auf der emotionalen Ebene fühlen sich beide offensichtlich vom anderen ausgenutzt. Da der Mann das Thema aufgreift, macht er sein Misstrauen als Erster deutlich und fängt sich einen entsprechenden Vorwurf ein. Damit kaschiert seine Partnerin ihr eigenes Misstrauen. Würden die beiden darüber sprechen, dass sie sich ausgenutzt fühlen (sich ausgenutzt *fühlen* ist etwas anderes als tatsächlich ausgenutzt worden *sein*), wodurch sie sich ausgenutzt fühlen und was dieses Gefühl verändern könnte, kämen sie zu einer Lösung.

Von der »technischen« Seite her wären einfache Lösungen denkbar. Lösung 1: Jeder schreibt auf, wie viel er wofür ausgegeben hat, am Ende wird die Rechnung aufgemacht und die Beträge werden ausgeglichen. Lösung 2: Jeder legt dieselbe Summe in eine Urlaubskasse, aus der alle Ausgaben bezahlt werden. Wenn sie leer ist, legt jeder dieselbe Summe nach.

Unterschiedliche Geldstile

»Schon direkt nachdem wir ein junges Paar waren, gab es in einem Wanderurlaub mit meinem Partner eine charakteristische Situation, die mir sauer aufgestoßen ist. Wir tranken oben auf der Hütte jeweils ein Getränk, und irgendwie hatte ich zu wenig Kleingeld dabei. Er gab mir dann 20 Cent dazu und erinnerte mich unten in der Pension sofort daran, dass ich ihm diese noch geben müsse. Das fand ich ziemlich kleinkariert. Ungelöst blieb und bleibt bis heute unsere unterschiedliche Wertung und Bewertung von Geld. Er ist geizig und extrem sparsam, aber nur, wenn er selbst zahlen soll. Ich bin eigentlich großzügig, ärgere mich aber jedes Mal, wenn ich etwas gebe, vor allem, weil es dafür auch nie eine Anerkennung gibt. Er blockt das Thema ab und sagt einfach, er sei eben so. Ich sehe/sah da keine Lösung, stelle aber fest, dass ich zunehmend sauer bin.«

Ein gutes Beispiel für unterschiedliche »Geldstile«. Was stellt sich die Frau unter einer Lösung vor? Vielleicht, dass beide eine ähnliche Bewertung von Geld und einen ähnlichen Umgang damit entwickeln? Das erscheint in der Tat mehr als unwahrscheinlich. Keiner wird in der Lage sein, den Partner zu verändern, weder dessen »Macken« noch dessen Geldstil. Das Einzige, das in dieser Lage helfen kann, ist ein für beide akzeptabler *Umgang mit dieser Unterschiedlichkeit*. Dazu müssten einige Voraussetzungen erfüllt sein. Zuerst müssten sich die Partner die Unterschiede bewusst machen und diese benennen. Dann könnten sie einiges über die Hintergründe dieser individuellen Unterschiede herausfinden. Dazu ist allerdings Gesprächsbereitschaft auf beiden Seiten nötig, und diese scheint beim Mann nicht sehr ausgeprägt zu sein.

Was könnte die Frau tun, um ihn zum Gespräch zu bewegen? Sie könnte versuchen, herauszufinden, warum es *für den*

Partner so wichtig ist, sogar 20 Cent zurückzuverlangen, denn auch wenn das schwer nachvollziehbar sein mag, ist es *für ihn* sehr wichtig, selbst kleinste Beträge einzufordern. Oder sie könnte ihm klarmachen, wie es sich *für sie* anfühlt, vom eigenen Partner an 20 Cent erinnert zu werden. Wenn er dennoch nicht gesprächsbereit ist, könnte sie deutlicher werden und beispielsweise ironisch mit der Situation umgehen. Ihm etwa jedes Mal einige Cent mehr zurückgeben, vielleicht mit der bösen Bemerkung: »Hier hast du 30 Cent, kauf dir dafür etwas Schönes.« Oder sich schlicht weigern, ihm 20 Cent zurückzugeben. Das wird den Partner wahrscheinlich treffen, und dann ist er womöglich zuerst konflikt- und dann gesprächsbereit.

In diesem Fall scheint bei beiden Partnern ein wunder Punkt vorzuliegen, der mit »geben« zu tun hat. Er gibt nicht gern; vielleicht hat er das Gefühl, nicht genug zu bekommen. Sie gibt zwar gern, erwartet dafür aber Anerkennung. Wenn das Gespräch die »wunden Punkte« beider verdeutlicht, findet sich leichter ein Weg, rücksichtsvoll mit den Unterschieden umzugehen, sodass es für beide gut ist. Um dahin zu kommen, sollte die Frau einen Konflikt in jedem Fall nicht scheuen; immerhin frisst sich der Ärger langsam tiefer in sie hinein.

Teilhabe

»Das Ausgeben von Geld, das ich erarbeite, durch die Ehepartnerin ist immer eine echte Herausforderung. Meine Frau verhält sich da nicht zimperlich; sie gibt mit vollen Händen aus, jedenfalls meine ich das. Aber was ist richtig, was falsch? Der Umgang damit ist schwierig, wir streiten uns oft darüber. Die einzige mir zur Verfügung stehende Lösung war schließlich mein Satz: ›Kauf, was du willst, nur sag es mir nicht.‹ Das hat erst mal funktioniert, ohne Bankrott anzumelden. Ist aber nicht wirklich befriedigend.«

Möglich, dass hier ein Ungleichgewicht in der partnerschaftlichen Bilanz vorliegt, indem der Mann keine entsprechende Gegenleistung für sein Einkommen erhält. Möglich aber auch, dass der Mann seine Arbeitsleistung zu hoch und den nicht ökonomischen Beitrag seiner Frau zu gering einschätzt. Das grundlegende, verbindende Thema lautet hier offenbar »Wertschätzung«. Dieses Thema sollte vom Mann aufgegriffen werden, dann kann sich zeigen, ob tatsächlich eine partnerschaftliche Schieflage vorliegt, ob er seinen Beitrag ungerechtfertigt höherschätzt oder wie für beide Wertschätzung gezeigt werden kann. Vom praktischen Gesichtspunkt aus bestünde eine Möglichkeit gegenseitiger Wertschätzung darin, jedem Partner für seinen individuellen Bedarf eine gleiche Summe zur Verfügung zu stellen.

Abhängigkeit vermeiden

> »Ich bin von meinem Mann geschieden. Die schlimmste Situation mit ihm war, als ich damals wegen der noch kleinen Kinder nicht arbeiten konnte. Mein Ex hat nie durchblicken lassen, wie viel Geld er verdiente. Obwohl er gut verdiente, gab er mir nur ein knappes Haushaltsgeld, um welches ich ihn jeweils bitten musste. Ich habe mir damals vorgenommen, nie mehr in so eine entwürdigende Situation zu kommen. Heute bin ich geschieden, arbeite 30 Stunden, habe von meinen Eltern etwas Geld geerbt, das mir eine gewisse Sicherheit vermittelt, und lebe allein mit meinen Kindern.«

Hier lief es im partnerschaftlichen Bereich von Anfang an schräg. Wie kann die Frau Kinder mit dem Mann in die Welt setzen und zusätzlich ihren Arbeitsplatz aufgeben, ohne auf einem umfassenden Überblick über die finanziellen Verhältnisse und diesbezüglichen Regelungen zu bestehen? Sie hat sich offenbar blindlings auf die partnerschaftliche Bindung eingelassen. Hätte sie das Thema Einkommen, Kinder und Berufstätigkeit gleich zu Beginn der Ehe auf den Tisch gelegt, hätten sich die Dinge frühzeitig geklärt: in die eine oder die andere Richtung. Zur Trennung kam es trotz »Schonung« des Partners dann ohnehin.

In diesem Beispiel zeigt sich besonders deutlich, wie Geld zu einem Machtinstrument werden kann. Sie »musste ihn um Geld bitten«. Musste sie das? Sie hätte andere Möglichkeiten gehabt, die sicherlich auf Konflikte hinausgelaufen wären. Diese Konflikte wollte sie vermeiden, weil sie sich zur Unterordnung gezwungen fühlte. Sie spielte das Machtspiel als Angepasste mit; nur das ermöglichte ihrem Mann, sich derart über sie zu stellen. Am Ende haben beide verloren, wie das in jedem Machtkampf in Paarbeziehungen der Fall ist.

Lastenverteilung

»Einen seltsamen Vorfall erlebte ich mit einem Mann, den ich neu kennenlernte. Wir waren essen und wollten zahlen. Wir mussten 24 Euro zahlen, hatten beide ein Getränk und uns auf seine Anregung hin einen Vorspeisenteller geteilt. Das gemeinsame Essen von einem Teller fand ich schön. Als die Bedienung kam, rief er: ›Ich habe zehn Euro!‹, und legte diese auf den Tisch. Ich war verblüfft. So eine Verhaltensweise kannte ich noch nicht. Ich schaute also in mein Portemonnaie und legte einen 20-Euro-Schein dazu. Die Serviererin war auch etwas irritiert. Sie legte sechs Euro auf den Tisch. Ich war gespannt, was nun geschehen würde. Er wartete erst kurz ab und steckte dann das Geld ein. Ich sprach ihn später darauf an, und er sagte mir, seine Exfreundin und er hätten immer die Rechnungen so aufgeteilt, dass jeder seinen Teil oder was er an Kleingeld hatte, zur Rechnung gegeben habe. Wir lernten uns weiter kennen, und es stellte sich heraus, dass er oftmals seinen Vorteil sah. Es kam zu keiner langfristigen Partnerschaft. Das Problem besteht aber auch in meiner heutigen Partnerschaft. Offenbar haben die Männer den Eindruck, dass es mir nichts ausmacht, mehr zu geben. Gerne lösen würde ich, dass ich mehr auf mich, meine Wertigkeit achte. Aber ich möchte auch nicht kleinkariert sein oder anfangen aufzurechnen. Passen Liebe und Aufrechnung zusammen? Bei mir anscheinend nicht, bei anderen Menschen anscheinend schon.«

Worin besteht das Problem der Frau? Offenbar nicht darin, etwas mehr zu bezahlen; sie ist nicht kleinlich. Es besteht wohl eher darin, dass sie das Verhalten der Männer hinnimmt. Dass es den Männern offenbar selbstverständlich erscheint, weniger zu zahlen, erzeugt in ihr das Gefühl, übervorteilt zu werden. Worin besteht – ihrem Eindruck nach – der Vorteil für den Mann? Darin, weniger zu bezahlen als sie. Dafür gibt es aus ihrer Sicht keinen Grund, und offenbar hat sie den Anspruch, Kosten gleich zu verteilen. Sie hält sich mit diesem Anspruch zurück, weil es um »Liebe« geht. Aufrechnung passt aber durchaus mit Liebe zusammen, mit partnerschaftlicher Liebe. Daher sollte sie dazu stehen und klarmachen, dass sie keinen Grund sieht, mehr zu zahlen als ihr Partner.

Nicht teilhaben lassen

»Wir kennen uns seit vier Jahren, wohnen aber getrennt. Wir haben mal versucht zusammenzuwohnen, es hat aber nicht geklappt. Wir haben nicht viel miteinander zu tun, sind ziemlich unterschiedlich, haben keine gemeinsamen Interessen, aber im Bett läuft es gut, das tut mir gut, auch emotional. Ich verdiene gut, arbeite hart und halte mein Geld zusammen. Mein Freund jobbt und geht mit dem bisschen Geld, das er verdient, ziemlich locker um. Jetzt soll ich ihm 2000 Euro leihen, damit er sich ein altes Auto kaufen kann. Ich will ihm das

Geld eigentlich nicht geben, denn er kommt alle paar Monate mit so etwas an. Er zahlt auch zurück, aber das dauert manchmal lange. Was mich am meisten ärgert, ist, dass er es sich gut gehen lässt und es sich leicht macht, und dann soll ich ihm mit meinem sauer verdienten Geld den Komfort finanzieren. Schließlich braucht er kein Auto und kann Bus fahren, er ist ja nicht in Not. Aber ich habe Angst, dass er dann sauer ist und sich ganz zurückzieht. Ich weiß nun nicht, was ich machen soll.«

Die Frau hat das Geld, aber sie will ihm den Gefallen nicht tun, weil sie ihrem Geld eine individuelle Bedeutung gibt: Es ist hart erarbeitet und dient nicht dem Vergnügen, sondern der Absicherung. »Ihm zuliebe« möchte sie das Geld nicht geben, sie will ihm also kein Freundesgeld geben, auch nicht als Leihgabe. Wenn sie ihm offen sagt: »Ich will dir den Gefallen nicht tun, ich gönne dir mein sauer verdientes Geld nicht«, würde sie deutlich machen, was sie in ihm sieht: einen Sexpartner und nicht mehr. Dann würde sie allerdings riskieren, ihn zu verlieren, weil nicht feststeht, ob sein Selbstwert diese Offenlegung verkraftet. Wenn sie dieses Risiko nicht eingehen will, kann sie ihm das Geld leihen und sich selbst klarmachen, dass es sich dabei um ihren Teil einer partnerschaftlichen Tauschvereinbarung handelt, um gegenseitige Bedürfnisbefriedigung im Sinne von »Fleisch gegen Sex«. Sie könnte sich sagen: »Wenn ich ihn verliere, verliere ich den guten Sex. Dann leih ich ihm lieber Geld und tu mir damit etwas Gutes.«

Fehlender Ausgleich

> »Mein Freund verdient doppelt so viel wie ich, und ich verdiene als Wissenschaftlerin nicht wenig. Dennoch benimmt er sich, als wäre er ein armer Schlucker und Schlechtverdiener, der sich an anderen Menschen schadlos halten müsste. So zum Beispiel isst er am Wochenende, wenn er bei mir zu Besuch ist, quasi alles auf, was ich vorab eingekauft habe und was eigentlich die Woche über reichen soll. Gleichzeitig ist, wenn ich bei ihm bin, der Kühlschrank leer, sodass wir gemeinsam einkaufen müssen und er von mir erwartet, meinen Teil beizutragen. Dieses Ungleichgewicht habe ich lange genug versucht, mir so zu erklären, dass er gut dabei wegkommt. Ich bin aber immer noch zu höflich, als dass ich ihm diesbezüglich Grenzen setzen will. Andererseits bin ich extrem unglücklich über sein Benehmen mir gegenüber.«

Ist die Frau tatsächlich »höflich«? Ist es höflich, das eigene Unglücklichsein über diese Art der Behandlung zu verschweigen? Es ist wohl eher die Scheu davor, sich zu zeigen, die sie hemmt. Sie müsste zeigen, dass sie das Gefühl hat, er wolle sich an ihr schadlos halten, und dass sie unglücklich damit ist. Sie müsste ihr Befremden und ihre Empörung offenbaren und ihre Forderungen auf den Tisch legen. Es geht darum, Stellung zu beziehen und, wenn nötig, auch einmal »unhöflich« zu sein.

Als praktische Interventionen fällt mir ein: Statt mit ihm gemeinsam einzukaufen, wenn sein Kühlschrank leer ist, kann sie ihn alleine losziehen lassen, dann muss er seinen Einkauf selbst zahlen. Sie könnte ihm auch an der Kasse des Supermarkts vorschwindeln, sie habe ihr Geld vergessen. Oder schlicht und einfach eine klare Vereinbarung aushandeln. Was immer ihr einfällt, um das Thema zum Thema zu machen – es wird alles besser sein, als sein Verhalten weiter hinzunehmen.

Gabe oder Tausch?

»Mein Hauptproblem im jungen Alter war, dass wir zwar beide Leidenschaft empfunden haben, dass mein Liebespartner, ein Geschäftsmann, den Ehevertrag aber zu seinen Gunsten abfasste und diesen, charmant verpackt, erst einen Tag vor der Hochzeit rausrückte. Als das schüchterne Mädchen, das ich damals war, wurde ich Opfer dieses Vertrages und konnte mich erst nach mehr als 20 Jahren Ehe mithilfe eines sehr guten Anwalts in eine finanziell einigermaßen würdige Trennung begeben.

Heute bin ich seit vielen Jahren in Beziehung mit einem Mann, wir sind nicht verheiratet. Das Problem, das ich immer noch nicht gelöst habe, ist das Gefühl, dass ich Schulden hätte. Dieser vermögende Mann machte mir gleich zu Anfang ein sehr großes Geschenk. Es war für mich schwierig, es anzunehmen, da aber meine Existenzangst sehr groß ist, ging ich darauf ein. In der Folge machte ich die absurdesten Zugeständnisse in schwierigen Situationen und bei Forderungen seinerseits, aus Angst, ich würde zu wenig tun zum Ausgleich. Das heißt, ich habe mich verbogen oder durchgeschlängelt, wenn ich Dinge tun musste, die nicht meinem Wesen entsprachen. In meinem Verständnis kann ein Geschenk, das aus Liebe geschenkt wurde (das sagen Sie ja auch), nicht zurückgefordert werden. Ich glaube aber, dass die meisten Geschäftsmänner dieses Geben/Nehmen-Prinzip sehr stark in sich verankert haben.«

Hier liegen offenbar Irrtümer auf beiden Seiten vor. Was als Geschenk deklariert und angeblich aus Liebe gegeben wurde, ist offenbar kein Geschenk, weil damit Forderungen und Erwartungen verbunden sind. Die Frau weiß oder spürt zumindest, dass es sich um ein Tauschangebot handelt und nicht um ein Geschenk. Indem sie es annimmt, macht sie in der Tat Schulden, aus Existenzangst, und sie tut sich schwer damit, diese zu begleichen. Darüber hinaus traut sie sich nicht, zu testen, ob der Mann tatsächlich schenken oder tauschen will. Um das herauszufinden, müsste sie sich seinen Forderungen verweigern und dann sehen, mit welchen Argumenten er für seine Bedürfniserfüllung kämpft. Ob sie sich tatsächlich »verbiegen« und absurde Zugeständnisse machen muss, steht ja nicht fest, und wenn der Mann das fordern würde, fiele es ihr sicher leichter, für sich zu bestimmen, wie weit sie gehen will.

Ebenbürtigkeit suchen

»Ich bin in einer sehr unausgewogenen finanziellen Beziehung – ich habe nichts, er hat alles. Mein Einkommen wird zum Leben verwendet. Wir sind seit 13 Jahren verheiratet, haben drei Kinder, und ich bin selbstständig als Ergotherapeutin im kleinen Rahmen tätig. Zu Beginn unserer Beziehung (vor 20 Jahren) war ich die Besserverdienerin, dann haben wir für kurze Zeit gleich viel verdient, und dann kamen die Kinder, und mein Einkommen ging teilweise gegen null. Er nutzt sein Geld, um weiteres Vermögen zu bilden. Sein Geld ist das, was er verdient. Meines, welches ich verdiene. Geregelt ist nichts. Es ist so, dass er die Fixkosten für Haus und Kinder trägt. Doch es ist ja sein Haus, in welches er monatlich investiert. Außerdem verfügt er über ein Vermögen aus einer Erbschaft, das sich im siebenstelligen Bereich bewegt. Für den Alltag ist dennoch wenig Geld da. Meine Versuche, die Finanzen zu optimieren, scheitern jedes Mal an der Einseitigkeit dieses Vorhabens. Angefangen damit, die Finanzen aufzulisten (Einnahmen, Ausgaben), Liquidität zu erhöhen und Vermögen umzustrukturieren, damit jetzt mehr übrig bleibt und damit der Alltag entspannter wird. Doch allein zur Listung fehlen mir Details und Vermögensberichte. Und ein Interesse meines Mannes, an der aktuellen Finanzsituation etwas zu ändern, gibt es nicht. Ihm fehlt es ja an nichts.

Es gelang mir bisher nicht, mich aus dieser Abhängigkeit zu lösen. Für mich fühlt es sich immer so an, als würde ich fremdes Geld ausgeben. Ich kümmere mich um Kinder, Haushalt, Haus, soziales Leben, Ausbildung der Kinder, Sport der Kinder – kurzum, ich kümmere mich um alles, er geht acht Stunden arbeiten. Sehr effizient, da er im väterlichen Betrieb für diese acht Stunden ein phänomenales Gehalt erhält. Das schaffe ich bei gleichem Zeitinvest niemals. Weswegen ich mich bisher hier nicht auf Augenhöhe gesehen hatte. Ganz aktuell fühle ich mich durch diese Abhängigkeit gezwungen, anders und länger an dieser Beziehung festzuhalten, als ich es wirklich will. Ich versuche, mehr Einnahmen auf meiner Seite zu generieren, um mich ihm ebenbürtig zu fühlen.«

Worin besteht das Problem der Frau? Sie fühlt sich nicht ebenbürtig, und das kommt nicht von ungefähr, sondern liegt an ihrer Unterordnung. Offenbar schätzt sie ihren nicht ökonomischen Beitrag zur Partnerschaft ebenso gering wie der Mann. Geld scheint für beide mehr Wert zu haben als persönliche Dienste. Zudem deutet sie an, sie würde die Beziehung beenden, wenn sie mehr Geld hätte. Eine gute Rechtsberatung könnte ihre Perspektive verändern und zu mehr Sicherheit bezüglich ihrer finanziellen Lage führen. Vielleicht würde sie ihn dann wissen lassen, dass sie an eine Trennung denkt; und es wird sich in der dann mit ziemlicher Sicherheit ausbrechenden Krise zeigen, was sie ihrem Mann wert ist.

Sich etwas gönnen

> »Ein Problem, das ich noch nicht gelöst habe, ist, auch in einer Beziehung finanziell unabhängig zu bleiben bzw. mir etwas zu gönnen. Ich bin inzwischen verheiratet, und wie schon in vielen Partnerschaften zuvor ist Geld bisher eher Mangelware. Da ich dazu neige, mich und meine Bedürfnisse (eigenes Auto, Kleidung, Reisen) hinter den Bedürfnissen meines Partners (Unterhaltspflicht gegenüber Kindern aus der Vorehe, Abtrag von Schulden) hintanzustellen, habe ich immer das Gefühl, zu kurz zu kommen. Um dieses Gefühl abzufedern, neige ich dazu, selbst nicht viel zu verdienen. Somit geht auch nichts von ›meinem‹ Geld in ›seine‹ Verpflichtungen.«

Offenbar hat hier vor der Heirat keine klare Absprache zwischen den Partnern stattgefunden. Die Frau hat sicherlich nicht klargemacht, dass sie finanziell unabhängig sein will und nicht für seine alten Schulden aufkommen möchte. Die Partner trennen nicht zwischen »deinem« und »meinem« Geld. Wahrscheinlich gibt es auch keine Kontentrennung, was die Sache vereinfachen würde. Die Lösung, wenig zu verdienen, um nichts abgeben zu müssen, ist eine schlechte Krücke. Besser wäre es, für Klarheit zu sorgen. Wenn die Kassen getrennt sind, kann sie den Mann immer noch, falls sie das wünscht, hier und da finanziell unterstützen. Aber dann tut sie es mit »ihrem« Geld.

Gelöste Geldprobleme

Die hier geschilderten Lösungen stammen ebenfalls aus den Zusendungen der TestleserInnen und von Paaren, die eine Beratung aufgesucht haben.

Individuelle Bedeutung berücksichtigen

> »Wir sind verheiratet und machen gemeinsame Kasse. Das klappt sehr gut, es gab nur einmal ein großes Problem. Damals waren die Aktien im Keller und ich wollte unser Gespartes zum großen Teil in Dax-Aktien investieren. Meine Frau hat sich dagegen gesperrt, alle Erklärungen sind nicht gegen ihre Angst angekommen, das Geld zu verlieren. Es hätte nur die Möglichkeit gegeben, das Gesparte aufzuteilen und dann meine Hälfte von dem Geld in die Aktien zu stecken. Das wollte ich nicht, obwohl sich der Wert der Aktien nach fünf Jahren vervierfacht hatte. Es hat mich lange geärgert, diese Chance verpasst zu haben. Ich habe mein Problem gelöst, indem ich mir klargemacht habe, dass ich mich selbst dazu entschieden hatte, auf ihre Ängste Rücksicht zu nehmen. Die Gemeinsamkeit mit ihr war mir wichtiger als das Geld. Was hätte ich mit meinem Gewinn gemacht? Ihn für mich behalten? Das hätte sich komisch angefühlt. Und was hätte sie gemacht, wenn ich mein Geld verloren hätte? Mich hängen lassen? Bestimmt nicht.«

Ein gutes Beispiel dafür, wie individuelle Bedeutungen von Geld beim partnerschaftlichen Umgang berücksichtigt werden können. Ihr bedeutet Geld unverzichtbare Sicherheit, er geht darauf ein, weil er sowohl ihre Motive versteht als auch die Konsequenzen durchdenkt, die eine Geldtrennung für die Beziehung hätte.

Getrennte Konten einrichten

»Ich habe erlebt, dass das Thema Geld unser allgemeines Muster – ich übernehme Verantwortung für ihn – noch verstärkt hat. Auch im finanziellen Bereich habe ich die gesamte Verantwortung für das Konto und für Zahlungen übernommen. Mein Partner kennt bis heute nicht die Summe unserer fixen Kosten. In der Folge kam es gemäß dem üblichen Beziehungsmuster zu Vorwürfen von ihm, dass zu viel Geld ausgegeben werde und nie etwas übrig sei. Allerdings konnte er nichts konkret benennen. Er hat so getan, als ob ich über die Ausgaben wachen müsste; ich wollte aber nur die Konten verwalten. Alle Vorschläge meinerseits zur Klärung der Situation, wie ein Haushaltsbuch anlegen etc., wurden entwertet, daher kam es nie zu einer Klärung.

Ich habe das Problem dann selbst gelöst, indem ich einfach getrennte Konten angelegt habe. Dadurch hat jetzt jeder die Verantwortung für seinen Teil. Ein gewisser Betrag wird von jedem auf ein Extrakonto eingezahlt, von dem die fixen Kosten wie Haus etc. abgehen. Seitdem habe ich das Gefühl, wesentlich mehr Geld zur Verfügung zu haben, obwohl sich mein Kaufverhalten nicht geändert hat. Außerdem war die Trennung der Konten eine Maßnahme, die unsere Beziehung entlastet, da sinnlose Diskussionen über Haushaltsbuch etc. wegfallen und mein Partner mir für seine oder meine Ausgaben keine Verantwortung mehr zuschieben kann.«

Der Mann kümmert sich nicht um seine Geldangelegenheiten, er schiebt die Verantwortung seiner Frau zu, sie hat diesen »Auftrag« übernommen. Demzufolge wird sie auch für die emotionale Unsicherheit des Partners verantwortlich gemacht. Sie versucht erfolglos, diese Unsicherheit durch rationale Vorschläge zu beruhigen. Was funktioniert, ist die

Auflösung dieser »Verantwortungsübertragung« und die Rückgabe seiner Verantwortung an ihn durch das Einrichten getrennter Konten.

Teilhaben lassen

»Urlaub mit meiner Freundin war immer ein Problem, weil sie weniger Geld hat und sich blöd vorkam, wenn ich alles bezahlt habe. Wir haben das dann so gelöst: Wir machen eine gemeinsame Urlaubskasse, in die jeder einzahlt, was er aufbringen will oder kann, aus der wird dann Essen, Mietwagen, Unterkunft etc. bezahlt, aber keine Kleidung und keine privaten Extras, die zahlt jeder selbst. Klappt perfekt.«

Die Lösung ist freundschaftlich: Jeder gibt, was er kann, und jeder ist für individuelle Extraausgaben selbst verantwortlich. Schon der Akt der Zahlungen macht dies deutlich. Anstatt dass er »sein« Geld aus der Brieftasche zieht und »für sie« bezahlt, greift jetzt einer in die Urlaubsbörse und zahlt mit Geld, das als gemeinsames Geld deklariert wurde.

Geheimhaltung

»Es war und ist immer ein Problem, dass ich sehr gut verdiene. Damit es nicht zu Machtkämpfen kam, musste ich meinem Mann gegenüber ein gewisses Understatement wahren, eine gewisse Unterordnung einhalten. Auf Dauer war es für mich nicht mehr akzeptabel. Ich habe mich getrennt. Nach der Trennung war Geld ein Problem, denn nun wollte er Unterhalt. In meiner aktuellen Beziehung verdiene ich wieder deutlich mehr. Dies löst auch bei meinem neuen Partner ein gewisses Minderwertigkeitsgefühl aus. Das Problem habe ich für mich gelöst, indem ich meine Finanzen nicht mehr offenlege. Er weiß nur, dass ich gut verdiene, aber nicht, wie viel.«

In der ersten Beziehung wurden offenbar anstehende Machtkämpfe nicht frühzeitig und nicht offen geführt; als Ausweg blieb die Trennung. Welche Art von Machtkämpfen wollte die Frau mit ihrer Unterordnung vermeiden? Kämpfe darum, wie das Geld verwendet wird? Wem das Geld gehört? Kämpfe darüber, wer in der Beziehung was zu sagen hat? Bemerkenswert ist, dass der Mann in der Ehe Probleme hatte, das höhere Gehalt der Frau anzuerkennen, nach der Scheidung aber kein Problem darin sah, von ihr Unterhalt zu fordern.

Mit ihrer Lösung, dem neuen Partner ihr Gehalt zu verschweigen, kommt die Frau besser klar, weil sie sich jetzt nicht mehr unterordnet. Vielleicht würde sie sich mit einer offensiveren Haltung noch besser fühlen als mit Heimlichkeiten.

Klare Verhältnisse

»Wir sind verheiratet, jeder hat sein eigenes Einkommen, wir teilen unsere Lebenskosten, ansonsten behält jeder sein Geld. Vor zwölf Jahren wollte meine Frau unbedingt ein Haus kaufen, auch zur Altersabsicherung. Sie hat mich gefragt, ob ich nicht mitmachen wolle, dann sei das Haus schneller zu bezahlen. Ich wollte mich aber nicht finanziell binden, was zu einigen Problemen geführt hat, weil sie sich hängen gelassen fühlte. Ich wollte ihr aber entgegenkommen. Die Lösung war: Meine Frau kaufte das Haus, ich zahle seither Miete bei ihr. Voriges Jahr habe ich ihr angeboten, die Restschulden vom Haus zu übernehmen. Sie hat das angenommen, dafür wohne ich bis zu meinem Lebensende mietfrei bei ihr. Wenn wir uns trennen sollten, muss sie mir den gegebenen Betrag abzüglich der bis dahin aufgelaufenen Miete auszahlen. Damit sie dabei das Haus nicht verliert, haben wir notfalls Ratenzahlung vereinbart. Wir haben das detailliert vor einem Notar beurkunden lassen. Das klappt bei uns ohne Probleme, weil wir die Sache ganz nüchtern angehen.«

Die Lösung der beiden Partner ist deshalb problemlos, weil sie kühles Geld wie kühles Geld behandeln, nämlich nüchtern, und von freundschaftlichen Erwartungen und emotional-leidenschaftlichen Sehnsüchten freihalten.

Zusammengefasst: Thesen und Strategien zum Umgang mit Geld in Paarbeziehungen

In dieser Zusammenfassung finden Sie die wichtigsten Thesen des Buchs nochmals komprimiert und ohne Fallbeispiele. Wenn Sie die bisherigen Kapitel gelesen haben, können Sie diesen Teil überspringen (oder überfliegen) und direkt zum Interview mit der Rechtsanwältin Wiebke Chemnitz ab Seite 247 springen.

Das Geld

Fangen wir mit dem ersten grundlegenden Begriff an. Was ist Geld? Es ist ein wirtschaftliches und soziales Phänomen, dessen wesentliche Funktionen sich für unsere Zwecke folgendermaßen raffen lassen: Geld ist ein Versprechen, ein Mittel und ein Symbol.

Geld als Versprechen. Geld bezieht seinen Wert aus dem staatlich garantierten Versprechen, dass man dafür etwas anderes als Geld eintauschen kann, nämlich Waren oder Dienste. Mit Geld kann man andere Menschen dazu bringen, einem Dinge zu geben oder Dienste zu leisten. Und solange Menschen dem immanenten Versprechen des Geldes trauen, können damit Ansprüche auf Dinge oder Dienste nicht nur erworben, sondern darüber hinaus angesammelt werden. Insofern ist Geld ein soziales Instrument, um Ansprüche auf Dinge oder Dienste zu erheben und aufzubewahren. Dabei ist es für unser Thema unerheblich, ob Geld in Form von Münzen, Scheinen, Aktien, Krediten, Schuldverschreibungen, Bankguthaben oder anderen geldwerten Dinge wie Gold oder Edelsteinen vorkommt; all diese geldwerten Dinge firmieren hier unter dem Begriff Geld.

Geld als Mittel. Geld, Gold, Aktien, Buchgeld, Diamanten, Schuldverschreibungen – alle Geldformen behalten ihren Wert unter der weiteren Voraussetzung, dass Überschüsse an Dingen/Diensten vorhanden sind, die verteilt werden sollen. Geld fungiert bei diesem Austauschprozess als Medium: Es vermittelt zwischen den unzähligen Waren und Dienstleistungen, die in den Sozialgefügen über den persönlichen Bedarf hinaus zur Verfügung stehen. Geld ist insofern ein unpersönliches Mittel, um Überschüsse an Dingen oder Diensten zu verteilen.

Geld als soziales und als individuelles Symbol. Geld hat darüber hinaus Symbolkraft, das heißt, es steht noch für etwas anderes als Geld. Geld symbolisiert Wert, soziale Eigenschaften und individuelle Bedeutungen.

Geld symbolisiert den Wert von Dingen/Diensten anhand von Zahlen. Dadurch macht es nicht vergleichbare Dinge vergleichbar. Über Zahlenwerte hinaus symbolisiert Geld soziale Eigenschaften, beispielsweise steht es für Macht, für Leistung, für Achtung, für Sicherheit, für Status, für Einfluss und anderes mehr. Neben diesen sozialen Bedeutungen nimmt Geld schließlich auch individuelle Bedeutungen an. Jeder Einzelne bewertet Geld aufgrund damit verbundener Lebenserfahrungen und erworbener Einstellungen unterschiedlich. Wodurch auch immer diese individuelle Symbolkraft des Geldes bestimmt ist, ob durch Sehnsucht danach, Abscheu davor – Geld ist nie bloß Geld, sondern es wird durch individuelle, emotionale Bedeutungen aufgeladen.

Damit komme ich zu einer auf unser Thema abgestimmten Definition:

Geld ist ein unpersönliches Mittel, um wirtschaftliche Überschüsse an Dingen oder Diensten anhand staatlich garantierter Versprechungen zu verwalten, indem es nicht vergleichbare Dinge durch symbolische Zahlenwerte vergleichbar macht, seine Besitzer mit sozialen Bedeutungen ausstattet und individuell unterschiedliche Bedeutungen einnimmt.

Was hat das mit der Paarliebe zu tun? Sehr viel. Geld stellt auch in Paarbeziehungen Versprechen auf. Zudem ist es unpersönlich, wodurch es dem persönlichen Charakter einer Beziehung eigentlich widerspricht. Darüber hinaus messen Beziehungspartner ihm unterschiedliche Bedeutungen bei und gehen teils sehr unterschiedlich damit um. Kurzum: Geld spielt in der Paarliebe mit, es lässt sich nicht aus ihr herausdenken.

Die Paarliebe

Kommen wir zum zweiten grundlegenden Begriff, der Liebe. Geld ist multidimensional, das Gleiche gilt für die Paarliebe, auch sie ist nicht bloß »Liebe«. (Wenn ich im Folgenden übrigens von Liebe spreche, ist damit stets die Paarliebe gemeint.)

Was ist Liebe? Liebe ist eine intensive Form menschlicher Verbundenheit. Unter Paarliebe versteht man eine Verbundenheit zweier Menschen, die von existenzieller, emotionaler oder intimer Bindung gekennzeichnet ist.

Über diese spezielle Bindung lässt sich allerdings wenig aussagen, wenn man allgemein von »der Paarliebe« spricht. Denn zwischen Partnern haben sich im Laufe eines langen geschichtlichen Prozesses drei unterschiedliche Bindungsformen mit verschiedenen Verhaltensanforderungen herausgebildet. Diese Bindungsformen kommen auch heute noch in den meisten Paarbeziehungen vor; und da jede ihren eigenen Bezug zum Geld aufweist, ist in jeder ein anderer Umgang mit Geld erforderlich.

Um das nachzuvollziehen, sollten wir kurz auf die geschichtliche Entwicklung der Paarliebe, die drei Liebesbereiche einer Paarbeziehung, deren immanente Logiken und Verhaltensanforderungen und die sich daraus ergebenden Geldarten einer Paarbeziehung schauen.

Jäger- und Sammlergesellschaften, Sesshaftigkeit und große Sozialverbände

Die ersten Gruppen, über deren soziales Leben Näheres bekannt ist, sind die Jäger- und Sammlergemeinschaften (50 000 bis etwa 12 000 v. u. Z.), in denen lediglich 20 bis 50 Personen zusammenlebten. Schon damals gingen Männer und Frauen Paarbeziehungen ein, das heißt, sie teilten ein Lager oder bewohnten eine Hütte innerhalb des Dorfes. Diese ersten Paarbeziehungen hatten keine existenzielle Bedeutung, da die Versorgung des Einzelnen von seiner Sippe gewährleistet wurde. Die Paarbindung diente geschlechtlichen *Bedürfnissen* – sie erfüllte die Sehnsucht nach sexuellem Kontakt und emotionaler Nähe und sorgte ganz nebenbei (aber nicht allein) für die Reproduktion der Gruppe.

Als die Menschen sesshaft wurden, entstanden große Sozialverbände, die erstmals wirtschaftliche Überschüsse erzeugten (etwa 20 000 bis 6000 v. u. Z.). Damit wandelte sich die Bedeutung der Paarbeziehung grundlegend. Es entstanden patriarchalische Verhältnisse, in denen den Sippen die

Versorgungsaufgabe entzogen wurde. Diese Aufgabe wurde den neu entstandenen Familien übertragen, deren Kern die Paarbeziehung bildete. Diese diente nun nicht mehr, wie in anfänglich pristinen Zeiten, der Erfüllung sexueller und emotionaler Bedürfnisse, sondern der Existenzsicherung der Eheleute, wozu auch die Zeugung von Nachwuchs zählte. Die Paarbeziehung war eine verbindliche *Überlebensgemeinschaft* geworden.

Moderne Zeiten

Die vor einigen Jahrhunderten einsetzende Industrialisierung sowie die Erosion der feudalen Gesellschaft riefen das geschichtlich neue Phänomen der *Individualität* hervor. Damit Individuen unabhängig existieren konnten, ging die Versorgungsaufgabe allmählich von den Familien auf den Staat über. Schließlich setzte in der Romantik die allmähliche Auflösung der (Versorgungs-)Ehe durch die Liebe ein. Dadurch wurden Paarbeziehungen aber keineswegs überflüssig. Sie sollten jetzt das noch auf wackeligen Beinen gehende Individuum stützen und stärken, das seine traditionellen sozialen Bezüge, etwa die Großfamilie und die Standeszugehörigkeit, verloren hatte. Nachdem die Ehepartner materiell unabhängig voneinander waren, sollte die Paarbeziehung dem Einzelnen eine »innere« Heimat und Halt geben; ihre Aufgabe war somit eine psychische, *unterstützende* geworden.

Heutige Zeiten

Die Entwicklung hin zu mehr Individualität hat sich seit der Moderne auf extreme Weise zugespitzt. Wir leben in der Zeit des Selbst – der Selbstbestimmung, der Selbstentfaltung, der Selbststeuerung, der Selbstverantwortung, der Selbstoptimierung. Kehrseite dieser extremen Individualisierung ist die ebenso starke Isolation des Einzelnen, sein Eingesperrtsein in seiner isolierten Psyche. Der Einzelne ist somit gerade in dem

Bereich alleingelassen, in dem er am ausgeprägtesten zum Individuum wird, nämlich im Kernbereich seiner Persönlichkeit. In einem Selbst, das von niemand anderem bestätigt wird, geht man sich selbst verloren. Die Gesellschaft löste das Problem der Vereinzelung, indem sie die heutige Liebesvorstellung entwarf. Darin wird die Aufgabe individueller *Bestätigung* dem Liebespartner übertragen. Die zentrale Forderung der heutigen Liebe lautet: Vermittle deinem Partner den Eindruck, ganz geliebt zu werden, bedingungslos, nur um »seines Selbst« willen.

Drei Liebesformen

Wie man sieht, wurde der Paarbeziehung in jeder der drei geschichtlichen Phasen (Frühzeit, Moderne, Gegenwart) eine andere Aufgabe zugewiesen. Am Anfang ging es darin um (geschlechtliche/existenzielle) Bedürfniserfüllung, dann um individuelle Unterstützung und schließlich um die Bestätigung des Selbst. Hieraus ergeben sich für eine Paarbeziehung drei Bindungsmotive: ein partnerschaftliches, ein freundschaftliches und ein emotional-leidenschaftliches Motiv.

Die partnerschaftliche Bindung

Die Paarbindungen der Frühzeit waren partnerschaftliche Bindungen, weil sie davon abhingen, dass jeder seinen Teil zum gemeinsamen Projekt, der Bedürfnis- oder Überlebensgemeinschaft, beitrug. Sie stellten Tauschbeziehungen dar. Dieser Tauschcharakter verleiht der Beziehungsform ihren Namen »partnerschaftliche Bindung«. Ist das Liebe? Ja, es ist partnerschaftliche Liebe, sie spielt auch heute noch eine große Rolle in Paarbeziehungen.

Die freundschaftliche Bindung

Die Paarbindung wird in der Moderne nicht mehr zum Überleben gebraucht, sie erhält jetzt eine fördernde Aufgabe. Sie soll sich um die neu entstandene Psyche des Individuums kümmern. Die Partner teilen Interessen miteinander, sie regen sich gegenseitig an, sie sind voneinander fasziniert, sie zeichnen sich durch Wohlwollen und gegenseitige Unterstützung aus. Wenn Partner dieses Interesse am Wohlbefinden des anderen zeigen, entsteht zwischen ihnen eine »freundschaftliche Bindung«. Ist das auch Liebe? Ja, es ist freundschaftliche Liebe, auch ihr kommt weiterhin ein großer Stellenwert in Paarbeziehungen zu.

Die emotional-leidenschaftliche Bindung

In der Gegenwart ist der Einzelne nicht mehr primär darauf angewiesen, bei der Selbstwerdung unterstützt zu werden; dies geschieht zunehmend bereits in der Kindheit durch Eltern, Schule und Medien. Es geht jetzt darum, ein fertiges Selbst zu sein. Der Partner wird nun gebraucht, um das ihm präsentierte Selbst zu bestätigen. Der dazu nötige Eindruck der Ganzliebe wird durch Offenbarung und Zuwendung zum Innersten des Individuums und durch das Begehren nach Intimität vermittelt. Die Liebe ist zu einer »emotional-leidenschaftlichen« geworden. Diese Bindungsform gewinnt stetig an Bedeutung und ist mittlerweile vielleicht die wichtigste der drei Liebesformen geworden.

In heutigen Paarbeziehungen finden sich alle drei Bindungsformen, wenn auch in unterschiedlicher Ausprägung. Deren Motive lassen sich folgendermaßen formulieren:

- *Partnerschaftliche Liebe:* Wir lieben uns, weil wir geschlechtliche, emotionale oder existenzielle Bedürfnisse miteinander befriedigen. Weil wir uns ein Versorgungsversprechen gegeben haben. Weil wir den Lebensalltag gemeinsam bewältigen und zueinanderhalten.

- *Freundschaftliche Liebe:* Wir lieben uns, weil wir uns gegenseitig in der persönlichen Entwicklung unterstützen. Weil wir Interessen teilen. Weil wir vom Wesen des anderen fasziniert sind. Weil wir einander durch und durch wohlgesonnen sind.
- *Emotional-leidenschaftliche Liebe*: Wir lieben uns, weil wir uns gegenseitig den Eindruck vermitteln, ganz und vorbehaltslos gemeint zu sein. Weil wir uns einander uneingeschränkt zuwenden und uns einander vollständig öffnen. Weil wir unsere psychische und körperliche Nähe begehren.

Was haben die drei Liebesbereiche mit Geld zu tun? Eine Menge. Wenn in heutigen Paarbeziehungen drei unterschiedliche Liebesmotive wirken, liegt die Vermutung nahe, dass dem Geld in jedem Bereich eine andere Bedeutung zukommt. Das ergibt sich aus der unterschiedlichen Verhaltenslogik der Liebesbereiche.

Die Logik der Liebe

Menschen führen Beziehungen aufgrund bestimmter Logiken. Das heißt, sie unterstellen sich gegenseitig erwartbares Verhalten. Jeder soziale Bereich verfügt über eine eigene Logik, beispielsweise ist die Logik im Investitionsbereich eine andere als die Logik im Wohltätigkeitsbereich oder im Schulbereich etc. Gleiches gilt für Paarbeziehungen, und da dort drei Liebesformen vorkommen, wirken darin drei verschiedene Logiken. Daraus folgt, dass in jeder Bindungsform ein anderes Verhalten erforderlich ist.

Die partnerschaftliche Logik

Im partnerschaftlichen Liebesbereich geht es um den Ausgleich von Beiträgen zum gemeinsamen Projekt der Ehe oder der Lebensgemeinschaft, also um den Ausgleich von Leistungen. Um den Lebensalltag zu bewältigen, um Fragen des Wohnsitzes, des Lebensunterhalts, der Kinderzeugung etc. zu regeln, muss klar sein, wer was beiträgt und wie die unterschiedlichen Leistungen der Partner ausgeglichen werden. Was dabei konkret ausgetauscht wird und in welchem Ausmaß, ist Gegenstand von Verträgen. Das Wort »Ehe« bedeutet »Vertrag«, und Verträge müssen ausgehandelt werden.

Die Logik der partnerschaftlichen Liebe ist daher eine Verhandlungslogik. Verhaltenskriterium für eine funktionierende partnerschaftliche Liebe ist die »Vertragstreue« der Partner, ihre Zuverlässigkeit und Berechenbarkeit.

Die freundschaftliche Logik

Einen Freund kann man nicht nach denselben Kriterien wählen wie einen Partner. Bei der Wahl eines Freundes zählen Sympathie und Faszination. Freunde teilen Interessen, Hobbys, Vorlieben und leben diese miteinander aus. Grundlage der Freundschaft ist ein auf Dauer ausgeglichenes Geben und Nehmen.

Die Logik der freundschaftlichen Liebe ist daher eine Teilhabelogik. Verhaltenskriterien für eine gute freundschaftliche Liebe sind gegenseitiges Wohlwollen und gute Taten, die man dem Partner zuliebe tut.

Die emotional-leidenschaftliche Logik

Die emotional-leidenschaftliche Bindung ist auf Begehren, Überwältigung und Hingabe angewiesen. Wenn die Liebe »für mich« und »für dich« gemeint sein soll, muss sie zudem freiwillig und bedingungslos gegeben werden.

Die Logik der emotional-leidenschaftlichen Liebe ist daher eine Schenklogik. Verhaltenskriterien einer guten emotional-leidenschaftlichen Liebe sind gegenseitige Offenbarung und Zuwendung. Man schenkt sich etwas sehr Wertvolles: Aufmerksamkeit und Bestätigung für die intimsten Regungen.

Sinn und Unsinn in der Paarliebe

Aufgrund der unterschiedlichen Logiken ergibt in jedem der drei Liebesbereiche ein bestimmtes Verhalten Sinn, während sich dasselbe Verhalten in den anderen Liebesbereichen als unsinnig erweist.

- In der partnerschaftlichen Bindung hat alleine das Verhandeln Sinn, weshalb jeder vom anderen Leistung fordern darf. Teilhaben und Schenken erweisen sich hier als sinnlos.
- In der freundschaftlichen Bindung hat nur das Teilhaben Sinn, weshalb jeder für sein Wohlwollen ein entsprechendes Wohlwollen des Partners erwarten darf. Verhandeln und Schenken funktionieren hier nicht.
- In der emotional-leidenschaftlichen Bindung hat allein das Schenken Sinn; und wer den Partner begehrt, darf dafür Zuwendung und Begehren ersehnen. Verhandeln und Teilhaben funktionieren hier nicht und erweisen sich als sinnlos.

Wenn sich Partner entsprechend der Logik eines Liebesbereiches verhalten, zeigen sie »gerades« Verhalten; handeln sie unlogisch, bezeichne ich dies als »schräges« Verhalten. *Gerades* Verhalten ist sinnvoll, *schräges* Verhalten ist dagegen sinnlos, weil es die Logik eines Bereiches in einen anderen Bereich hineinträgt.

Einige Beispiele für unsinniges Verhalten in den Liebesbereichen:

- *Unsinn in der partnerschaftlichen Bindung:* »Weil ich dir die Socken stopfe, musst du mit mir ins Museum gehen.« Hier wird für partnerschaftliche Leistung eine freundschaftliche Teilhabe gefordert. Das ist schräg; es funktioniert nicht, weil sich Freundschaft nicht fordern lässt.
- *Unsinn in der freundschaftlichen Bindung:* »Warum zeigst du so wenig erotisches Interesse, ich unterstütze dich doch in allem, was dir guttut.« Hier wird für freundschaftliche Taten emotional-leidenschaftliches Begehren ersehnt. Das ist schräg, weil sich Begehren nicht bewusst steuern, nicht »tun« lässt.
- *Unsinn in der emotional-leidenschaftlichen Bindung:* »Wir machen das jetzt so: Du begehrst mich dienstags, ich dich samstags.« Hier wird versucht, emotional-leidenschaftliches Erleben auszuhandeln. Das ist schräg, weil Begehren keine Leistung darstellt und nicht verhandelbar ist.

Soweit die Darstellung der Dimensionen und Logiken der Paarliebe. Wie hängen diese Ausführungen nun mit dem Thema Geld zusammen?

Beziehungsgeld

Aus den bisherigen Ausführungen ergibt sich, dass das Verhalten eines Partners zur Logik des Liebesbereichs passen muss, in dem es vorkommt. Das trifft auch auf den Umgang mit Geld zu. Im partnerschaftlichen Liebesbereich ist ein anderes Geldverhalten angebracht als in der freundschaftlichen oder emotional-leidenschaftlichen Bindung. Dieser Umgang lässt sich in drei Begriffe fassen.

- Ein partnerschaftlicher Umgang mit Geld erschafft Partnergeld.
- Ein freundschaftlicher Umgang mit Geld erschafft Freundesgeld.
- Ein emotional-leidenschaftlicher Umgang mit Geld erschafft Liebesgeld.

Geld ist in einer Paarbeziehung nicht einfach nur Geld – es ist Beziehungsgeld, das sich in drei Geldformen aufteilt. Auf diesen drei Begriffen – Partnergeld, Freundesgeld, Liebesgeld – beruht der richtige Umgang mit Geld in Paarbeziehungen.

Partnergeld

Im partnerschaftlichen Liebesbereich werden Leistungen ausgeglichen. Wenn Geld diesem Leistungsausgleich dient, wird es zu Partnergeld.

Partnergeld ist Geld, das als Teil der partnerschaftlichen Leistung gemeint ist.

Beim Partnergeld gilt es allerdings die für unser Thema sehr wichtige Tatsache zu beachten, dass es sowohl *unpersönliche* als auch *persönliche* Partnerschaften gibt. Beide Partnerschaftsformen folgen der Verhandlungslogik, doch diese splittet sich hier in eine *Geschäftslogik* und in eine *Tauschlogik* auf. In beiden Fällen, bei Geschäft und bei Tausch, müssen die Betroffenen die jeweiligen monetären Modalitäten aushandeln. Allerdings ist es ein entscheidender Unterschied, ob Geld in einer Beziehung als Geschäftsgeld oder als Tauschgeld zum Einsatz kommt. Je nachdem entfaltet es sehr unterschiedliche Wirkungen.

Geschäftsgeld

Geld kommt erst seit grob 800 Jahren eine unverzichtbare Bedeutung für den Warenhandel zu. Erst nachdem sich große Märkte gebildet hatten, ergab sich die Notwendigkeit, einen anonymen Tausch von Waren/Diensten zu ermöglichen. Geld ist keinesfalls entstanden, um persönlichen Tauschhandel innerhalb kleiner Sozialverbände zu ermöglichen. Tauschgeschäfte gab es ausschließlich zwischen Fremden!

Geschäfte sind immer unpersönlich. Für ein Geschäft spielen persönliche Belange keine Rolle. Im Gegenteil: Persönliches wird durch Kauf/Verkauf rigoros ausgeschlossen. Geschäftsgeld einzusetzen hat weitreichende Konsequenzen für menschliche Beziehungen. Es bedeutet: »Du interessierst mich nicht als Mensch, deine Lage und dein Schicksal sind mir gleichgültig. Mich interessiert nur der Deal. Wenn ich bezahlt habe, schulde ich dir nichts mehr. Dann trennen sich unsere Wege.«

Geschäfte entschulden. Die nüchterne Geschäftslogik rechtfertigt es, nach der Zahlung jeden am Deal Beteiligten sich selbst zu überlassen. Aufgrund dieser entschuldenden und trennenden Funktion bezeichne ich Geld, das bei Geschäften eingesetzt wird, als »kaltes Geld«. Geschäftsgeld ist kalt, weil es zutiefst unpersönlich ist.

Der geschäftliche Maßstab. Weil Geld unpersönlich ist, muss der Maßstab, der Waren und Waren/Dienste miteinander vergleicht, ebenfalls ein unpersönlicher sein: der Maßstab der Gleichwertigkeit. Dabei kommt es allein auf den objektiven Wert der Waren an, der in Zahlen (€, $ etc.) gemessen wird. Dieser Maßstab unterscheidet sich massiv vom Bewertungsmaßstab eines Tausches, in dem Leistungen auf ganz andere Art und Weise miteinander verglichen werden.

Tauschgeld

Tausch*geschäfte* fanden in den kleinen, durch persönliche Beziehungen geprägten Gruppen der Frühzeit niemals statt. Tausch allerdings schon. Man tauschte durchaus, nur kam dabei ein anderer Maßstab zum Einsatz, der nicht auf den Wert, sondern auf die *Bedeutung* der Dinge abzielte, die getauscht wurden. Bei diesem Maßstab wurden die persönlichen Bindungen der Tauschenden berücksichtigt.

»Bedeutung« ist im Gegensatz zu »Wert« ein zutiefst *persönlicher Maßstab*. Das war in Paarbeziehungen schon immer so. In der Urzeit tauschten beispielsweise Mann und Frau oftmals Sex gegen Fleisch:

> Die von den Frauen gewährte Sexualität ist lebensspendend; exakt das aber ist auch die Nahrung. (…) Nahrung kann deshalb gegen Verkehr getauscht werden.[27]

Mit einem Geschäft hat ein solcher Tausch nichts zu tun, selbst wenn Geld (Fleisch) auf einer Seite zum Einsatz kam. Es ging nicht um einen Deal, sondern um die gegenseitige Befriedigung grundlegender menschlicher Bedürfnisse.

Tauschgeld erhält Beziehungen

In von persönlichen Beziehungen geprägten sozialen Gruppen hat der Tausch von Waren und Diensten keine ökonomische, sondern eine soziale Funktion. Diese erfüllt er auf eine faszinierende Weise, indem er dafür sorgt, dass *kein* Wertausgleich stattfindet. Wer etwas annimmt, muss dem Gebenden entweder mehr oder weniger zurückgeben. Gibt er ihm etwas Gleichwertiges zurück, gilt das als grobe Beleidigung. David Graebner beschreibt diese soziale Funktion des Tauschs in seinem hochinteressanten Buch über Schulden sehr anschaulich.

> Laura Bohannan schildert, wie sie in einer Siedlung der Tiv in einer ländlichen Region Nigerias ankam: sofort strömten Nachbarinnen herbei und brachten kleine Geschenke... Eier beispielsweise – [Diese Nachbarinnen erklärten,] dass solche Geschenke immer erwidert werden müssten... man könne auch Geld bringen... [aber] vor allem dürfe es nicht genau die Summe sein, die die Eier kosteten. Es müsse ein bisschen mehr oder ein bisschen weniger sein [...]. Genau den Gegenwert zu bringen bedeute, dass man mit der Nachbarin nichts mehr zu tun haben wolle.[28]

Die Urvölker hatten begriffen, dass ein Geschäft entschuldet und damit entfremdet. Ein Tausch hingegen lässt Schulden bestehen und hält persönliche Beziehungen aufrecht. Man muss seine Schuld eines Tages durch eine persönliche Gabe begleichen, die wiederum nicht von gleichem Wert, sondern nur von vergleichbarer Art und Bedeutung sein darf.

Ein Tausch gleichartiger Waren/Dienste fand nicht nur bei den Urvölkern statt, er durchdringt und bestimmt auch heute noch den Bereich partnerschaftlicher Bindung. Um das zu sehen, ersetzt man den Begriff »Dinge« durch »ökonomisches Kapital« und das Wort »Dienste« gegen den Begriff »nicht ökonomisches Kapital«.

Ökonomisches und nicht ökonomisches Kapital im partnerschaftlichen Tausch

Ökonomisches Kapital besteht aus Geld oder geldwerten Dingen wie Immobilien, Aktien, Wertgegenständen und so weiter; nicht ökonomisches Kapital besteht aus sozialem, kulturellem, biologischem Kapital oder aus Arbeit.

- Soziales Kapital = Beziehungen, Ruhm, Ansehen oder Titel
- Kulturelles Kapital = Wissen und Bildung
- Biologisches Kapital = Jugend, Schönheit, sexuelles Potenzial, Fruchtbarkeit
- Arbeit = Dienstleistungen

Der persönliche Tausch, der im partnerschaftlichen Beziehungsbereich stattfindet, bedeutet: Tausch von ökonomischem Kapital gegen nicht ökonomisches Kapital zum Zweck gegenseitiger Bedürfniserfüllung.

Beim partnerschaftlichen Tausch wird auch heute noch Geld gegen Ansehen, Schönheit oder anderes nicht ökonomisches Kapital getauscht. Das geschieht sowohl in Ehen als auch in nicht ehelichen Beziehungen – beispielsweise, wenn sich »Sugardaddys« und »Sugargirls« zusammentun, seltener »Sugarmommys« und »Sugarboys«.

Für eine partnerschaftliche Beziehung zwischen materiell ungefähr gleichgestellten Partnern ist allerdings kein Tausch von Geld gegen Ruhm oder Jugend nötig, dafür reicht die gemeinsame Absicht, eine Familie zu gründen oder ein gemeinsames Leben zu führen. Dann werden Dinge und Dienste, ökonomisches und nicht ökonomisches Kapital, nicht nur getauscht, sondern auch zusammengeworfen.

Partnerschaftlicher Tausch schafft Liebe – partnerschaftliche Liebe. Die Partner lieben sich, weil sie sich *persönlich* verpflichten und weil sie zur Bedürfniserfüllung aufeinander angewiesen sind. Sie bleiben einander ständig die weitere

Bedürfnisbefriedigung schuldig, weil das, was einer gibt, nie gleichwertig zu dem ist, was der andere gibt. Aber es ist gleich*artig*: dem Tausch liegen Bedürfnisse zugrunde, die für beide Seiten von gleich großer Bedeutung sind.

Wer wie viel ökonomisches und nicht ökonomisches Kapital beiträgt, das müssen die Partner gemäß der Verhandlungslogik jeweils aushandeln. Die meisten Partner, die ein gemeinsames Projekt wie beispielsweise eine Familie gründen, werden selbstredend nicht von »Tausch« und »Verhandlung« sprechen. Dennoch vergleichen sie Verdienst und Status, Herkunft und Ausbildung, Vermögensverhältnisse und Alter, und auch den Gesundheitszustand. Sie führen also Leistungsvergleiche durch.

Partnergeld schließt Geschäfte aus. Es wird in der Absicht eingesetzt, Leistungen anzuerkennen und auszugleichen. Wer damit einen wirtschaftlichen Gewinn erzielen will, macht es zu kaltem Geld.

Aus kaltem Geld wird kühles Geld

Wie man sieht, spielt Geld im partnerschaftlichen Liebesbereich eine wichtige Rolle. Dort kann es allerdings nicht kaltes Geld bleiben, weil es in eine persönliche Beziehung hineingerät. In einer persönlichen Beziehung muss es sich mit nicht ökonomischen Leistungen vergleichen lassen und kann gegen solche getauscht werden. Weil es beim partnerschaftlichen Tausch persönlichen Maßstäben folgt, erhöht es seine Temperatur. Es verwandelt sich von kaltem Geld in kühles Geld.

Partnergeld ist zwar wärmer als geschäftliches Geld, aber es bleibt dennoch kühl, weil darüber verhandelt wird und weil man für seine partnerschaftliche Leistung eine Gegenleistung verlangen darf. Partnergeld ist nicht sentimental und völlig unromantisch, es betont die jeweiligen Beiträge zum gemeinsamen Vorhaben und hat allein deren Ausgleich im Sinn.

Umgang mit Partnergeld

Wie sieht nun ein guter, »gerader« beziehungsweise ein schädlicher, »schräger« Umgang mit Partnergeld aus? Dabei gilt es, wesentliche Punkte zu beachten:

- Über die Leistungen der Partner wird verhandelt, es muss zu Verträgen kommen.
- Es wird der persönliche Maßstab der Gleichartigkeit angelegt.
- Abmachungen werden notfalls eingefordert.

Dementsprechend bedeutet ein schräger Umgang mit Geld im partnerschaftlichen Beziehungsbereich:

- Wichtige Punkte werden nicht verhandelt, es kommt nicht zu klaren Verträgen.
- Unpersönliche Leistungen werden mit persönlichen Leistungen verrechnet.
- Ausbleibende Beiträge werden nicht eingefordert.

Verhandlungen und Verträge

Verhandelt werden muss in einer Paarbeziehung sehr vieles. Je mehr Alltag und Verpflichtungen das Paar teilt, desto größer ist der Verhandlungsbedarf zwischen den Partnern. Bevor es zu solchen Verhandlungen kommt, müssen die Partner einander Verhandlungsangebote unterbreiten. Es wird aber selten so sein, dass Partner Tauschangebote und Tauschverhandlungen explizit anpacken. Vielmehr werden sie dies auf stillschweigende Art und Weise tun. Sie sprechen dann später davon, die Vereinbarungen hätten sich »ergeben«.

Neben unausgesprochenen Angeboten können Partner »Vorstellungen« äußern. Beispielsweise sagt einer: »Würdest du weiter arbeiten gehen, wenn Kinder kommen?« So wird getestet, ob und wie weit sich die Bedürfnisse der Partner überschneiden und welche Leistungsbereitschaft beziehungsweise Nichtbereitschaft auf jeder Seite vorhanden ist.

Unmittelbare Verhandlungspositionen werden, wenn überhaupt, erst bezogen, wenn Partner sich als Paar begreifen. Dann stellen sie fest, dass viele Leistungen nur sehr schwer vergleichbar sind, weil dabei unterschiedliches Kapital, ökonomisches und nicht ökonomisches, miteinander verglichen werden muss.

Leistungen vergleichen

Um ökonomische und nicht ökonomische Leistungen vergleichen zu können, muss der persönliche Maßstab der *Gleichartigkeit* angelegt werden. Dieser beruht nicht auf Werten, sondern auf vergleichbarer *Bedeutung*. Das bedeutet im Prinzip, dass jeder sein Bestes gibt; unabhängig davon, ob es sich um Geldleistungen oder geldwerte Leistungen (Dienste) handelt. Bei gleichartigen Leistungen werden die persönlichen Möglichkeiten jedes Partners berücksichtigt. Das hat zur Folge, dass Geld im partnerschaftlichen Paarbereich nicht monetäre Währung bleibt, sondern soziale Währung wird. Zu solchem Leistungsvergleich sind klare Verhandlungen nötig.

Verträge abschließen und deren Einhaltung einfordern

Vergleiche und Verhandlungen münden schließlich in partnerschaftliche Verträge, die meist nicht schriftlich fixiert werden (obwohl sich das oft empfehlen würde). Wichtig ist es dennoch, deren Einhaltung notfalls einzufordern, sonst kommt auf Dauer kein Leistungsausgleich zustande und es macht sich Unzufriedenheit breit.

Keine Wohltaten für partnerschaftliche Leistungen

Auch wenn sich ein Partner als zuverlässig und vertragstreu erweist, ist das kein Grund, ihm als Ausgleich dafür Wohltaten zu erweisen. Der Partner ist nicht dem anderen zuliebe zuverlässig, sondern weil er eigene Interessen und Bedürfnisse erfüllen will. Wenn er sich als unzuverlässig erweist, kann man ihm noch so viel Gutes tun, man kann seine Interessen teilen oder ihn bei seinen persönlichen Vorlieben unterstützen – er wird seinen partnerschaftlichen Ausgleich dennoch schuldig bleiben.

Keine Geschenke für partnerschaftliche Leistungen

Ebenso wenig macht es Sinn, für partnerschaftliche Leistungen emotional-leidenschaftliche Geschenke zu ersehnen, etwa in Form von seelischer Zuwendung oder von erotischem Begehren. Man kann den ganzen Haushalt für den Partner schmeißen, die Kinder versorgen und »nebenbei« noch arbeiten gehen – der Partner wird einen dafür kein bisschen mehr lieben.

Halten wir fest: Geld spielt bei den meisten partnerschaftlichen Vereinbarungen direkt oder indirekt mit. Da es persönlichen Boden betreten hat, kann es nicht kaltes, unpersönliches Geld bleiben; es muss seine Temperatur erhöhen und wärmer als Geschäftsgeld werden. Partnergeld wird zu kühlem, unsentimentalem, aber dennoch persönlichem Geld. Es wird als ökonomisches Kapital gegen nicht ökonomisches Kapital getauscht, wobei der Maßstab der Gleich*artigkeit* von Leistungen zugrunde gelegt wird. Wird Geld in der partnerschaftlichen Bindung als Geschäftsgeld eingesetzt, indem der Maßstab der Gleich*wertigkeit* angelegt wird, trägt es zur Entfremdung der Partner bei.

Freundesgeld

Der freundschaftliche Liebesbereich beruht auf einer *Teilhabelogik*. Wenn Geld dazu dient, den Partner an eigenen Möglichkeiten teilhaben zu lassen und ihn in seiner persönlichen Entwicklung zu unterstützen, wird es zu Freundesgeld.

Freundesgeld ist Geld, das dem Partner zuliebe gegeben wird. Weil keine Leistung, sondern Wohlwollen damit verbunden ist, wird es zu warmem Geld.

Freundschaftliche Liebe ist, im Gegensatz zu partnerschaftlicher Liebe, weniger egoistisch motiviert. Es geht dabei um gegenseitige Anregung und Bereicherung, wobei auf Dauer ein Ausgleich von Geben und Nehmen erforderlich ist, um die freundschaftliche Dimension zu erhalten.

Natürlich wird in der freundschaftlichen Liebe weitaus mehr Unterstützung erwartet als in normalen Freundschaften. Dabei kommt ganz von allein auch das Geld ins Spiel, weil das, was guttut, oft auch etwas kostet. Was gegeben und genommen wird, muss aber nicht unbedingt materieller Natur sein. Was einem für Geld oder geldwerte Dinge zurückgegeben wird, kann ebenso emotionaler oder geistiger Natur sein.

Umgang mit Freundesgeld

Hinsichtlich eines »geraden« beziehungsweise »schrägen« Umgangs mit Geld auf der freundschaftlichen Liebesebene gilt es, folgende Punkte zu beachten:

- Was ein freundschaftlich Liebender gibt, muss dem anderen zuliebe gegeben werden.
- Der gültige Maßstab ist das Glück des Partners.

- Geben und Nehmen der Partner müssen sich auf Dauer ausgleichen.

Dementsprechend bedeutet ein schräger Umgang mit Geld im freundschaftlichen Bereich:
- Mit dem Geben sind eigene Interessen verbunden.
- Es wird über Wohltaten verhandelt.
- Geben und Nehmen gleichen sich nicht aus.
- Freundschaftliche Taten werden gefordert oder ersehnt.

Dem anderen zuliebe geben

Die Teilhabelogik der freundschaftlichen Liebe verlangt, dass man den Partner an eigenen materiellen und immateriellen Ressourcen teilhaben lässt. Wenn beispielsweise ein Freund umzieht, hilft man ihm dabei, ohne einen Ausgleich dafür zu verlangen. Man tut es ihm zuliebe. In einer Paarbeziehung reicht der Anspruch der Teilhabe tiefer, man hilft dem Partner nicht nur bei alltäglichen Dingen, sondern bestärkt ihn auch in seinem Wesen und in seiner persönlichen Entwicklung. Solche Unterstützung betrifft auch Geld oder geldwerte Dinge; auch diese gibt man dem Partner zuliebe und ohne dafür Gegenleistungen zu fordern.

Freundesgeld schließt Vorteilnahme aus. Wenn man dem Partner Geld leiht, kann man dafür keine Zinsen nehmen. Tut man es – beispielsweise mit dem Argument: »Von der Bank bekomme ich ja auch Zinsen« –, wird daraus ein Geschäft, und das Geld wird kalt. Sagt man: »Ich leihe dir das Geld, wenn du dafür die Kinder vom Kindergarten abholst«, wird daraus ein partnerschaftlicher Tausch, und das warme Geld wird kühl.

Freundesgeld meint, dem Partner damit etwas Gutes zu tun. Wenn der Partner etwas für sich tun will, das Geld kostet, stellt sich ein freundschaftlich Liebender dem Vorhaben nicht in den Weg, sondern versucht, es zu ermöglichen. Dieses Wohlwollen erwärmt Geld und macht es zu Freundesgeld. Dabei gilt allerdings eine Bedingung: Was für den einen Partner gut ist, darf für den anderen nicht schlecht sein.

Der Maßstab des Gebens

Der Maßstab, an dem sich freundschaftliches Geld misst, ist das Glück des Partners, nicht die Höhe des Betrages, um den es geht. Wenn ein Partner beispielsweise ein teures, der andere ein günstigeres Hobby hat, kann derjenige seinen Partner nicht auffordern: »Such dir ein billigeres Hobby, meines kostet ja auch nicht viel.« Über persönliches Glück lässt sich nicht verhandeln, über Erfüllung lässt sich nicht diskutieren. Feilscht einer dennoch, zeigt er, dass ihm an der Erfüllung des Partners weniger liegt als am Geld. Er zeigt, dass er das Geld als partnerschaftliche Leistung sieht, für die er Ausgleich fordert.

Nehmen und Geben ausgleichen

Die guten Taten der freundschaftlich Liebenden müssen sich dennoch ausgleichen. Auf Geld bezogen, meint der Ausgleich von Geben und Nehmen aber nicht, dass beispielsweise eine finanzielle Bilanz gezogen wird. Die gute Tat lässt sich nicht in harter Währung darstellen, sie muss die psychische Verfassung, die Sehnsüchte und Träume jedes Partners und natürlich dessen finanzielle Möglichkeiten berücksichtigen; ebenso kann die gute Tat nicht materieller Art sein.

Gute Taten fordern

Wenn ein Partner dem anderen Gutes tut, macht es keinen Sinn, dafür einen Ausgleich zu fordern. Was aufgrund von Forderungen gegeben wird, kann nicht als freiwillige Gabe empfunden werden, es geschieht nicht »mir zuliebe« und kann dann nicht als freundschaftliche Tat empfunden werden.

Für gute Taten Geschenke ersehnen

Emotional-leidenschaftliche Liebe aufgrund freundschaftlicher Unterstützung zu ersehnen hat ebenfalls keinen Sinn. Man kann den Partner fördern und ihn unterstützen, so viel man will – man wird dafür weder Zuwendung noch Begehren ernten. Freundschaftlich Liebende opfern nicht füreinander, sie geben sich nicht für den anderen auf, sondern sie tun sich gegenseitig gut.

Freunde treffen Abmachungen

Auch wenn freundschaftlich Liebende keine Verträge schließen, so treffen sie über Freundesgeld dennoch Abmachungen. Diese müssen auf dem Wunsch beruhen, den Partner teilhaben zu lassen, unter anderem an finanziellen Möglichkeiten, sowie ihm Gutes zurückzugeben.

Halten wir fest: Freundesgeld ist warmes Geld. Es ist nicht kalt, weil kein Geschäft damit verbunden ist. Es ist nicht kühl, weil weder nüchterne Verhandlungen darüber geführt werden noch ein Leistungsausgleich beabsichtigt ist. Es ist warm, weil es von Herzen kommt, dem anderen zuliebe gegeben wird und Teilhaben und Teilhabenlassen im Sinn führt.

Liebesgeld

Die emotional-leidenschaftliche Liebesebene beruht auf einer *Schenklogik*. Die Partner schenken einander Zuwendung, Offenheit, Bestätigung, Begehren auf tiefster persönlicher Ebene. Auch hierbei kann Geld auftauchen, aber dann dient es einem ganz bestimmten Zweck.

Liebesgeld ist Geld, das dem Ausdruck der Liebe dient. Weil weder Leistung noch Wohlwollen damit verbunden sind, wird es zu »heißem« Geld.

Mit Liebesgeld zeigt man dem Partner die Bedeutung, die er für einen hat. Es ist der Liebe geopfert, was es zu heißem Geld macht – so heiß, dass es sogleich »verdampft«.

Umgang mit Liebesgeld

Beim Umgang mit Liebesgeld gilt es, folgende Punkte zu beachten:

- Liebesgeld wird bedingungsfrei geschenkt.
- Der Maßstab dafür ist das Bedürfnis, seiner Liebe Ausdruck zu geben.
- Wer schenkt, darf Gegengeschenke ersehnen.

Dementsprechend bedeutet ein schräger Umgang mit Geld im emotional-leidenschaftlichen Bereich:

- Mit Geschenken sind bestimmte Erwartungen verbunden.
- Für Zuwendung wird ein materieller Ausgleich gefordert.
- Geld wird geschenkt, damit man geliebt wird.
- Aus Liebe wird auf Leistungen und Leistungsausgleich verzichtet.

Bedingungsloses Schenken

Was ein Geschenk ist, weiß jeder: Es ist eine Überflusshandlung. Man gibt es weg, ohne einen Anspruch auf irgendetwas zu erheben. Wer Bedingungen an Liebesgeld knüpft, etwa in der Art: »Ich schenke dir …, wenn du dafür …«, legt ein Kalkül offen, wodurch das Geld und die Beziehung abkühlen.

Das Bedürfnis, Liebe auszudrücken

Liebesgeld wird aus Überfluss geschenkt; man will seine Liebe damit ausdrücken. Dabei ist das Geschenk nicht abhängig von seinem materiellen Wert; es kann sich auch um geldwerte oder andere Dinge handeln. Man denke nur an einen Partner, der dem anderen eine Niere schenkt.

Gegengeschenke ersehnen

Wer Liebesgeld schenkt, hat zwar keinen Anspruch auf Rückgabe, aber er darf sich nach Erwiderung seiner Geschenke sehnen. Dabei muss es sich natürlich nicht um Geld handeln, sondern es kann auch um Zuwendung, Zärtlichkeit oder Bestätigung gehen. Bleiben solche Gegengeschenke aus, wird die emotional-leidenschaftliche Liebe auf Dauer »austrocknen«.

Geschenke mit Erwartungen verknüpfen

Geschenkt ist geschenkt! Dieser Grundsatz gilt vor allem beim Liebesgeld. Wer dafür freundschaftliche Wohltaten, beispielsweise Teilhabe an bestimmten Interessen erwartet, handelt sich Enttäuschungen ein.

Ausgleich für Zuwendung fordern

Liebesgeld kann auch nicht gefordert werden. Wenn der Partner solchen Forderungen nachkommt, ist sein Geldgeschenk nicht aus Überfluss gegeben, sondern gewissermaßen erzwungen, was den Akt auf die partnerschaftliche Ebene zieht und aus dem heißen schnell kühles Geld werden lässt.

Schenken, um geliebt zu werden

Auch wer seinen Partner reichlich materiell beschenkt und im Gegenzug dafür Zuwendung, Anteilnahme oder gar Begehren erhalten will, wird sich Frust einhandeln. Er begreift nicht, dass sein Partner gar nicht in der Lage ist, das eigene Begehren zu instrumentalisieren.

Aus Liebe auf Leistungen verzichten

Schräg verhält sich auch, wer »aus Liebe« auf partnerschaftlichen Leistungsausgleich verzichtet. In Wahrheit steht dahinter nicht Liebe, sondern die vergebliche Hoffnung, sich durch den Verzicht die Liebe und das Begehren des Partners zu verschaffen.

Halten wir fest: Liebesgeld ist heißes Geld, es verdampft auf dem Opferaltar der Liebe. Es hat weder Leistungsausgleich noch Teilhabe im Sinn, es dient allein dem Ausdruck der Bedeutung, die der Partner für einen hat.

Dreierlei Geld

Halten wir fest: Geld ist nicht gleich Geld. In menschlichen Beziehungen kommt es in zwei grundsätzlichen Formen vor: als *Geschäftsgeld* und als *Beziehungsgeld*. Beziehungsgeld wiederum teilt sich in drei Arten, in:

- Partnergeld,
- Freundesgeld und
- Liebesgeld.

In Paarbeziehungen können alle diese Geldarten mitspielen, mit Ausnahme von Geschäftsgeld, weil es unpersönlich ist und die Partner potenziell zu Fremden macht.

Die drei Geldformen der Paarbeziehung weisen, parallel zu den drei Liebesformen, in denen sie vorkommen, unterschiedliche Temperaturen auf. Je mehr sich eine Beziehungsform dem individuellen Kern eines Menschen nähert, desto höher wird die Temperatur des dort eingesetzten Geldes. Es verwandelt sich zuerst in kühles, dann in warmes und schließlich in heißes Geld.

Partnergeld. Partnergeld ist kühles Geld, weil es eigenen Interessen verpflichtet ist. Es dient dem Leistungsausgleich und kann als ökonomisches Kapital gegen nicht ökonomisches Kapital getauscht werden. Der Vergleichsmaßstab von Partnergeld ist die Gleichartigkeit von Leistungen, durch den nicht Werte, sondern Bedeutungen verglichen werden. Vergleiche führen zu Verhandlungen, diese münden in Verträgen. Partnergeld oder partnerschaftliche Dienste können nicht erwartet oder ersehnt, sondern müssen notfalls eingefordert werden.

Freundesgeld. Freundesgeld ist warmes Geld, weil es dem Partner zuliebe gegeben wird und der Teilhabe dient. Freundesgeld dient dem Ausgleich von Geben und Nehmen, sein Maßstab ist das Glück des Partners. Freundesgeld bedarf konkreter Abmachungen, es zu fordern oder zu ersehenen ist sinnlos, es kann aber erwartet werden.

Liebesgeld. Liebesgeld ist heißes Geld, weil es dem Partner als Ausdruck von Liebe geopfert wird. Der Maßstab für Liebesgeld ist die Liebe, die man für den Partner empfindet. Über den Umgang mit Liebesgeld können weder Verträge noch Abmachungen getroffen werden. Liebesgeld zu fordern oder zu erwarten ist sinnlos, es kann aber ersehnt werden.

Geld in Beziehungen ist ambivalent

Geld kann in Paarbeziehungen auf unterschiedliche Weise zum Einsatz kommen und unterschiedliche Wirkungen erzeugen. Wenn es in »gerader« Weise angewendet wird, also entsprechend der Logik des jeweiligen Liebesbereiches, dann bestimmt die Beziehung über den Umgang damit. Die Beziehung hat dann gewissermaßen die Hosen an, sie regiert über das Geld, mit der Folge, dass die Bindung der Partner gestärkt wird. Kommt Geld hingegen auf »schräge« Weise, entgegen der Logik eines Liebesbereiches, zum Einsatz, kühlt es die Beziehung quasi automatisch ab und schwächt die Bindung der Partner.

- Wenn es sich angeblich um Liebesgeld handelt, aber dafür eine Teilhabe erwartet wird, schadet der Vorgang der emotional-leidenschaftlichen Verbindung, und die Beziehungstemperatur sinkt von heiß auf warm.
- Wenn es sich angeblich um Freundesgeld handelt, dafür aber eine Leistung gefordert wird, schadet der Vorgang der freundschaftlichen Bindung, und die Beziehungstemperatur sinkt von warm auf kühl.
- Wenn es sich angeblich um Partnergeld handelt, damit aber Geschäfte gemacht werden, schadet der Vorgang der partnerschaftlichen Verbundenheit, und die Beziehungstemperatur sinkt von kühl auf kalt.

Geld entfaltet in Paarbeziehungen eine ambivalente Wirkung – je nachdem, wie damit umgegangen wird. Es kann die Liebe der Partner fördern oder stören, es kann verbindend oder trennend wirken. Es kann in die eine oder andere Richtung wirken, je nachdem, wie die Partner damit umgehen.

Individuelle Symbolik von Geld berücksichtigen

Natürlich ist ein »gerader« Umgang mit Geld, wie ich ihn bisher dargelegt habe, in Reinform nicht immer umzusetzen, denn in jedem Fall spielen individuelle Faktoren mit. Dies bedeutet, dass jeder Partner dem Geld eine andere Bedeutung gibt und andere Erwartungen oder Befürchtungen damit verbindet.

Wie können entsprechende Bedeutungen aussehen? Ein Partner mag sich partout nichts schenken lassen, weil er fürchtet, dadurch in Abhängigkeit zu geraten. Ein anderer mag kein Geld schenken, weil er fürchtet, er werde nur des Geldes wegen geliebt. Ein Partner mag kein Geld für schöne Dinge oder Hobbys ausgeben, weil ihn insgeheim Existenzängste bedrängen. Ein anderer mag nach dem Motto handeln »Nimm, was du kriegen kannst« und sich dem Partner gegenüber als egoistisch erweisen. Ein Partner mag den anderen nicht an seinem Wohlstand teilhaben lassen. Ein anderer glaubt wie selbstverständlich »dein ist auch mein«. Die »Geldstile« der Partner können erheblich voneinander abweichen. Sie lassen sich auch nicht einfach verändern, da sie verdichtete Lebenserfahrungen im Umgang mit Geld darstellen, die scheinbare Wahrheiten zu Geld und Liebe enthalten. Was einer für wahr hält, daran hält er fest.

Aus diesen Gründen können individuelle Bedeutungen von Geld nicht unberücksichtigt bleiben; vielmehr müssen sie in den Umgang mit Beziehungsgeld einbezogen werden. Dadurch lässt sich der Spielraum, der Partnern im Umgang mit Geld zur Verfügung steht, erweitern.

Anders gesagt: Es ist möglich, die allgemeine Logik eines Liebesbereiches zu *dehnen*. Dann mag ein Partner beispielsweise akzeptieren, dass der andere privates Geld haben will, obwohl das Paar grundsätzlich gemeinsame Kasse macht. Oder ein Partner rechnet Freundesgeld nach, aber er tut es nicht, um seinen Partner einzuschränken, sondern weil er sich nur durch diesen Vergleich erlauben kann, selbst Geld für eigene Interessen auszugeben.

Beim Berücksichtigen individueller Bedeutungen geht es vor allem darum, auf Gefühle Rücksicht zu nehmen. Damit dies geschehen kann, müssen Partner ihre Einstellungen und alles, was damit verbunden ist, thematisieren: Gedanken, Gefühle, Gewohnheiten. Sie müssen das Schweigetabu bezüglich Geld brechen und über Geld und Liebe so reden, dass ihre Liebe davon unbeschädigt bleibt. Auf Grundlage der Ausführungen in diesem Buch ist das möglich.

Über Geld lässt sich sprechen

Dieses Buch ist, wie erwähnt, vor seiner Fertigstellung von 30 Testpersonen gelesen worden. Deren Rückmeldungen haben bestätigt, was Forscher festgestellt haben: Paare tabuisieren das Thema Geld – entweder von Anfang an, weil sie befürchten, ihre Liebe damit zu beschädigen, oder im Laufe des Zusammenseins, wenn sie feststellen, dass ein solcher Schaden aufgrund fruchtloser Kämpfe eintritt.

Das Problem, über Geld zu sprechen, ist nachvollziehbar, weil den Partnern normalerweise nur zwei Begriffe zur Verfügung stehen, um das Thema anzupacken: »Liebe« und »Geld«. Damit lässt sich wenig anfangen. Schließlich gibt es drei Liebesformen und dementsprechend auch drei Geldarten. Indem Partner nun die konkrete Beziehungsebene und die dazugehörige Geldform benennen, können sie das Thema sehr viel besser anfassen, denn:

Indem man über eine definierte Art von Geld spricht, spricht man nie über die ganze Liebe!

Eine differenzierte Art und Weise, über die Beziehung und das Geld zu sprechen, lässt die Liebe intakt. Wer die drei Begriffe Partnergeld, Freundesgeld und Liebesgeld benutzt, kann die Lage erstens leichter ansprechen und zweitens schneller ordnen. Er stimmt zu, dass die Liebesarten und das dazugehörige Geld getrennt voneinander behandelt werden müssen.

Wie geht man konkret vor, wenn es ein Geldthema zu klären gibt? Dazu braucht ein Paar lediglich folgende vier Schritte zu gehen:

1. **Das Thema aufgreifen.** Das geschieht durch eine schlichte Aufforderung: »Wir müssen über Geld sprechen.« Nun setzen sich beide zusammen und sortieren die Angelegenheit.
2. **Geld definieren und den Umgang damit festlegen.** Anschließend definieren die Partner das Geld. Sie sprechen darüber, ob es sich um Partner-, Freundes- oder Liebesgeld handelt. Jeder begründet seine Ansicht, bis eine gleiche Einschätzung erreicht ist. Dabei können sie sich an folgenden Merkmalen orientieren:
   - Wenn das Geld als Leistung oder zum Leistungsausgleich gemeint ist, handelt es sich um Partnergeld. In dem Fall sind Verhandlungen über einen Leistungsausgleich und Verträge erforderlich.
   - Wenn das Geld einem Partner zuliebe gegeben wird, handelt es sich um Freundesgeld. Dann sind Absprachen nötig, die für beide Seiten »gut« sind.
   - Wenn es um Liebesgeld geht, sprechen die Partner das aus. Dann ist klar: Geschenkt ist geschenkt, eine Verpflichtung ist damit nicht verbunden.

   Anhand dieser Begriffe und Beschreibungen dürfte sich der grundlegende Umgang mit einem Geldthema klären lassen.
3. **Individuelle Geldbedeutungen berücksichtigen.** Wenn es nach der Auseinandersetzung zum Thema noch auf der einen oder anderen Seite »hakt«, müssen individuelle Gesichtspunkte berücksichtigt werden. Dazu geben sich die Partner gegenseitig Einblick in Gefühlswelten und vermitteln einander die spezielle Bedeutung, die das Geld für jeden einnimmt. Sobald die Partner das »nachfühlen« oder

gar »akzeptieren« können, finden sich passende Ideen zum beziehungsgerechten Umgang mit dem Geld.

4. **Eine Lösung formulieren.** Zu guter Letzt sollte die Lösung formuliert und ausgesprochen, ggf. schriftlich fixiert oder in bestimmen Fällen notariell beglaubigt werden.

Auf diese Weise lassen sich in kurzer Zeit gute Regelungen erarbeiten, manchmal in wenigen Minuten. Nur wenn es um existenzielle Themen geht, kann eine Lösung längere Zeit in Anspruch nehmen. Doch es ist allemal besser, sich die Zeit zu nehmen, die es für eine Lösung braucht, als ein Thema unter den Teppich zu kehren, wo es schwelt und von wo aus es Brände auslösen kann.

Vereinfacht und ermöglicht werden Lösungen aufgrund der hier vorgestellten Begrifflichkeit. Allein, dass Partner darüber nachdenken und sprechen, über welches Geld sie reden, entspannt die Lage und macht das Thema sogar interessant. Wichtig für die Bereitschaft, am Thema zu bleiben, kann auch der folgende Punkt sein: die Beziehung vom Ende her zu denken.

Eine Beziehung vom Ende her denken

Neben fehlenden Begriffen ist es auch die Scheu vor dem Heraufbeschwören der Trennung, die es Paaren erschwert, das Thema Geld aufzugreifen. Sie scheuen sich davor, ihre Beziehung vom Ende her zu denken. Sie befürchten, damit ein Ende heraufzubeschwören, aber das Gegenteil tritt ein. Wenn sie sich mit den Konsequenzen einer möglichen Trennung befassen, rücken sie die Zerbrechlichkeit ihrer Beziehung ins Bewusstsein und gehen vorsichtiger mit ihrer Verbindung um. Keine Beziehung ist mehr selbstverständlich.

Beziehungen sind heute, aufgrund der ausgeprägten Individualität der Partner, grundsätzlich gefährdet.[29]

Vom Ende her zu denken ist an sich nichts Außergewöhnliches, es gehört ganz selbstverständlich zu jeder Lebensplanung. Wer an seine Altersversorgung denkt, eine Lebensversicherung abschließt oder ein Testament verfasst, denkt vom Ende her. Für Partner bedeutet dies, gleich zu Anfang bei finanziellen Angelegenheiten die Frage »Was ist, wenn wir uns trennen sollten?« mit zu bedenken.

Vom Ende her zu denken bezieht sich auf alle drei Liebesformen:

- In Bezug auf Partnergeld bedeutet es, rechtzeitig klare Verträge über Beiträge und Anteile an der Lebenshaltung und am Vermögen abzuschließen. Das vermeidet im Trennungsfall rechtliche Auseinandersetzungen.
- In Bezug auf Freundesgeld bedeutet es, Abmachungen so zu treffen, dass sich beide Partner auch im Trennungsfall fair behandelt fühlen.
- In Bezug auf Liebesgeld bedeutet es: Es besteht Übereinstimmung darüber, dass etwas, das aus Liebe geschenkt wurde, nicht zurückgefordert werden kann.

Vom Ende her zu denken hilft, Geldthemen gleich zu Beginn auf einer guten, liebevollen Basis zu regeln.

Interview mit der Hamburger Fachanwältin für Familienrecht Wiebke Chemnitz[30]

Das Interview hat den Sinn, aus Sicht einer Scheidungsanwältin Hinweise zu geben, worauf Paare in wirtschaftlicher und rechtlicher Hinsicht achten sollten. Es stellt keine Rechtsberatung dar.

Michael Mary: Warum sollten Paare überhaupt irgendwelche rechtlichen Regelungen miteinander treffen?

Wiebke Chemnitz: Egal, ob Sie verheiratet sind oder in nicht ehelicher Gemeinschaft leben: Sobald Sie zusammenleben, wird es zu tatsächlichen und rechtlichen Verbindungen kommen, die im Nachhinein nur mühsam zu lösen sind. Deshalb sollte man Regelungen treffen, und diese sollten nicht nur das gegenwärtige Zusammenleben, sondern grundsätzlich auch veränderte Lebensumstände (z. B.: »Was ist, wenn Kinder kommen?«) und auf jeden Fall eine mögliche Trennung berücksichtigen. Eine Vereinbarung ist wie ein Vorrat: in guten Zeiten angelegt und für schlechte Zeiten gedacht.

Michael Mary: Viele befürchten, mit den dann nötigen Auseinandersetzungen Unstimmigkeiten zu provozieren und der Liebe zu schaden.

Wiebke Chemnitz: Es wird nie mehr so einfach sein, zu passenden Regelungen zu kommen, wie am Anfang. Man regelt dann auf der Basis der gegenwärtigen, guten Gefühle füreinander den Eventualfall. Es ist besser, solche Regelungen zu treffen, wenn man sich liebt, als später, wenn die Gefühle bereits zwiespältig sind oder sogar in Abneigung oder Hass umgeschlagen sind.

Michael Mary: Fangen wir mit der Ehe an. Sind Paare allgemein über die rechtlichen Folgen einer Eheschließung informiert?

Wiebke Chemnitz: In den wenigsten Fällen. Die rechtlichen Fragen der Ehe gehen in romantischen Gefühlen unter. Dass eine Eheschließung gravierende wirtschaftliche Folgen haben kann, ist vielen nicht bewusst – zumindest nicht, welche Tragweite die wirtschaftlichen Verpflichtungen annehmen können. Wenn doch, dann spielen Paare das herunter und versäumen vorsorgliche Regelungen.

Michael Mary: Welche Rechtsformen spielen beim Ehevertrag heute eine Rolle?

Wiebke Chemnitz: Man kann zwischen drei Rechtsformen für die Ehe wählen. Das sind die Zugewinngemeinschaft, die Gütertrennung und die Gütergemeinschaft. Zu empfehlen sind einzig die ersten beiden.

Beim **Zugewinn** behält jeder Ehepartner sein eigenes Anfangsvermögen; bei einer Scheidung wird dann festgestellt, was sich während der Ehe zusätzlich angehäuft hat. Wenn da etwas ist, erhält jeder zurück, was er eingebracht hat, und der restliche Zugewinn wird durch zwei geteilt. Wie die Regelung dazwischen aussah, ob einer in der Ehe mehr Geld verdient oder ausgegeben hat oder nicht, das wird dann nicht berücksichtigt, das ist gelebte Ehe. Ausgenommen hiervon sind die ehebezogenen Zuwendungen, also Geschenke (s. u.).

Bei der **Gütertrennung** hat jeder sein eigenes Vermögen – auch während der Ehezeit. Der bei der Zugewinngemeinschaft typische Ausgleich von geschaffenen Vermögenswerten während der Ehezeit entfällt. Damit kann man beispielsweise Vermögen eines Partners vor dem Zugriff von Gläubigern des anderen Partners schützen. Der Nachteil einer Gütertrennung zeigt sich, wenn Vermögenswerte wie zum Beispiel ein Konto, ein Auto oder ein Haus auf einen Namen laufen und einer sich damit aus dem Staub macht, weil er sagen darf: Das ist alles meins. Hierfür gibt es mittlerweile das Korrekturinstrument des Nebengüterrechts; es steht allerdings noch auf unsicheren Füßen.

Die **Gütergemeinschaft** ist nicht zu empfehlen, weil hier Gemeinschaftseigentum beider Ehepartner besteht. Bei diesem Güterstand, der ausdrücklich vereinbart werden muss, entsteht aus dem Vermögen beider Ehepartner ein Gesamtvermögen. Dazu zählen sämtliche Besitztümer beider Partner, auch die vorehelichen. Ausgenommen hiervon ist lediglich ein geringer Bestandteil von Sondergut. (Als Sondergut werden die Eigentumsrechte der Partner bezeichnet, die rechtlich nicht übertragbar sind, also zum Beispiel persönliche Dienstbarkeiten wie der Nießbrauch.) Bei der Gütergemeinschaft muss zwingend vertraglich festgelegt werden, wer das Gesamtgut verwaltet. Wenn die Ehepartner sich nicht einigen können, müssen alle Vermögensgeschäfte, also jede Anschaffung etc., von beiden Ehepartnern gemeinsam getätigt werden. Sie merken: furchtbar umständlich. Außerdem ist ein Auseinanderrechnen des Gesamtguts im Falle einer Scheidung äußerst schwierig. Man kann die komplizierten Folgen einer Gütergemeinschaft zwar durch einen notariell beurkundeten Ehevertrag weitestgehend regeln und einschränken. Es bleibt dann jedoch die Frage, warum dieser Güterstand überhaupt vereinbart worden ist.

Michael Mary: Wer eigene Vorstellungen hat, schließt einen Ehevertrag ab. Empfehlen Sie Eheverträge?

Wiebke Chemnitz: Ja, auf jeden Fall. Nicht nur, um konkrete Regelungen zu treffen, sondern weil die Partner sich beim Verhandeln über den Ehevertrag oft erstmalig die notwendigen Gedanken machen über ihre Vorstellungen des gemeinsamen Lebens, soweit es Geldfragen betrifft.

Michael Mary: Was lässt sich in Eheverträgen regeln und was nicht?

Wiebke Chemnitz: In Eheverträgen lässt sich fast alles regeln. Lediglich der Trennungsunterhalt ist bislang noch der vertraglichen Regelung entzogen.

Michael Mary: Muss man nicht aufpassen, dass man sich im Gefühlsüberschwang auf bestimmte Regelungen einlässt und das im Trennungsfall bereut?

Wiebke Chemnitz: Selbstverständlich muss man aufpassen, welchen Vertragsinhalt ein Ehevertrag hat. Man sollte sich dabei immer beraten lassen. Denn was ich unterschrieben habe, muss ich auch einhalten – solange es irgendwie zumutbar ist. Einen Ehevertrag für unwirksam zu erklären ist schwierig und bedeutet auf jeden Fall immer eine hässliche und kostspielige gerichtliche Auseinandersetzung. Also: Nur unterschreiben, was man vollständig versteht und wirklich will.

Michael Mary: Worauf muss der finanzschwächere Teil beim Ehevertrag besonders achten?

Wiebke Chemnitz: Der finanzschwächere Teil muss beim Ehevertrag besonders darauf achten, dass er nach einer möglichen Scheidung so versorgt ist oder wird, dass er sein Leben in gesicherten finanziellen Verhältnissen fortsetzen kann.

Michael Mary: Wie sieht es mit Kindern aus? Was lässt sich da regeln, und was sollte man nicht regeln?

Wiebke Chemnitz: Man kann in einem Ehevertrag theoretisch auch bereits den Umgang, also den Kontakt der Elternteile zu gemeinsamen Kindern, sowie die Betreuung regeln. Es ist natürlich eher unwahrscheinlich, dass kinderlose Paare sich weit im Voraus über solche Details verständigen können und wollen – aber ein Ehevertrag kann jederzeit ergänzt oder geändert werden. Dies bedarf dann aber wieder der notariellen Beurkundung.

Wenn Kinder da sind, sollten die Eltern auf jeden Fall in guten Zeiten vertraglich regeln, wie die Betreuung nach einer Trennung aussehen soll: Bleibt ein Ehepartner zu Hause bzw. arbeitet nur Teilzeit und betreut die Kinder allein, während der andere sich ausschließlich für seinen Beruf einsetzt? Für die Kontakte zwischen dem nicht betreuenden Elternteil und den Kindern müssen dann Umgangsregelungen getroffen werden. Oder hat man ein Wechselmodell, in dem die Elternteile zeitlich gleichwertig die Kinder betreuen? Im Zusammenhang mit Kindern sollte auch bestimmt werden, ob der betreuende Elternteil verpflichtet ist, erwerbstätig zu sein. Und auch die Frage, wie die Ferien gestaltet und die Festtage aufgeteilt werden sollen, müssen geregelt werden.

Michael Mary: Worauf sollte man sich im Ehevertrag nicht einlassen?

Wiebke Chemnitz: Grundsätzlich sollte man sich nicht auf Verzichtserklärungen ohne Ausgleichszahlungen einlassen. Letztendlich ist dies jedoch eine Frage des Einzelfalls.

Michael Mary: Wie sieht es mit Einkommen aus? Wenn einer in der Ehe mehr verdient als der andere, muss der dann teilen, oder kann er sein Geld für sich behalten?

Wiebke Chemnitz: Solange Unterhaltsansprüche bestehen, muss der Besserverdienende Geld an den anderen Ehepartner abgeben. Das gilt in der Ehe und auch nach einer Trennung. Dann muss der Besserverdienende dem anderen Ehepartner für eine bestimmte Zeit, auf jeden Fall aber bis zur rechtskräftigen Scheidung, Unterhalt zahlen, um diesem zunächst ein Leben auf dem ehelichen Niveau zu ermöglichen. Die endgültige Dauer und die Höhe dieses Unterhalts hängen von der Ehedauer und von beruflichen Einschränkungen des bedürftigen Ehepartners ab. Grundsätzlich geht der Gesetzgeber von der wirtschaftlichen Selbstverantwortung jedes Ehepartners nach einer Scheidung aus. Dennoch gibt es Fälle, in denen dem bedürftigen Ehepartner nicht zugemutet werden kann, sein Leben ausschließlich durch eigene Arbeitskraft und ohne Unterstützung des besserverdienenden Expartners zu finanzieren.

Michael Mary: Was, wenn jetzt ein Ehepartner mehr Geld hat und dem anderen Geld leiht?

Wiebke Chemnitz: Ein Kredit berührt den Ehevertrag nicht; das ist ein Einzelgeschäft, darüber kann man eine einfache schriftliche Vereinbarung treffen. Wenn eine Regelung aber einem Ehevertrag gleichkommt oder wenn darin Regelungen getroffen werden, die den Ehevertrag betreffen, muss das notariell geregelt sein.

Michael Mary: Wofür haften Ehepartner, und was sollten sie dabei bedenken?

Wiebke Chemnitz: Durch die Eheschließung gibt keiner der Ehepartner seine wirtschaftliche und rechtliche Selbstständigkeit und Selbstverantwortung auf. Zum Schutze der Gläubiger gilt jedoch, dass bei Geschäften des täglichen Lebens jeder Ehegatte den anderen mitverpflichtet: Für den Kauf von Nahrungsmitteln, Genussmitteln, Kosmetika, Büchern, Zeitungen, für Friseurbesuche etc. gilt also, dass ein Partner für die Verpflichtungen des anderen haftet. Darüber hinaus gilt zugunsten der Gläubiger die Vermutung, dass alle beweglichen Sachen im gemeinsamen Haushalt dem jeweiligen Schuldner gehören, also gepfändet werden können. Diese Eigentumsvermutung lässt sich nur widerlegen, wenn der Ehegatte des Schuldners das Alleineigentum nachweisen kann. Für teure Sachen wie die Stereoanlage oder das Auto sollte man also eine Rechnung aufbewahren, die einen als Alleineigentümer ausweist.

Michael Mary: Muss man den Ehepartner über die Höhe des eigenen Einkommens unterrichten?

Wiebke Chemnitz: Nach § 1360 BGB sind die Ehegatten gegenseitig verpflichtet, durch ihre Arbeit und mit ihrem Vermögen die Familie angemessen zu unterhalten. Im Rahmen dieser Verpflichtung muss man dem jeweils anderen Ehegatten Auskunft über das eigene Einkommen geben. Allerdings ist man nicht verpflichtet, Kontoauszüge, Gehaltsabrechnungen etc. vorzulegen.

Michael Mary: Gibt es bei getrennter Kasse in der Ehe einen Anspruch auf das Geld des Partners?

Wiebke Chemnitz: Grundsätzlich steht den Eheleuten die wirtschaftliche Gestaltung ihres Lebensalltags frei. Die Eheleute sind sich gegenseitig unterhaltsverpflichtet, auch während der Ehe. Wenn ein Ehepartner den Lebensunterhalt verdient und der andere die Haushaltsführung etc. gestaltet, hat der nicht verdienende Ehegatte über die Lebenshaltungskosten hinaus einen eigenen Anspruch auf ein Taschengeld von fünf bis sieben Prozent des bereinigten Nettoeinkommens, das heißt nach Abzug berufsbedingter Auslagen, Kindesunterhalt und berücksichtigungsfähiger Kreditraten.

Michael Mary: Können Geschenke zurückgefordert werden?

Wiebke Chemnitz: Geschenke können nur bei sogenanntem »groben Undank« zurückgefordert werden. Grober Undank liegt zum Beispiel bei körperlicher Misshandlung, grundloser Strafanzeige, Bedrohung des Lebens, belastenden Aussagen trotz Zeugenverweigerungsrecht, schweren Beleidigungen etc. vor.

Bei der Zugewinngemeinschaft werden Geschenke (die im Juristendeutsch als »ehebedingte Zuwendungen« gelten) normalerweise im Rahmen des Zugewinns ausgeglichen.

Bei der Gütertrennung besteht gegebenenfalls ein Anspruch auf Wertausgleich. Relevant ist das ja nur bei kostspieligen Geschenken wie zum Beispiel Immobilien, Fahrzeugen, Schmuck, Kunstgegenständen oder Geldvermögen. Die Voraussetzungen für die Rückforderung ehebedingter Zuwendungen sind vielfältig und einzelfallbezogen, sodass eine allgemeingültige Antwort nicht möglich ist. Zu beachten ist aber sowohl bei der Schenkung als auch bei der ehebezogenen Zuwendung die Verjährungsfrist. Die Widerrufsfrist bei Geschenken beginnt ein Jahr ab Kenntnis von dem Vorliegen der Voraussetzungen für den Widerruf. Die Verjährung des Ausgleichs ehebezogener Zuwendungen beginnt ab endgültiger Trennung und beläuft sich auf drei Jahre.

Michael Mary: Wodurch entsteht eine nicht eheliche Lebensgemeinschaft? Einfach durchs Zusammenziehen?

Wiebke Chemnitz: Durch das Zusammenziehen.

Michael Mary: Womit muss man rechnen, wenn man sich auf eine nicht eheliche Lebensgemeinschaft einlässt?

Wiebke Chemnitz: Auch da sind wirtschaftliche Verpflichtungen möglich. Zum einen die Unterhaltspflicht für ein Kind, zum anderen eventuell eine Unterhaltsverpflichtung für die Mutter in den ersten drei Lebensjahren des Kindes. Wenn das Kind eine besondere Pflegebedürftigkeit hat, auch mehr.

Michael Mary: Gilt eine Unterhaltsverpflichtung gegenüber der Mutter auch, wenn das Paar getrennte Wohnungen unterhält?

Wiebke Chemnitz: Dieser Anspruch besteht unabhängig von der Wohnsituation der Eltern.

Michael Mary: Welche Regelungen sollte man unbedingt treffen, wenn man eine nicht eheliche Lebensgemeinschaft eingeht?

Wiebke Chemnitz: Alles, was an Geld oder Arbeitskraft in die Beziehung fließt, sollte festgehalten werden, und etwaige finanzielle Ausgleichszahlungen sollten schriftlich fixiert werden. Gerade wenn gemeinsam Eigentum gebildet, also etwa eine Eigentumswohnung gekauft wird, sollte klar geregelt sein, welche Arbeitsleistung und welche Geldleistung eingeflossen sind und was im Trennungsfall welcher Partner erhalten soll. Geldbeträge, die fließen, sollte man sich grundsätzlich quittieren lassen. Und wer in solch einer Verbindung irgendwie zurücksteckt, sollte zum eigenen Schutz immer eine schriftliche Vereinbarung treffen und nicht glauben, im Konfliktfall würde es schon fair zugehen. Also nicht nach dem Motto »Wir verstehen uns doch so gut, das werden wir dann schon regeln«. Das geht oft schief.

Michael Mary: Wie ist es mit einem Mietvertrag? Wer soll da rein: einer oder beide?

Wiebke Chemnitz: Vor der Eheschließung sollten auf jeden Fall beide Partner Mieter sein. Der Mieter könnte sonst das Mietverhältnis ungehindert kündigen. Ab Eheschließung gilt der Partner automatisch als Mitmieter und ist rechtlich in gewissem Umfang geschützt. Wem das Gericht im Ernstfall die Wohnung zuweist, ist aber unabhängig davon, wer im Mietvertrag steht, insbesondere wenn gemeinsame Kinder mit in der Wohnung leben.

Michael Mary: Was lässt sich bei nicht ehelichen Lebensgemeinschaften in Bezug auf Kinder regeln und wie?

Wiebke Chemnitz: Wenn ein Mann die Vaterschaft anerkannt hat, ist er unterhaltspflichtig. Diese Zahlungsverpflichtung besteht unabhängig davon, wie das Umgangs- und das Sorgerecht geregelt sind und ob diese Regelungen durchgesetzt werden können. Auch hier sollte man sich frühzeitig für den Fall der Trennung einigen. Vereinbarungen über den Umgang müssen nicht notariell beurkundet werden. Der Maßstab für ihre Umsetzung ist jedoch immer das Kindeswohl. Ein Verzicht auf Kindesunterhalt oder Teile davon ist übrigens nicht möglich, weil das ein Vertrag zu Lasten Dritter wäre.

Michael Mary: Bedarf eine Scheidung der anwaltlichen Vertretung?

Wiebke Chemnitz: Der Scheidungsantrag muss von einem Rechtsanwalt gestellt werden. Der andere Ehegatte kann diesem Scheidungsantrag einfach zustimmen, dafür muss er nicht anwaltlich vertreten sein. Sobald es Meinungsverschiedenheiten gibt oder Erklärungen vor Gericht auch von dem anderen Ehepartner abzugeben sind, ist die Vertretung durch einen weiteren Rechtsanwalt erforderlich.

Michael Mary: Was ist ein Aufstockungsanspruch?

Wiebke Chemnitz: Wenn ein Ehepartner nach einer Trennung aus eigener Kraft nicht in der Lage ist, sein Leben entsprechend den ehelichen Lebensverhältnissen weiterzuführen, muss der besserverdienende Partner sein Einkommen aufstocken. Dieser Aufstockungsunterhalt kann der Höhe und der Länge nach begrenzt werden.

Michael Mary: Werden die Anwaltskosten für Scheidungsangelegenheiten notfalls vom Staat übernommen?

Wiebke Chemnitz: Ja, die gerichtlichen Kosten der Scheidung werden bei Vorliegen der entsprechenden wirtschaftlichen Lage vom Staat übernommen. Für die außergerichtliche Beratung werden in vielen Bundesländern Beratungsscheine ausgestellt. In anderen Bundesländern wie beispielsweise in Hamburg kann sich ein wirtschaftlich notleidender Ratsuchender an die Öffentliche Rechtsauskunft wenden.

Nachwort

Das letzte Tabu auflösen

Die heutige Paarliebe ist komplex und anspruchsvoll, weil sich in Paarbeziehungen aufgrund historischer Entwicklungen drei unterschiedliche Bindungsmotive mischen. Das partnerschaftliche Motiv, das einst bestimmend war, ist im Rückzug begriffen, das freundschaftliche Motiv verliert etwas an Bedeutung, während das emotional-leidenschaftliche Motiv gegenwärtig in den Vordergrund rückt.

In diesem Prozess gelingt es heutigen Partnern immer besser, den Bedingungen emotional-leidenschaftlicher Bindung nachzukommen. Diese Bedingungen bestehen in Zuwendung/Offenbarung und gegenseitiger Bestätigung des Selbst. Dazu tauschen sich die Partner über Befindlichkeiten, Sehnsüchte, Ängste, Bedürfnisse und alles andere, »zutiefst Individuelle« aus. Inzwischen ist das Sprechen über Gefühle, sogar über Sexualität, für viele Partner selbstverständlich geworden.

Lediglich das Sprechen über Geld wird weithin vermieden, oft sogar tabuisiert. Diese verbreitete Zurückhaltung resultiert maßgeblich aus einer lückenhaften Begrifflichkeit. Für drei unterschiedliche Bindungsmotive und dreierlei Geld steht den Partnern jeweils nur ein Begriff zur Verfügung, das Wort »Liebe« und das Wort »Geld«. Diese Wörter reichen nicht aus, um der Komplexität von Liebe und Geld gerecht zu werden und einen der jeweiligen Liebesform angemessenen Umgang damit zu finden.

Das Vermeiden der Geldthemen führt zu unheilvollen Vermischungen zwischen den Bindungsmotiven und dem Geldverhalten der Partner. Da, wo sie verhandeln sollten, glauben sie, geben oder schenken zu sollen. Da, wo sie einander teilhaben lassen sollten, glauben sie, verhandeln zu müssen. Und da, wo sie schenken sollten, glauben sie, fordern oder erwarten zu können.

Mit der passenden Begrifflichkeit, der Unterscheidung von Geld in Geschäfts- und Beziehungsgeld und der Unterscheidung von Beziehungsgeld in Partner-, Freundes- und Liebesgeld, wird es möglich, den Umgang mit Geld auf die jeweils maßgebliche Bindungsebene abzustimmen. So wird aus einem inkongruenten, »schrägen« Umgang mit Geld ein Umgang, der auf der Logik des betreffenden Beziehungsbereichs basiert und der die Paarbeziehung stärkt, statt sie zu schwächen.

Der Sinn dieses Buchs ist es, die fehlenden Begriffe im Umgang mit Geld zur Verfügung zu stellen und deren Handhabung zu erläutern. Ich wünsche mir, dass Sie als Leser und Leserinnen zahlreiche Anregungen hierzu gefunden haben. Die Rückmeldungen der 30 TestleserInnen weisen darauf hin, dass es mir offenbar gelungen ist, dieses Ziel zu erreichen.

Ich bedanke mich bei Ihnen für die Bereitschaft, dieses Buch zu lesen, und für die Geduld, es durchzuarbeiten. Zum Abschluss möchte ich Sie auf das Blog zum Thema hinweisen, das Sie unter der Adresse *www.liebesgeld.de* finden. Dort können Sie weitere Artikel zum Thema lesen und sich mit anderen Interessierten und vom Thema Betroffenen austauschen.

Anmerkungen

Einleitung

1 Das Blog finden Sie unter http://liebesgeld.de

Was ist Geld?

2 Der Autor Christoph Pfluger ergänzt hierzu: »*Natürlich ist Geld auch ein Symbol, ein Versprechen etc. Aber seinem Wesen nach ist es ein Anrecht auf Gegenleistung, das aber in unserem System nicht für alle Geldbesitzer im gleichen Ausmaß erfüllt werden kann. Der Grund liegt in der Geldschöpfung. Das meiste Geld, rund 90 Prozent, schöpfen die privaten Banken, indem sie Kredite verleihen. Dazu schreiben sie dem Kreditnehmer einen Betrag ins Konto, den es vorher nicht gegeben hat. Damit entsteht ein Guthaben, das gleich bleibt (und in die Geld/Waren-Zirkulation geht), und eine Forderung, die mit der Zeit wächst. Diese Asymmetrie ist der ungelöste Grundkonflikt unseres Geldsystems. Alles Geld besteht aus Schulden, aber es gibt immer mehr Schulden als Geld. Weil es immer zu wenig Geld gibt, muss immer mehr Luftgeld (Giralgeld) geschaffen werden – mit verheerenden Folgen: Wachstumszwang, Blasenbildung, Umverteilung von Arbeitenden zu Vermögenden, steigender Konkurrenzdruck, Benachteiligung der Realwirtschaft, Verlagerung in Billiglohnländer, Ausbeutung der Umwelt und der Schwachen – man mag es nicht mehr hören.*«
Siehe hierzu auch: http://www.christoph-pfluger.ch/2015/09/09/die-zehn-fallgruben-unseres-geldsystems
Die Geldschöpfung geschieht heute zu 85 Prozent abseits der staatlichen Kontrolle, durch das Giralgeld der Banken. Siehe hierzu ausführlicher den Vortrag von Prof. Dr. Josef Huber unter: https://www.youtube.com/watch?v=-rSHH47jEpA&feature=youtu.be und: https://www.youtube.com/watch?v=nHMq_PFkrho

3 Siehe hierzu David Graeber, *Schulden – die ersten 5000 Jahre*, Stuttgart 2012

Was ist Liebe?

4 Siehe hierzu ausführlich Günther Dux, *Die Spur der Macht im Verhältnis der Geschlechter*, Frankfurt 1997

5 Siehe hierzu vom Autor: *Fünf Lügen die Liebe betreffend* als eBook oder Print, Neuauflage Nordholt-Verlag 2015

6 Siehe hierzu Herrad Schenk, *Freie Liebe, wilde Ehe. Über die allmähliche Auflösung der Ehe durch die Liebe.* Beck, München 1987

7 Siehe zum Thema Auflösung von Rollenverhalten vom Autor das Buch: *Liebe will riskiert werden*, München 2016

8 Ausführlich hierzu siehe vom Autor: *Liebe will riskiert werden*, München 2016

9 Günter Dux, *Die Spur der Macht im Verhältnis der Geschlechter*, Frankfurt 1997, Seite 208

10 Hans Peter Duerr, *Die Tatsachen des Lebens, Der Mythos vom Zivilisationsprozess,* Bd.5, Frankfurt/Main 2005, Seite 19.

11 Siehe hierzu vom Autor: *Lebt die Liebe, die ihr habt*, Reinbek 2008

12 Siehe hierzu vom Autor: *Liebe will riskiert werden*, München 2016

Die Allianz von Geld und Liebe

13 Siehe hierzu ausführlich David Graeber, *Schulden – die ersten 5000 Jahre*, Stuttgart 2012

14 Zitiert aus David Graeber, *Schulden – die ersten 5000 Jahre*, Stuttgart 2012, Seite 35

15 Günter Dux, *Die Spur der Macht im Verhältnis der Geschlechter*, Frankfurt 1997, Seite 209

16 Zitiert aus David Graeber, *Schulden – die ersten 5000 Jahre*, Stuttgart 2012, Seite 111

17 Zitiert aus David Graeber, *Schulden – die ersten 5000 Jahre*, Stuttgart 2012, Seite 85

18 Siehe hierzu vom Autor: *Fünf Lügen die Liebe betreffend*, Nordholt-Verlag 2015

Die individuelle Symbolik des Geldes

19 Siehe hierzu vom Autor: *Wie Männer und Frauen die Liebe erleben*, Nordholt-Verlag 2015

Über Beziehungsgeld lässt sich sprechen

20 Aus: Die Liebe und das Geld – Ein Interview mit der Soziologin Jutta Allmendinger (Für die Studie »Gemeinsam leben – getrennt wirtschaften« wurden 1100 Paare befragt.) http://www.zeit.de/campus/2008/06/geld-liebe-sex

21 Siehe zu diesem Aspekt vom Autor: *Liebe will riskiert werden*, München 2016

Die Realität: unvermeidbare Geldkomplikationen

22 Siehe vom Autor: *Liebe will riskiert werden*, München 2016

23 Siehe hierzu vom Autor: *Wer etwas ändern will, braucht ein Problem*, Nordholt-Verlag 2015

Macht, Geld und Liebe

24 Siehe zur Macht in Paarbeziehungen vom Autor: *Hilfe, mein Partner ist dominant*, Nordholt-Verlag 2015

Wie andere es machen

25 http://www.faz.net/aktuell/finanzen/meine-finanzen/singles-und-paare/ist-geld-oder-liebe-stabiler-13749119.html

26 Siehe unter: http://www.asstel.de/versicherungen/media/default_content/presse/pressemitteilungen/2012_pressemitteilungen/20120615-PM-Umfrage-Finanzen_in_der_Partnetschaft.pdf

Zusammengefasst: Thesen und Strategien zum Umgang mit Geld in Paarbeziehungen

27 Günter Dux, *Die Spur der Macht im Verhältnis der Geschlechter*, Frankfurt 1997, Seite 209

28 Zitiert aus David Graeber, *Schulden – die ersten 5000 Jahre*, Stuttgart 2012, Seite 111

29 Siehe hierzu vom Autor: *Liebe will riskiert werden*, München 2016

Interview mit der Hamburger Fachanwältin für Familienrecht Wiebke Chemnitz

30 http://www.wiebke-chemnitz.de

Wie wir uns selbst oft im Weg stehen

* Cover- und Preisänderungen vorbehalten

Carol Dweck

Selbstbild

Wie unser Denken Erfolge oder Niederlagen bewirkt

Aus dem Englischen von Jürgen Neubauer
Piper Taschenbuch, 320 Seiten
€ 11,00 [D], € 11,40 [A]*
ISBN 978-3-492-31122-9

Spitzensportler, Geigenvirtuosen, Elitestudenten – in der Regel sprechen wir Erfolge den Begabungen des Menschen zu. Doch dieser Glaube ist nicht nur falsch, er hindert auch unser persönliches Fortkommen und schränkt unser Potenzial ein. Entscheidend für die Entwicklung eines Menschen ist nicht das Talent, sondern das eigene Selbstbild. Was es damit auf sich hat, wie Ihr eigenes Selbstbild aussieht und wie Sie diese Erkenntnisse für sich persönlich nutzen können, erfahren Sie in diesem Buch.

PIPER

Leseproben, E-Books und mehr unter www.piper.de